引領瘋潮

Change

七大策略，讓新觀念、新行為、新產品都能創造大流行

戴蒙・森托拉 Damon Centola

林俊宏 譯

HOW TO
MAKE BIG THINGS
HAPPEN

目次

序

「網路科學」這門學問，研究的是事物如何傳播：人與人之間的連結網路，會怎樣影響疾病、思想、趨勢，以及行為如何傳播到各個社群、社會和世界各地？

二〇二〇年春天，本書正要收尾，卻有兩件事情來得快、傳得遠，讓全球風雲變色。第一件，當然就是新冠病毒現身中國武漢的一個市場，幾週內先傳遍全中國，再傳到中東與歐洲，繼而去到全球各個角落。

新冠病毒之所以如此致命而深具破壞力，是由於它易於傳播，肉眼不可見、難以消滅，還能經由空氣傳布。帶原者只要在你身邊一兩公尺就可能感染你，而且病毒能在空中懸浮幾小時。新冠病毒更狡猾的一點在於，病人感染後甚至尚未出現症狀，還沒發現自己中鏢了，就有能力再感染其他受害者。人人都是潛在的感染源。每次接觸都可能造成病毒傳播；一個擁抱、一次握手、領了包裹、接下文件。於是新冠肺炎迅速傳開，原因可能只是有人去了合唱團練唱、參加葬禮、家族團聚，或是到醫院看診、前往看護中心、到肉品加工廠上班，病毒可不管這些人是夫妻情侶，又或素不相識。時至六月，全球已有超過六百萬人感染，其中美國占三分之一。病毒一旦站穩腳步，就會開始呈現指數型擴張。

但那年春天還有第二件事在傳播。不是某種疾病，而是一種行為。

全球各國政府對這場新冠疫情的反應各有不同、快慢不一，但幾個月內，全世界的公共衛生建議已就四項基本防疫措施達成共識：勤洗手、少出門、戴口罩、維持一．八公尺的社交距離。這些準則推出後，新的問題也隨之浮現：民眾會聽話嗎？這整個世界的行為，真的能夠如此戲劇性地改變？

大家按慣性先觀望親友鄰居的反應。他們有戴口罩嗎？有維持社交距離嗎？了不起的是，大多數民眾還真的做到了。無論小鎮或大城，人行道上幾乎空空蕩蕩。民眾多半待在家裡，出門也通常會戴上口罩，就算在路上錯身而過，常常距離也是遠到誇張。在一國又一國，眾人改變了工作、社交、上學、育兒和約會的方式。似乎一夜之間，就出現了這些新的行為規範，並遍布全球。

慢慢地，這些行為也改變了新冠肺炎的疫情發展。連續幾週，新聞頭條充斥著死亡與絕望之後，終於出現了幾個月以來第一次的**好**消息：新冠肺炎的傳播正在趨緩；新增病例數正在下降；醫院重症病房也逐漸有了空床。

但接著，天氣暖了起來。大家開始感到厭倦，不想再被日復一日提醒要戒慎恐懼。隨著夏天來臨，新規範開始崩解。

有些人不再戴口罩，有些人也不再那麼小心維持社交距離。這些人的親友鄰居也開始試探各種底線。哪些行徑叫作可以接受？哪些是太過緊張？哪些又會被說是自私或無腦？不同的社群各自有著不同的反應。一些團體會戴起口罩；有些團體則否。有些團體開始群聚；有些團體還是保持距離。

與此同時，新冠肺炎的傳播方式可是始終如一、從未改變。每個人、每處表面、每次接觸，仍舊是潛在的感染源。病例數持續增加。

將近一世紀以來，科學家一直相信行為的傳播和病毒的傳播十分類似。但如同我們在二〇二〇年所見，人類行為的傳播實際上和疾病的傳播大不相同。

今日，流行病學家和公衛專家能夠預測病毒的傳播途徑，並根據相關科學來制定政策，減緩病毒傳播。但我們又要怎樣才能準確預測新的「行為」會如何傳播？怎樣的政策，才能讓更多民眾願意接受新的行為？又是怎樣的政策，會在無意之間使這些行為煙消雲散？究竟為什麼，在不同的文化與身分認同當中，形成社會影響（social influence，又譯「社會性影響」）的規則似乎有所不同？我們該如何釐清這些複雜的謎團？

本書將試著回答這些問題。接著就會介紹，根據最新的網路科學，人類的行為會在什麼時候、基於什麼原因，進而如何發生改變。也會提到是哪些因素決定了社會改變如何展開，解釋為何我們長期以來存有種種誤解，並揭露社會改變真正運作的方式。

我們現在已經知道，行為的改變並不像病毒是透過偶然接觸而傳播。行為的改變確實自有一套規則；瞭解這些規則，就能跳脫單純與疾病傳播的類比，看到一個更深層、更神祕，也更有趣的過程。

引言

一九二九年，維納・福斯曼（Werner Forssmann）還只是個二十五歲的心臟外科醫生，卻擁有一個偉大的念頭，他發明了一種前無古人的救生術式，一心相信這會改變世界。但醫學界的反應是嗤之以鼻：他遭到同事嘲笑、丟了工作、被趕出心臟病學領域。三十年後，福斯曼在德國偏遠山區的一個小鎮當泌尿科醫生。有天晚上，當地酒吧的一通電話，傳來令人震撼的消息：多年前的發現，為他贏得了一九五六年的諾貝爾生醫獎。如今，心導管手術在全世界各大醫院廣受採用。這項當初不受待見的創新，究竟是怎樣才成了醫學上最廣為接受的手術之一？

一九八六年，美國公民如果持有大麻，可能被判入監長達五年；背上這種前科，就可能讓人在財務、婚姻，甚至政治路途上永遠蒙上陰影。而現在，購物商場非但能公然販售大麻，所得還需依法納稅。一種原本既非法又違反社會倫常的行為，怎麼會變得如此理所當然，讓本來背負惡名的「毒販」搖身一變，成了美國主流商業界的一部分？

二〇一一年，網際網路龍頭企業谷歌（Google），推出全新社群媒體工具Google+。

谷歌在全球用戶超過十億，獨占搜尋引擎市場鰲頭，卻一直無法把這份優勢帶到社群媒體市場。Google+ 在二〇一九年黯然落幕。同一時期，新創公司 Instagram（ＩＧ）華麗登場，短短兩個月用戶就來到百萬。不過十八個月，ＩＧ就得到臉書（Facebook）以十億美元收購；時至二〇一九年，ＩＧ已經是社群媒體的指標產品。谷歌到底做錯了什麼？ＩＧ又是怎樣用更少的資源、更短的時間，就打敗了搜尋引擎龍頭？

二〇一二年四月，十七歲青少年崔馮・馬丁（Trayvon Martin）遭射殺一案，陪審團決議判嫌犯無罪，使得 #BlackLivesMatter（# 黑人的命也是命）主題標籤（hashtag）首次躍上社群媒體。接下來兩年間，新聞與社群媒體幾次報導警方造成非裔美國人死亡的新聞，但直至二〇一四年六月，#BlackLivesMatter 這個標籤也只出現過六百次。然而兩個月後，十八歲的麥可・布朗（Michael Brown）在密蘇里州弗格森鎮（Ferguson）死亡的案件，卻掀起一場革命：幾個月內，#BlackLivesMatter 這個標籤就出現了超過一百萬次，也引爆一場抗議警察暴力的全國運動。時間再過六年，喬治・佛洛伊德（George Floyd）在二〇二〇年五月遭到殺害，讓 #BlackLivesMatter 這個標籤又有了新的發展，這回浪潮席捲全球，超過兩百個城市出現聲援抗議，更促使美國制定新的聯邦法律，以約束警察暴力。究竟是什麼讓幾十年無人聞問的警察暴力問題，忽然引發浩浩蕩蕩、自動自發的群眾運動？

這本書要探究的主題就是「改變」，介紹改變如何運作，以及為何改變常常功敗垂成；也談談那些乍看之下異想天開的創新因何廣為流傳、原本的小眾運動如何大舉成功、當初引發反彈的概念如何終獲接受，以及造成爭議的新信念如何迎得最後勝利。本書會帶領讀者瞭解，是怎樣的策略帶來這些成功結局。這些成功故事有一個共通點：那些激進的全新想法，都是透過社群網路才得以成功傳播。

會對這件事有不同的想法，是因為我就是一個研究社群網路科學的社會學者。事實上在過去幾十年間，對於相關研究領域的成形，我提出的理論也有幾分功勞。二〇〇二年秋天，我的一系列發現，改變了我們對社群網路的科學見解，也找出一套新方法來研究改變究竟是如何傳播。於是，我們得以解釋為何社會改變難以預料，以及為什麼在我們信心滿滿認定某些策略必然成功、某些必然失敗時，常常跌破眼鏡。

幾十年間，講到社會改變如何進行，通常都是打一個很流行的比方，說改變的傳播就像病毒的傳播。世界最近就提醒了我們病毒是如何傳播：有一個人被感染，傳染給其他一個、兩個或三個人（甚至是上百個人），病毒就這樣在人群中散播開來。我們相信，如果某些人交遊廣闊，就可能比一般人更容易把疾病傳播出去，於是也認為在各項創新的傳播上，網路連結數量高的「名人」（influencer，又譯「影響者」、「網紅」），以下為方便行文，將交替使用）會是關鍵。同樣地，我們也是因為相信有某些病毒更具傳染力，所以認為在社會行銷（social-marketing）活動上，一定要講究所謂的「黏著度」（stickiness）。

如果今天要傳播的是一些簡單的想法或資訊（例如火山爆發快訊，或是皇室名人結婚的八卦），比喻成病毒傳播會很方便，因為這些資訊的確有「傳染性」：容易感染、容易傳播。但這個病毒比喻有個大問題：如果想推動重大改變，光是傳播資訊還不夠，必須改變民眾的信念與行為才行。而這就難多了。在符合「病毒比喻」的世界裡，雖然資訊能夠快速傳播，但眾人的信念與行為並不會因而改變。那是一個「簡單傳播」（simple contagion）的世界：種種想法與迷因迅速傳播給所有人，我們的思想或生活方式卻不會受到任何長久的影響。

推動社會改變的情況就複雜多了。各種創新想法與概念的傳播並不是病毒式傳播；光是接觸，還不足以讓你受到「感染」。你接觸到新的行為或想法之後，並不會自動買帳，而需要再由你主動決定接受或拒絕。這種決定通常十分複雜，也交織著各種情緒。

我的研究與這個領域的許多研究都顯示，人類考慮是否接受某種新信念或行為時，受到社群網路的影響遠比我們意識到的來得多。透過社會影響力，身邊的社群網路在暗中左右我們對於某項創新的反應，決定要忽視或者接受。這種層次深遠許多的社會傳播過程稱為「複雜傳播」（complex contagion），並帶出一門新的科學，專門研究種種改變如何發生，以及我們能如何推動改變。

談到「社群網路」的時候，必須注意這裡說的不只有數位網路。社群網路和人類存在的時間一樣久，所有我們談話的對象、合作的夥伴、附近的街坊、去探訪的所有人，都算是網路的一員。每個人的人際網路形成了他的社群世界。至於社群網路研究這門「科學」，研究的就是所有社群世界（從同一條路上的街坊鄰居，到身處不同大陸的陌生人）如何交織，以及種種的社會傳播（social contagion，又譯社會傳染）如何在這些世界之間散播。

本書清楚呈現我與其他數百名社會學者、電腦科學家、政治科學家、經濟學者及管理學者十多年來的最新研究，而大家的目標都是希望找出達到複雜傳播的最有效策略。然而這個核心概念說穿了其實非常簡單：社會改變成功的重點不在資訊，而在於打破各種規範。社群網路一方面像是**管道**，能讓行為與想法在人際間流通；但另一方面也像是一個又一個的**稜鏡**，會決定我們如何看待這些行為、詮釋這些想法；要拒絕或是接受，取決於新點子傳遞過來的方式。

除了「感知偏見」（perceptual bias，眼睛扭曲了視覺資訊）與「認知偏見」（cognitive bias，認知扭曲了對經濟資訊的推理），人類還會有「網路偏見」（network bias），也就是讓社群網路在無形中塑造我們的信念與規範。

社群網路連結了社群成員，而可能在不經意間強化成員現有的偏見，阻礙創新的思想和運動。但只要稍加調整，這個網路也能引發對創新的熱情，讓社群加速採納創新。

透過這本書，我希望能幫助讀者看清社群網路的運作，進而解開關於社會改變的一些謎團。從街頭抗議到企業的新管理策略、從健康飲食推廣到太陽能的普及，想要推動社會改變，就不能忽視社群網路的力量。

本書後面章節將會帶領讀者前往矽谷，看看本來要推廣某些創新的「名人」，如何在無意之間反而摧毀了這些創新。

我們也會來到丹麥，瞭解一群聰明的電腦科學家如何建置一套自動的推特（Twitter）機器人網路，進而建立起人類社群網路、推廣社會行動主義（social activism），讓成千上萬的民眾有所改變。

讀者也會到哈佛大學窺探幕後祕辛，看看網路科學家如何開創網路策略、取得相關專利，讓民眾更快願意接受某些創新科技。

最後，我也會為讀者介紹美國前總統歐巴馬如何運用新穎的網路策略，做出更好的領導決策。

我剛開始探究這些主題的時候以理論為主，研究的是民權運動與社群媒體科技的全球發展。但在大約十年前，我意識到，如果要真正瞭解社會改變為何成功或失敗，就得把自己的網路理論丟到現實世界測試一番。在本書第二、三、四部分，將會詳細介紹我的一系列大規模社會實驗，由我直接操縱整個實驗群體的行為。這些群體包括：參加當地健身房運動課程的年輕專業人士；辯論氣候變遷的民主黨與共和黨人；參與臨床診斷的醫師。這些實驗絕對會令你耳目一新，對社會改變的本質產生全新的體悟。

讀完本書，讀者將會瞭解如何藉著社群網路科學的力量，控制自己所在的社群網路、也控制這個網路對自己和他人的影響。你會清楚看見，自己身邊的社群網路是如何引導眾人的行為、影響對創新的接受程度、維持良好而健康的文化習慣。

下一章會先談談我們對於社會改變的認識，點出各種常見的迷思與誤解。但整本書的重點仍著重於實際解決問題。提出關於社會改變的全新觀點之後，我的最終目標就是讓各行各業的讀者都能擁有所需的資源，去推動自己夢寐以求的改變。

第一部

阻礙改變的常見迷思

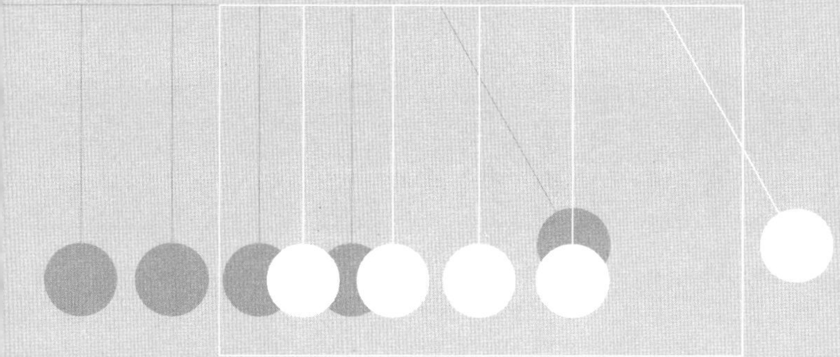

第1章

名人迷思：關於人氣的悖論

品牌行銷界有個老笑話。

一九六九年七月二十日，夜已深，但一群廣告公司高層仍待在辦公室裡，倒不是有什麼案子要趕，只是為了見證歷史性的一刻：人類首次登上月球。當時全球大約有五．三億人和他們一樣，緊盯電視轉播中阿姆斯壯的身影，並聽見他說：「這是我的一小步，卻是人類的一大步。」

這破天荒的壯舉，使得眾人無不歡天喜地、額手稱慶，只有一位高層搖了搖頭，黯然走開。一位同事追了上去，問他怎麼了，這位高層沮喪地說：「要是阿姆斯壯能拿著一罐可樂，不就太好了嗎？」

這正是一九六〇年代的主流想法：要賣東西，就得安排超大咖、重量級的代言人，透過單向廣播的管道、將訊息傳播給被動接受的群眾。

時間向後快轉幾十年，想像你現在要推出一項社會創新，可能是時間管理應用程式、健身課程、詩集、投資策略，或者一套政策方案。你投進大量心血和金錢，希望能夠口碑爆棚、一炮而紅。這時你想找誰來做宣傳？選項一是社群網路連結數量超高的社群明星，像是凱蒂．佩芮（Katy Perry）或歐普拉（Oprah Winfrey），她們位於連結規模龐大的網路中心。選項二則是「邊緣人物」（peripheral actor），社群網路連結數量一般，處於網路邊緣者。

如果你和大多數人所見略同，大概就會找那些社群明星，而不是找那些邊緣人物。但這就錯了。

以為這些網路連結數量高的名人在創新的傳播上有絕對優勢，是社會科學史上，最悠久也最引人誤入歧途的迷思之一。無論在銷售、行銷、宣傳、甚至政治領域，這項迷思處處可見。嚴重到就算某項創新從邊緣開始擴散，成功贏得全球影響力，我們還是會以為都是社群明星的功勞。

歐普拉謬誤

推特在二〇〇六年三月推出的時候，並沒有天落紅雨或撼動大地。雖然現在推特用戶數超過三·三億，成了廣為流行的商業行銷利器，無論企業、非營利組織、甚至政治人物都不敢覷。你可能想像不到，甫推出的頭幾個月，僅有幾個創辦人和出資者對這種微型部落格網站科技滿懷興奮與期待，市場反應不慍不火、傳播緩慢。

那又是怎麼一回事，才讓推特脫穎而出，成了全球規模數一數二的通訊平台？看起來，推特正是《紐約客》（*New Yorker*）作者麥爾坎·葛拉威爾（Malcolm Gladwell）與華頓商學院行銷學教授約拿·博格（Jonah Berger）所說的那種「有傳染力／傳播力」科技。二〇〇七年時，為了刺激推特的發展，幾位創辦人決定前往德州奧斯丁參加科技暨媒體圈的大型年度盛會「西南偏南」（South by Southwest, SXSW），大力行銷推特。SXSW為期一週，是電影、音樂和科技愛好者的天堂，這些人熱衷於各種最前衛的媒體、最古怪的新科技。

如今，SXSW是全球規模最大的音樂與媒體盛典，每年參與人數超過五萬，包括柏尼·桑德斯（Bernie Sanders）、阿諾·史瓦辛格、史蒂芬·史匹柏等等，許多重要政治與媒體界人物都會在ＳＸＳＷ上發表演說。但早在二〇〇七年，ＳＸＳＷ尚處於從邊緣走向主流的路上，最酷的新科技（像是推特）常會選擇在此首次亮相，算是初步試試市場水溫。而推特在此一鳴驚人。

但在初露鋒芒之後，推特的成長速度仍是溫溫吞吞，直到二〇〇九年才猝然突飛猛進。要說推特為何爆炸式成長，很多人歸功於歐普拉。二〇〇九年四月十七日，歐普拉在自己的脫口秀上，當著數百萬觀眾的面發出她的第一條推文。等到四月底，推特用戶數已經來到兩千八百萬。

這個版本的「推特成功故事」既精彩又好懂，它告訴我們，想成功就是要找到對的大咖名人，拉他們加入。於是，新創企業與投資人彷彿見到一張成功的路線圖：找個大明星就對了。

問題是這張路線圖反而會讓我們走錯路。事實上，如果講的是我們最在意的那種改變，那麼這張路線圖導向的只會是死路一條。

「歐普拉用推特」並不是推特成功的原因，而是推特成功之後的**結果**。在歐普拉發出第一條推文的時候，推特早已經進入成長曲線最快的階段。從二〇〇九年一月開始，推特用戶數每個月都呈現指數成長，從二月份不到八百萬，狂飆到四月初的約兩千萬用戶。歐普拉實際上是在推特成長的高峰期開始使用推特；在那之後，推特仍持續成長，但成長速度其實反而是比較慢了。

關於推特的成功，不該問「他們怎樣找到歐普拉來幫推特打廣告？」，而是應該問「推特是如何變得這麼流行，連歐普拉也來蹭熱度？」找出這個問題的答案，就能知道小型新創企業、邊緣政治運動、邊緣利益團體可以如何利用人們成熟的交友網路，把小眾運動炒成全民運動：所運用的是社會邊緣人物，而**不是**社群裡的明星。

「史密斯飛船」手勢

有人在虛擬實境平台「第二人生」（Second Life）做了一項發人深省的研究，讓我們充分瞭解如果鎖定處於社群網路邊緣的人物，可以怎樣讓創新傳播更為快速；這些人不是大家都認識的凱蒂．佩芮或歐普拉，而是我們日常周遭的鄰居朋友。

第二人生裡的商業活動，與在現實世界一樣能讓人賺錢，在遊戲剛起步時更是如此。二〇〇六年二月，平台推出才三年，化身角色名為Anshe Chung（鍾安舍）的艾琳．格萊福（Ailin Graef）就已經在這套遊戲的虛擬經濟體累積大量存款，從而讓她的個人資產進帳超過百萬美元。靠著鍾安舍的虛擬活動，格萊福在現實生活中，成了百萬美元富翁。

成千上萬創業者因此湧進第二人生，一心想讓更多用戶知道自己的產品和服務，以此致富。他們在這裡追求成功的方式，無異於現實世界的市場：找到有影響力的名人，讓這些人把你的想法傳播出去。無論在第二人生或任何其他地方，人們都相信這套老生常談：抓住在社群網路裡連結數量最高的那些明星。

在第二人生裡，能買的東西可不少，不但能買衣服、房子、寵物和食物，就連「行為」也能購買。

在現實生活裡，想仿效某種講話方式、時髦的握手姿勢，直接說、直接做就行，但在第二人生裡就得另外想辦法「取得」這些功能。有的得花錢（可能高達五百美元）、有的免費，但肯定都得傷點腦筋，無法不勞而獲。

像是在二〇〇八年秋天曾流行所謂的「史密斯飛船」手勢（Aerosmith gesture）：讓你的化身角色把雙手舉過頭頂，伸出食指和小指做成角的形狀，並伸出拇指作為強調。想在第二人生裡做出這個手勢，得先正式把這個動作加入角色的資產列表才行。在第二人生裡的手勢還有一個重點：要是沒有別人在用，你其實也不見得會**想用**這個手勢。

這就像在現實生活，想想看，如果你在酒吧想跟朋友打招呼，你大動作做了史密斯飛船手勢，朋友卻伸出手來想跟你握手，豈不是糗大了？

人們一向就是握手打招呼，這個史密斯飛船手勢怎麼會流行起來？在現實世界，幾乎不可能回答這個問題；我們哪有可能去追蹤所有人，問他們有多少人用握手和朋友同事打招呼、又有多少人用史密斯飛船手勢打招呼？然而在第二人生這個平台上，分析師不但能夠算出有多少用戶用了這個手勢，還能知道每位用戶某天和別人進行幾次互動、過程如何、從誰那裡學到這個手勢、經過多久自己也開始使用。這樣一來，第二人生就成了完美的研究室，能讓我們清楚掌握社會創新究竟是怎麼傳開。

二〇〇八年，物理學家拉達．阿達米克（Lada Adamic）、資料科學家艾唐．巴克許（Eytan Bakshy）與布萊恩．卡爾（Brian Karrer）合作，運用這些精準的數位資料，去計算瞭解一項新的行為是如何在人與人之間轉移。當時傳統的見解認為，重點是先找出那些有影響力的名人。第二人生這個社群平台如同現實世界一樣會有明星：那些人就像是這個元宇宙（metaverse，又譯「虛擬宇宙」、「架空宇宙」）裡的歐普拉，在社群網路裡的連結數量遠遠超過其他人，也能夠對整個社群發揮極大的社會影響力。要是有一位這樣的重要人物開始採用某種新行為（像是史密斯飛船手勢），你可能會認為這種行為就會迅速傳開、讓很多人跟隨。

研究發現，事實與預期正好相反。實際上，那些網路連結數量最高的用戶，傳播史密斯飛船手勢的效率反而**最差**。為什麼會這樣？我們忽略到，社群網路連結數量愈多的人，接納創新的可能性反而愈低。因為一個人如果認識愈多**不用**這套手勢的人，他就愈不可能會想花費力氣取得這套手勢，更別說是自己開始使用。

在第二人生裡的多數事物，無論是這套史密斯飛船手勢、或是其他大多數資產的價值，取決於你身邊的人接不接受。這就像是雖然打招呼的方式很多，有擁抱、親臉頰、擊掌等等，但如果你認識的朋友都還在握手打招呼，你可不會想在新的社交場合做出別的選擇，寧可等到確定某種方式已經廣為接受，才會開始有樣學樣。

假如某種行為已經形成一股新的社會風氣，能當個時尚先鋒當然是件好事。但你可不想太早當出頭鳥：整個世界都還在握手的時候，就只有你想跟人擊掌。這也就是社會學者所說的「協調配合問題」（coordination problem，又譯「協調問題」、「協調謬誤」、「協合謬誤」）。你表現的任何社交行為（從擊掌到握手），都是與他人協調後的結果。而這份研究想知道的是，究竟必須有多少人開始使用史密斯飛船手勢，才會讓你覺得這股風氣夠流行、讓你決定跟風？事實證明，這個答案是相對的：看你所處的社群網路大小而定。

後來證實，從臉書到時尚領域，有幾十種其他情境都符合阿達米克等人的發現：我們受到某種行為影響的程度，通常不是看整個社會上有多少比例的人這麼做，而是看「我們認識的人」有多少比例在這麼做。假設你在第二人生裡只認識四個人，要是其中有兩個都開始用某種新手勢來打招呼，你大概就會開始跟著用。畢竟你的整個社群網路裡有五〇%的人都這麼做了，這股社會影響可不小。然而，若是你在第二人生裡認識了一百個人，光是有兩個人用了某種新的手勢，大概不會讓你的行為有什麼改變。你會保持觀望，等到發現有更多人開始用，才會決定自己要跟進。

事實上，該研究發現相較於一個連結數只有五十人的普通人，一個連結數高達五百人的社群明星，採用史密斯飛船手勢的可能性**小了十倍**。換言之，與社會愈緊密相連的人，就愈難被說服接受某種新的想法或行為。有愈多朋友的人，就需要有愈多人先採納某種行為，才能讓他們改變心意。

還在觀望的執行長

讓我們想想現實世界的相關情境。以 Venmo 為例，這是一項具有社群媒體功能的支付服務，方便使用者拆帳、還錢，或是在社群動態上分享評論。假設你今天要負責推廣這項創新技術，為 Venmo 設計行銷策略，得先決定該鎖定哪些人來行銷：選項一是某家科技新創企業的一小群員工、每個人認識幾百個聯絡人；選項二則是一位全國知名大品牌的執行長，光他一位就有幾萬個聯絡人？

從前面讀到這裡，你應該已經知道答案。

不管那位品牌執行長有多大咖，他還是會在意別人的行為。他很清楚，自己的決定會在同行與客戶的心中留下印象。他之所以能坐上這個位子，有部分原因就是他擅長觀察社交場上的種種風吹草動。面對一項仍處於沒沒無聞的技術，他不會貿然採用，而是會更深思熟慮，並且觀察周遭同儕與同業公司的採用情形。面對一項公開在檯面上的產品，若是身邊還沒有很多人採用，這位執行長就不太可能拿自己的名聲來冒險。

這讓我們瞭解，為什麼那些喊水會結凍的執行長卻很少出來喊一喊：他交遊太過廣闊、認識的人太多，確實可能有幾個人已經開始使用這項創新，但更有可能的是有更多的人都還沒開始使用這項創新。我把這些人稱為反對創新的「抗衡力量」（countervailing influence），這些人光是什麼都不做（未主動採用創新），就等於是向社群明星大聲宣告：這項創新尚未得到眾人接受。

這些抗衡力量會發出一種無聲但強烈的社會訊號，告訴我們某項創新目前被接受的程度，以及同儕能夠認可（或不認可）的可能性。對一位領袖來說，與他有連結的人數眾多，因此其中絕大多數會是尚未接受創新的人，早期採用者只會是少數；這樣一來，他得到的正面訊號就會遠小於抗衡力量。

但如果是一群新創企業的員工，並非整體社群網路中心的熱門人物，情況就不一樣了。對於這些往來連結數量普通的人而言，只要有幾位同儕開始採用某項創新，對他們的影響力，就會遠大於同樣人數對交遊廣闊的執行長所能發揮的影響力。由於處於社群網路邊緣的人受到的抗衡力量較小，只要出現幾位早期採用者，就能在他們的社群網路裡發揮出更大的效力。因此，創新在社群網路邊緣會比較容易站穩腳步。只要有愈多社群網路邊緣的人開始採用你的創新，其他人所感受到的訊號也會愈來愈強，社會改變就是這樣動了起來。如果從邊緣開始傳播，就能慢慢成長到一定規模，即便是那些交遊廣闊的名人，也勢必得正視、關注這項創新。

推特的發展正是如此，第二人生中的流行事物也不例外。雖然社群明星並不願意早早接受某項創新行為，但只要等到創新的用戶數量突破某個**臨界值**，足以讓這些明星覺得這項創新已經廣受認可，他們就會突然變成狂熱的用戶。

推特成功的故事之所以特別具啟發性，是因為它明顯不符合我們的直覺。在最初的二〇〇六年，推特的用戶只是一群住在舊金山及鄰近灣區的普通人，推特就在這些人彼此的親友網路之間流傳使用，頗受歡迎。這項新的網際網路科技，是這樣一區傳過一區、一個街坊傳向另一個街坊，慢慢成長，逐漸擴展到全美類似的地區，最後終於讓用戶人數在二〇〇九年一月達到臨界值。到這個時間點，推特的人氣指數爆炸成長，只花了幾個月，活躍用戶人數就從幾十萬爆增到將近兩千萬。於是就連歐普拉這種社群超級明星也會猛然感受到這股趨勢，覺得要好好關注一下。

意見領袖與名人迷思

在一九四〇年代，電視這種科技才剛剛起步。在先前幾十年間，從體育賽事到政治宣傳，各種資訊的傳播都是由廣播把持。廣告主在廣播廣告投下數百萬美元（折合今日幣值可達數十億美元），希望能夠接觸到大量消費群眾。就算出現了電視這種新媒體，乍看之下也沒有什麼不同，成功的訣竅似乎依然不變：寫出讓人琅琅上口的廣告詞曲，讓它隨著電波傳向遠方。

率先吹動一池春水、指出情況可能有變的，是著名的哥倫比亞大學社會學者保羅．拉扎斯菲爾德（Paul Lazarsfeld），他的研究就此讓政治與廣告界天翻地覆。一九四四年，拉扎斯菲爾德創造出「意見領袖」（opinion leader）一詞，指的是一群遠比其他人更熟悉媒體的特殊人士；這些人於是成了社群裡具有影響力的大咖名人，大多數人都會從他們那裡取得新的媒體內容。拉扎斯菲爾德的想法，令廣播媒體的經典理論為之顛覆。

過去的既有觀點認為，媒體資訊從電台傳向數百萬聽眾，接著直接影響聽眾的意見與行為；聽眾就是一群被動的接受者，容易受到擺布。廣告主該做的，就是把自己的廣告訊息透過電波放送出去，接著就能翹腳坐等產品大賣、候選人深受喜愛。

拉扎斯菲爾德的研究則揭露了這項理論的一大漏洞：事實上，廣播只能打動很小的群眾。大多數人並不會被廣告訊息左右，但是有一群核心人物（也就是意見領袖），他們會密切關注廣播，進而影響其他所有人。

一九五五年，拉扎斯菲爾德與社會學者伊萊休．卡茲（Elihu Katz，我有幸在賓州大學與其共事）共同發表一項重要研究，為意見領袖、精準行銷（targeted marketing）、政治廣告、影響者行銷（influencer marketing）等等理論奠定基礎。

他們提出了一套革命性的簡單概念：雖然大多數人對於媒體廣告是左耳進右耳出，意見領袖卻會是廣告主的希望所在。這些意見領袖交遊廣闊，是社群裡的明星人物，能將廣告主的資訊傳播給大眾。廣告主、政治人物與公衛官員想在媒體上釋放各種訊號的時候，就該鎖定意見領袖。這些人像是守門人，能讓人接觸、進而影響其背後更廣泛的社會。

這件事意義重大：抓住一小群特殊的人，就能打造出有上兆美元商機的產業。掌握意見領袖，就等於將所有人抓在你的手中。

根據卡茲與拉扎斯菲爾德的研究，無論是社會運動或創新科技，想要傳播任何事物，關鍵就是抓住那些網路連結度高的大咖人物。這種想法在二十年前形成了麥爾坎．葛拉威爾所提出的、那項令人不舒服的「少數原則」（the law of the few）。葛拉威爾的想法一如卡茲與拉扎斯菲爾德，認為社會改變仰賴一群「特殊的人」：一小群熠熠生輝的社群明星，負責向我們這些其他人傳播新的思想與行為。

這套「少數原則」的說法廣為大眾所接受，是因為在某些情況下確實如此。

葛拉威爾等人談到許多過去的傳奇人物如何發揮影響力，像是美國革命領導者保羅．列維爾（Paul Revere），就是因為他的人面廣，才能在一七七五年將英國來襲的消息迅速傳開。還有時尚設計師艾薩克．麥茲拉西（Isaac Mizrahi），他運用自己的地位與人氣，讓一個原本已經過氣的童鞋品牌搖身一變，成為大人的尖端時尚。葛拉威爾指出，在一些知名的「大流行」（epidemics）事件上，這些特殊人物扮演著關鍵的角色。他所刻畫的故事深具說服力。我們看到，這些社群網路連結數量高的人確實能夠影響資訊與概念的傳播，看來任何社會改變若想要成功，顯然必須要有這些人物的參與。

如今我們把此一概念稱為「影響者行銷」；在這個社群媒體當道的年代，名人網紅就是社會上的意見領袖。影響者行銷的基本概念已有四分之三個世紀的歷史，但目前仍然是產業龍頭最常採用的方式之一。

然而，影響者行銷其實是奠基於一個迷思，也就是我所謂的「名人迷思」（myth of the influencer）。

「名人迷思」讓我們誤以為，如果想傳播某個想法、趨勢或運動，一定得要找出這些特殊的人。雖然這套迷思能完美解釋歷史上的某些事件，但如果講的不是英軍入侵的新聞如何傳播，而是推特如何受到歡迎；如果講的不是童鞋如何成功，而是美國民權運動如何發展，我們就會發現這套說法並非事實，只是空中樓閣。

在一九七〇年代，社會學者對於資訊如何傳播找出了一套新的真相，翻轉了主流觀念，不僅影響了消費者行銷與政治運動的研究，就連數學、物理學、流行病學與資工領域也為之撼動。從此，無論在管理、教育、金融或執政的領域，講到要如何傳播思想，都有了一套全新的最佳實務原則。

這一項智識上的革命，後世稱為「網路科學」（network science）。其重點概念在於，如果光看那些社群連結數量高的社群明星，並無法解釋各種影響如何傳播。我們真正該注意的是，任何社會背後都會有一個規模龐大的幾何連結模型，重點不在於明星，而在於明星與其他人的連結、連結又延伸出的連結，進而再延伸的連結等等。這個幾何連結模型足以解釋媒體訊號如何傳播，以及推動社會改變的努力為何成功或失敗。

以術語來說，這個幾何連結模型稱為社群網路的「網路拓樸」（topology）。掌握網路拓樸的概念，才能解讀社會改變：那些造成風雲變色的科技創新是在何時、如何起步；極具爭議的政治概念能否觸及主流民眾；在哪些條件下，才能讓文化變遷擴大到整個社會。根據新的科學見解，社群明星只是整個網路連結鏈的其中一環。有時候確實像我們過去以為的那樣，社群明星是整條鏈上最重要的一環，推動了某項創新的大規模傳播。但在其他時候，就像史密斯飛船手勢在第二人生裡、或是推特在美國的傳播，社群明星對於創新的傳播並沒有多大幫助，甚至可能造成反效果。

如果要傳播的不只是一則新聞，而是一項社會改變（也就是新的想法或行為），必須面對不買帳的人所形成的抗衡力量，對社群明星來說就會是一項挑戰。這些連結數量高的人常常很難投入改革運動，於是成為社群網路裡的路障，拖慢創新與新想法的傳播。事實上，這種情況並不少見：許多影響最深遠的創新之所以能夠成功，都是因為繞過社群明星而走了其他路線，才得以在社群網路之中傳播。到頭來，那些連結數量高的社群明星其實是改變過程的**最後一步**。

討論社會改變的時候，名人迷思會讓我們看不清真正的道路，難以克服難關或種種爭議，無法達成那些在社會、商業及政治上的目標。想瞭解改變是如何成真，第一步就是別再想找出社群網路裡有哪些重要的「人」，而是要去找出那些重要的邊緣「位置」。

柏林研究

一九八九年秋天，蘇聯正在崩潰邊緣。這是二次大戰以來最重要的地緣政治關鍵時刻，而且人人心知肚明。東德人每天都聚集在那道把他們與自由西方隔開的高大圍牆邊，面對蘇聯警察實彈上膛的機關槍，相互對峙。

透過現場新聞實況報導，人人得以目睹一項重大歷史事件的展開，但我們要怎樣才能用科學方法加以研究？

柏林圍牆倒塌後不到幾週，著名德國社會學者卡爾—迪特．奧普（Karl-Dieter Opp）展開了當時最先進的科學調查，想瞭解這個世代最重大的社會動盪。他的研究流程很明確、也很容易遵循。他從漢堡出發，開車開了將近三九〇公里，跨過前東德邊境到達萊比錫，這裡正是抗議活動的最初起點。奧普一抵達萊比錫，下車深呼吸了一口，就開始四處走訪周遭民眾。這方法絕對算不上什麼高科技，但已經是當時社會學研究最尖端的技巧。

他問民眾：「你為什麼想參加抗議？」

「你不擔心被殺或被逮捕嗎？」

他訪問了超過一千位萊比錫市民，請他們回答訪談問題，並匆匆在自己的科學日誌記下筆記。

奧普幾乎是立刻就開始發表他的發現，而這些成果很快就成了關於柏林圍牆倒塌的重要科學記錄。直到一九九四年，奧普已經發表超過六篇相關科學論文，解釋這些社會抗議如何發生、又為何能夠成功。奧普指出，民眾加入這場革命不只是出於不滿，不只是出於對社會不義的憤怒，也不只是出於對貧窮的沮喪、對財富的夢想，甚或是對自由的承諾。

真正的關鍵因素，在於他們的社群網路。

那些德國公民之所以到柏林圍牆邊抗議，是因為有朋友家人去了，所以他們也要一起。當時發生的是一種集體的社會協調（social coordination）過程。大家發現像自己一樣的公民走上了街頭、表達了立場，於是相信這一切真的能帶來改變，也希望自己能成為其中的一分子、在其中盡一分力。

柏林圍牆倒塌前幾年，史丹佛大學社會學者道格．麥亞當（Doug McAdam）曾在一九八八年使用類似奧普的方法，讓美國民權運動有了第一項符合嚴謹科學標準的研究。無論從歷史或文化的角度，美國民權運動都與東德抗議活動大不相同。但麥亞當所發現的行為模式，卻和奧普發現的不謀而合：美國公民之所以會在一九六〇年代參與某些最危險、也最重要的社會抗議活動，關鍵因素就是其所屬的社群網路中有其他人也參與了。

在聯合抵制蒙哥馬利（Montgomery）公車運動期間，像是羅莎．帕克斯（Rosa Parks）這樣的人成了民權運動的焦點。她公開反對政府壓迫，也激勵其他人追隨她的腳步。然而，羅莎．帕克斯之所以能發揮影響力，重點在於她並非孤身一人：她屬於一個龐大的社群網路，是整個網路的人齊心協力，共同抗議美國南方的隔離制度。

一九五五年，羅莎．帕克斯拒絕依公車司機要求讓出在公車前段的白人座位（當時法規將不同區段的座位指定給不同種族），於是遭到逮捕，成為一項著名事件；但在事件之前的幾個月間，在蒙哥馬利之前，還有至少六位女性同樣因拒絕服從這類種族隔離的座位要求而遭到逮捕。你很可能從來沒聽過克勞黛特．科爾文（Claudette Colvin）或其他抗議人士的名字，但這些人無論在勇氣或對於追求種族平等的關鍵程度，都不下於羅莎．帕克斯。造成影響力高下有別的原因，在於其他這些抗議人士缺乏具協調性的龐大社群網路在身邊給予支持。這些人並未身處在社群網路中對的位置，自然難以燃起革命的火花。

在爭取自由的奮鬥過程中，總有無數靈魂英勇起身對抗壓迫。其中多半會迅速遭到當局政權壓制噤聲，但如果他們並非單獨行動，情況就會有所不同。社群網路就像是能彼此協調行動的肌腱，讓一大群來自各行各業的普通人能集體行動。只要一群人形成協調的整體，任何一個人（像是羅莎．帕克斯）的行動，就能帶動身旁一大群沒沒無名的人。革命的火花，就是這樣燃起。

到了一九九四年，社會學家已經確認社群網路是社會改變不可或缺的因素。但一直要等到新的千禧年後，我們才終於具備相關技術，能夠觀察社群網路究竟如何運行。這些觀察讓社會學出現新的發展，並與長達將近一整個世紀的社會科學理論互相衝突。

這項技術就是「社群媒體」。

解放廣場發生（以及沒發生）的事

二〇一一年一月十八日，當時二十六歲的埃及活動人士阿姿瑪．瑪夫茲（Asmaa Mahfouz）正在籌畫一場革命。僅僅幾週前，世界目睹突尼西亞掀起一場自發性革命，成功推翻該國專制政權。瑪夫茲希望埃及能跟上突尼西亞的腳步，而作此想的，並不只有她。

瑪夫茲是埃及一個重要活動組織「四月六日青年運動」（April 6 Youth Movement）的創始成員，在二〇一〇年春天的四月六日，該組織成功動員大批勞工上街，抗議埃及勞工所遭受的不人道待遇。雖然活動大獲成功，卻也引來嚴厲的報復行動，許多抗爭民眾被捕入獄，甚至遭到毆打。這些人都沒能逃過埃及專制領導者穆巴拉克（Hosni Mubarak）的熊熊怒火。

瑪夫茲這位領導者兼具人氣與領袖魅力，嫻熟社群媒體，成功運用自己的臉書及推特帳戶，得到數萬追隨者的支持。換言之，身處大型社群媒體與活動分子社群中心位置的她，扮演著「連結者」（connector）的角色。瑪夫茲過去就曾經成功組織抗議活動，這時她同樣處在一個絕佳的位置，能夠發動一場時機絕佳的抗爭，對抗穆巴拉克政權。

不久前突尼西亞革命成功，為中東的活動分子帶來一股信心，空氣中飄散的革命氣息，彷彿人人都能感覺得到。

埃及全國上下已經蓄勢待發，而瑪夫茲正是點燃火藥桶的完美人選。她不僅有社會人脈、掌握科技上的連結，還擁有豐富的社會組織經驗，從過去的抗議活動學會了各種成功的方法和技巧。她的活動主義部落格粉絲人數高達數萬。

瑪夫茲向她的廣大閱聽群眾宣布時機已到，希望眾人在一月十八日與她一同來到埃及的解放廣場（Tahrir Square）。她的目標，就是要發動一場埃及革命。

她的呼告響徹雲霄。

但雷聲大雨點小。

瑪夫茲和一小群友人攜手邁入解放廣場，卻不見其他的支持者，只看到等著他們的警察。

哪裡出了問題？

埃及人民知道瑪夫茲值得信任，他們知道她的發文出於真心、她的號召充滿真意。根據過去對於社群明星的種種推論，她看起來正是引爆革命的正確人選。

問題就在於：我們愈知道瑪夫茲是個為此投入全心全意的年輕活動分子，就愈感覺她與我們大多數人有著距離。我們大多數人都有孩子要養、有另一半要顧、有老人家要照料，放不下工作、也捨不下房子。換句話說，雖然我們可能很欽佩那位我為人人的瑪夫茲，同時卻也很清楚自己和那種人有不同的考量。那種人一般來說就是年輕又充滿正義感，有著清楚強烈的道德觀。比起我們這些有家庭、有工作、有名聲要顧的人來說，他們願意冒險犯難的精神遠遠高出一大截。雖然這些活動分子能夠大聲呼告眾人起身行動、讓訊息遠傳四方，但很少能真的讓成千上萬一般民眾無懼於警方的報復走上街頭。

所以，在柏林、美國南方與突尼西亞究竟有何不同，才讓那些地方的社會革命獲得一般大眾的響應？

在解放廣場七天後發生的事件告訴我們，關鍵就在於社群網路。一月二十五日，瑪夫茲與朋友再次走入解放廣場，但這次陪著他們的還有上萬名埃及同胞。這可說是從蘇聯解體以來最令人意想不到的一次起義。在解放廣場上的這場抗爭，後來點燃了埃及革命運動，最終推翻穆巴拉克政權。

這之後的幾年裡，全球媒體與許多國際人權組織讚揚著瑪夫茲的勇氣與毅力，她確實當之無愧。她的文章充滿情感、打動人心的同時，無疑也讓自己身涉險境。但光是這些因素，並不能解釋這場埃及革命為何能夠成功。為什麼她在一月十八日以前的發文成效渺渺，但累積到一月二十五日就足以推翻政府？

想瞭解究竟怎麼回一事（不只在埃及，還包括在突尼西亞、葉門、摩洛哥與利比亞），就不能只看像瑪夫茲這種我為人人一心革命的大人物，而必須瞭解這些運動是如何往外蔓延到我們這些一般非活動分子的社群網路。一般埃及民眾龐大的社群網路拓樸，是怎樣主動發揮了協調的功效，讓眾人一起投入這項革命活動？

這套埃及起義的故事，就是社群網路的故事，它告訴我們社群網路邊緣那些連結不那麼緊密的地方、也就是我們大多數人所處的地方到底發生了什麼事。因為社群網路邊緣幅員廣大、而且看來平凡無奇，相較於那些社群明星連結緊密的網路，可能讓人覺得重要性遠遠不及。真相卻正好相反：要談社會改變，真正重要的大事都是發生在社群網路邊緣。

有許多深思熟慮的人都認定，社群媒體是阿拉伯之春（Arab Spring）成功的原因。臉書與推特等等新媒體工具，讓整個中東地區的民眾得以互相聯繫，因而很容易讓人認為是這些社群科技，使得瑪夫茲這樣的社群明星取得前所未有的知名度與影響力。然而，根據大量關於那一年的科學證據顯示，事實不然。

大部分人或許沒想到，無論是在二〇一一年或是現在，民眾在社群媒體上的連結並沒有什麼真正了不起的地方。早在社群媒體發明之前，個人就能透過自己的人脈網路發揮影響力，社群媒體發明後，個人能發揮的影響力其實和幾個世代之前大同小異。在過去五十年間，所有社群網路研究都指出社會連結有著相同的基本模式：個人的社群網路，就是一群朋友、家人、鄰居與同事。推動一九六〇年代美國南方民權運動成功的社群網路，與一九八九年推動柏林圍牆倒塌的社群網路幾乎並無不同。而這兩者，又都與二〇一一年推動阿拉伯之春革命的社群網路極為類似。但阿拉伯之春有一項重要區別：這是史上第一次，我們能夠**測量**這些社群網路在每個當下如何運作。

二〇一一年，社群媒體成了研究社會改變的強大工具，社會科學家能透過社群媒體觀察各種群眾運動如何在領導者、朋友、鄰居、學生、教師、企業主與家長之間傳播。像是 #jan25（#一月二十五日）這種主題標籤的擴散，就能夠讓我們清楚看見革命行動的即時傳播。當民眾上傳帶有時間戳記的照片，就會記錄下街頭的人數，並讓我們看到社群媒體活動與示威遊行、警察暴力和動盪局勢升溫之間的關連。這是社會科學家第一次能夠準確記錄一項社會運動究竟是如何展開，也讓我們第一次清楚看到，那些連結程度高的大咖名人**並不是**行動的中心。

分析阿拉伯之春

柴克瑞・史坦那－思瑞寇爾德（Zachary Steinert-Threlkeld）是加州大學洛杉磯分校（UCLA）一位充滿活力的政治科學家。他用了將近十年，全心投入研究突尼西亞及埃及等國的社群媒體紀錄，想瞭解社群連結的結構可能發揮了怎麼樣的作用，促成了二〇一一年春天，那些看似天方夜譚的事件。在加州大學聖地牙哥分校攻讀博士學位期間，他檢視了超過一千三百萬條推文，想找出在埃及、利比亞、摩洛哥等爆發革命的地點，是否有什麼共同的連結模型。事實證明確實有一個共同的連結模型：每次社群媒體活動轉化成真正的社會行動主義（也就是民眾真正走上街頭）時，主要的相關訊息都不是來自於社群網路中連結數量高的明星人物。真正最能預測到民眾將概念化成行動的，是在社群網路的邊緣出現了互相協調配合的網路活動。

二〇一一年一月下旬，埃及社群網路邊緣那些連結程度普通的一般大眾間，出現了連鎖反應，增強了參與行為，並開始湧現一波強大的社會傳播。

隨著埃及的抗議活動逐漸成長，在社群網路邊緣的公民開始相互提供關於警方動向、抗議熱點、路障位置等資訊。這些協調配合活動雖然是實用性的，但也參雜著情感成分。公民們使用 #egypt（# 埃及）和 #jan25 等主題標籤，表達彼此是同一陣線。他們也會發布照片、分享各種現場第一手報導，提升這場運動在開羅以外的人民眼中之曝光度。這些訊息、發文、影片與聊天內容，都在朋友與親人之間觸動了情感連結，讓人感覺這場運動就在自己身邊、自己就是這場運動的一分子。這種感覺驅使他們走上街頭。這些邊緣的社群網路很快就引發連鎖反應，讓抗議活動從埃及的一座城市蔓延到另一座城市，從開羅到吉薩（Giza）、再到渥拉克哈達爾（Waraq Al Hadar）。

阿拉伯之春的資料，展現出與過去美國民權運動及東德抗議活動相同的連結模型，但這次我們看得更加清晰、更加無庸置疑。而且，無論是阿達米克等人研究的第二人生中，史密斯飛船手勢的傳播，或是推特在美國爆炸性成長背後的社群網路特徵，也都能看到同樣的連結模型。

在保羅・拉扎斯菲爾德發現「意見領袖」概念幾個世代之後，我們終於有了新的資料能夠運用。我們現在可以有自信地說，能夠推動社會改變的關鍵社群網路結構，並不是以某個連結數量高的「大咖名人」為中心所形成的輻散結構，而是在於社群網路邊緣，彼此之間環環相扣的結構。想讓社會改變成功，就必須從網路邊緣開始：這裡的人面臨著與我們同樣的抉擇與挑戰，他們的配合與接受程度，無形中形塑了我們賴以維生的日常規範。網路邊緣其實具備強大的影響力，社會改變的滾滾洪流，就是從這裡起源並往外擴展。

正確的位置

講到改變的時候，之所以會出現名人迷思，是因為這套故事打中了我們對英雄的熱愛。想到有一個人如此與眾不同，勇敢面對所有挑戰、扭轉歷史的方向，總令人覺得浪漫。這套故事的重大缺陷，並不在於一個人不可能發揮巨大的影響力。事實上，等後

面談到 #MeToo（#我也是）運動背後的科學，我們會看到確實只要有幾個人、有時候甚至只有一個人，就能影響一個運動的成敗。而我要提出的理論，與過去四分之三個世紀以來理論的不同之處，在於這些關鍵人物**並不特別**。這些人與我們沒什麼不同；事實上，我們都可能是這樣的關鍵人物。這些人只是在正確的時間，站在了社群網路正確的位置。在當下，他們的一舉一動便可能讓一切大不相同。

這並不代表我接下來會說社會改變，只是靠著一系列的隨機事件而成。假如真的是那樣，再怎麼對此進行科學研究也不會有什麼實際用途，更不可能做出相關預測。

我真正要做的，是點出為何社會改變如此難以預測（但並非絕無可能）。我會讓讀者看到，所謂「正確的時間、正確的位置」並非隨機事件，而是在社群網路裡某項能夠測定的特徵。我也會讓讀者瞭解怎樣辨認這些基本的網路結構，與如何鎖定這些結構。

本書要談的主角，並不是某位名人、某個社群明星，而是社群網路中的**位置**。重點不是「何人」，而是「何處」。在對的位置上，橫跨不同社會群體的種種社會連結會在此匯聚，於是得以強化家庭間的親人感情、組織間的夥伴關係、國家內部的團結一致。

研究社群網路的科學顯示，在網際網路上也有這樣的位置。阿拉伯之春革命成功的真正關鍵，既不是推特、也不是臉書，而是在這些虛擬網路所形成的社群結構中，找出了能夠擴大社會協調規模的有效方式，且效果意外驚人。本書後面內容會讓讀者瞭解如何在所處的社群網路鎖定這些特殊位置，並且懂得如何運用這些位置，推動屬於自己的改變計畫。無論你是父母、教師、選民、商人、政策制定者、公衛工作者、企業家或活動分子，這本書都能幫助你回答兩項你最想知道的問題：種種的改變究竟如何發生？我們又能怎麼促進改變？

第2章

病毒式傳播的迷思：弱連結的意外弱點

一三四七年春天，黑死病在法國馬賽登陸。來自西西里島和克里特島的船上藏了老鼠，身上帶有印度鼠蚤（Xenopsylla cheopis）的老鼠就這樣混進了城市。印度鼠蚤的腸子裡滿是鼠疫細菌，每次咬人，都會將大量細菌注入受害者的血液，造成立即性的感染。老鼠幾天之內就在全城肆虐，黑死病也隨之蔓延。

黑死病席捲馬賽之後，開始延燒整個歐洲，一三四八年中，已經向西來到巴塞隆納、向東來到佛羅倫斯，黑死病攻克愈多城市，傳播的速度也愈快。六個月後，西班牙西部、義大利南部和法國北部的所有城市都已成為疫區。巴黎淪陷，盧昂（Rouen，位於法國北部海岸）與法蘭克福也未能倖免。旅客從法國北部渡海至倫敦，帶著黑死病跨越了英吉利海峽。那年秋天，黑死病已經傳遍倫敦；一三四九年底一路來到蘇格蘭。在歐洲大陸，黑死病越過了歐洲東北部的山區，布拉格、維也納，甚至斯堪地那維亞半島都一一淪陷。到了一三五一年，歐洲已有三分之一人口死亡，一座城鎮接著一座城鎮慘遭蹂躪。

「弱連結」的重要性

黑死病是歐洲史上疾病傳播最極端的一個例子，也能提醒我們如今的情況已經多麼不同。在十四世紀，人類的交通網路受到大陸地形地勢影響，且只有低科技的交通方式。帶菌的跳蚤躲在宿主身上，坐著獨輪手推車、二輪或四輪馬車，又或是搭船，從一座城鎮來到另一座城鎮。時至今日，現代疾病可不用浪費時間慢慢走陸路或海路了，靠著空中運輸就能一日千里。二〇〇九年，H1N1病毒只花了短短幾週就傳遍全球，從紐約到舊金山，再到倫敦、里約熱內盧、雪梨、法蘭克福、東京和香港。

二〇二〇年，新冠肺炎傳遍全球的速度不遑多讓，而且影響更為慘烈。為什麼黑死病得花上幾年才能征服歐洲，而現代疾病卻能在短短幾週就蔓延到世界所有城市？答案很明顯：更快、更好的交通網路。

讓我們想想這件事的意義。

黑死病

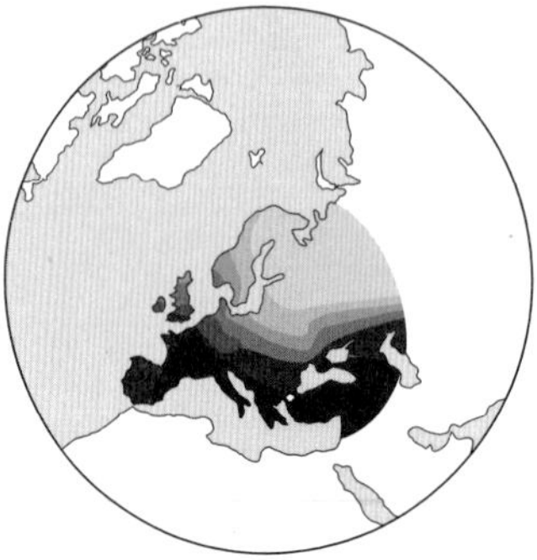

H1N1

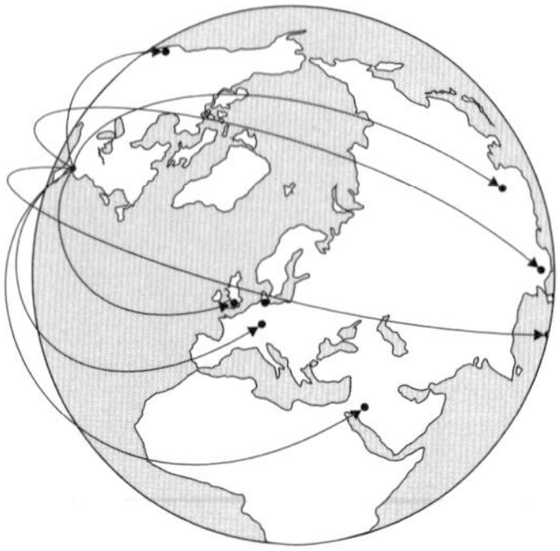

這代表著，雖然黑死病走的路線和H1N1或新冠肺炎等現代疾病不一樣，但「病毒式傳播」這種概念，對所有疾病都一樣適用。雖然嚴格說來，黑死病的病源是細菌，而新冠肺炎是由病毒引起，但兩者都還是屬於疾病範疇，只要得到正確的傳播途徑，就會以同樣的方式傳播，也就是迅速席捲全球。

兩者靠的都是近距離傳染，而且也都能利用規模龐大的網路，更快遍及世界各地。

還有什麼東西也類似這樣，過去只能透過陸路與海路慢慢傳播，可是一旦我們找到更好更快的傳遞網路，使其盡可能接觸更多地方、更多人群，就能夠「病毒式」地快速傳播出去？一九七〇年代初，社會學家馬克・格蘭諾維特（Mark Granovetter）給了一個明確的答案：

一切！

這項回答推動了現代「網路科學」領域的建立。事實上，格蘭諾維特正是因為在這個領域的研究深具影響力，讓他榮獲湯森路透引文桂冠獎（Citation Laureates），被視為諾貝爾經濟學獎的熱門人選；這是社會學家首次享有此等殊榮。著作等身的他絕非浪得虛名，首篇發表的論文〈弱連結的力量〉（The Strength of Weak Ties）更是影響力驚人的代表作，成為整個社會學領域引用數最多的論文。

格蘭諾維特提出的概念清楚有力，巧妙區分「強連結」與「弱連結」的不同。強連結指的是與你比較親近、你所信任的朋友家人們，共同構成的內部社交圈。至於弱連結則是那些偶然認識的人，像是在會議、課堂或度假時認識的對象，所構成的外部社交圈，也就是你運行軌道上的隨機連結。因為這些連結並不在你平常的運行軌道上，於是能讓你再連結到一些通常壓根就不會認識的人。

我們很輕易就能看出強弱連結的區別對於疾病傳播有何意義。黑死病的傳播是透過強連結：親人、朋友、街坊之間緊密的社會連結。然而，這是因為在一三四〇年代沒有什麼弱連結：當時的人，多半一輩子就是和同樣一小群彼此認識的人來往，跳出自己所屬社群的情況很罕見。當時就是一個靜止的、科技發展緩慢的世界，一個強連結的世界。

當然，現代交通運輸及通訊技術已經讓一切全然改觀。不論我們是否意識到，但現在大家隨時都會與全世界的人產生交集。這些我們隨機碰到的人就像是中間人。他們也有家人朋友，而這些家人朋友的生活軌道可能永遠不會和我們交會。因為中間人本身就位於我們的直接社群網路之外，靠著和他們的隨機接觸，我們才有難得的機會連結到**他們的**社群網路，接觸到那些原本如何都不會接觸到的人。這些「弱」連結通常並不會演變成「強」連結。你和那些人之間並沒有諸多共同的朋友或連結，因此這些弱連結一般不會建立起長期的社會聯繫（social bond）。然而，如果是傳播諸如新冠病毒這類，弱連結效率驚人，能夠迅速傳向全球。

冗餘效應

格蘭諾維特開創性的強／弱連結論點，依據的是他對人們如何尋找工作機會的研究。格蘭諾維特認為，雖然透過強連結所聯繫的對象顯然是我們最看重的，但如果要提到我們身在其中的各種大規模傳播，更重要的會是那些透過弱連結所聯繫的人。

要瞭解為什麼格蘭諾維特的論點如此影響深遠，請先想想你自己生活中那些強連結對象。只要這些人開口，你就會毫不猶豫地把錢借給他們，你們也熟到你會請他們來幫忙照顧小孩一晚。換句話說，這些是你信任的對象。而對於這些你既熟悉又信任的人，你也一定很快就會發現，你們彼此的社群網路會互相重疊。你的強連結對象常常是互相認識，而且他們彼此還又認識對方**其他的**連結對象。你的強連結對象，常常也會是彼此的強連結對象。

格蘭諾維特解釋，由於強連結之間會互相重疊，傳播資訊和想法的效率因此不彰。為什麼會這樣？因為重疊也代表著冗餘（redundancy）。你想透過強連結來宣傳一個新想法的時候，有可能大家都聽過了，對方不是已經聽你說過、就是聽某個共同好友說過。就算這個想法再直覺、有再強的「黏著度」（下面將介紹這個概念），如果只透過強連結來傳播，到頭來就只會在同一個社群裡轉圈圈，無法傳向遠方。

在競爭激烈的環境裡，想讓別人注意到你的想法，就像是在一片充滿其他想法的汪洋大海中爭取注意力，這樣一來，冗餘就成為至關重要的問題。每次有人幫你向他人解釋你的想法，如果對方早就聽過，這次的連結就「浪費」了。原本這次連結的機會應該要將你的想法再傳給某個新的對象，卻只是繞回到某個早就聽過的人。

要是你的每個連結對象都能把你的想法傳給其他沒聽過的人，則代表你的社群網路能為你發揮更好的效果。這種時候，你的想法不會在冗餘的網路裡來回碰撞、浪費時間，而能夠透過每個新的連結對象傳往遠方，更快速接觸到許多新對象。強連結的弱點在於，我們最後就只是在一個小圈圈裡互相交談，就像是在向已經皈依的人傳道。而弱連結的強勢之處則在於，我們能夠將想法傳播給全球網路中的廣大新面孔，儘管這些人可能與我們素未謀面，卻能接收到我們的想法。弱連結能提供更多的「觸及」。

由於「觸及」和「冗餘」相較起來有著關鍵優勢，格蘭諾維特於是認定，無論是要求職、促銷、打廣告、或是發起社會運動，身邊的弱連結才是你該鎖定的重點。透過弱連結這個能夠通向遠方的管道，就能與更多人建立聯繫；更重要的是，你能連結到的是更多「不同類型」的人。

史丹利．米爾格蘭的明信片

一九六七年，格蘭諾維特還只是一位研究生，但另一位研究社群網路的重要人物史丹利．米爾格蘭（Stanley Milgram）已經為格蘭諾維特的開創性見解準備好登場的舞台。

一九六〇年代初期，米爾格蘭發表了一系列關於服從與權威的研究，一般稱為「米爾格蘭實驗」（Milgram Experiment），現在這些實驗惡名昭彰，但在當時可是讓他成了國際知名的學者。到了一九六〇年代中期，米爾格蘭運用這份名聲從耶魯轉到哈佛，開始研究一項新問題：美國人之間典型的社交距離有多遠？

當時這是個熱門話題，許多科學家都正在嘗試瞭解如何解開這個社群網路之謎。麻省理工學院有一群積極的數學家開始訪談數百位民眾，希望找出美國社會連結背後的數學原理。他們的計算結果顯示，多數人之間只有「兩度分隔」。

這是個好的開始，但米爾格蘭發現其中至少有兩大缺陷。第一，許多人之間的連結屬於強連結。也就是說，就算你在同一地區訪談了幾百個人，他們都彼此認識，卻不一定能代表他們與國內其他地區連結的情形。第二，人民的社群網路往往在社經地位上有著明顯的分群。如米爾格蘭所言：「窮人通常就是和窮人往來」，這話說得不好聽，卻也實在。

一九六〇年代的社群網路並不是隨機交錯，無論生活或工作，當時的人常常都只和一小群人互相來往。有錢人交往有錢人，而窮人往往結識窮人。鴻溝還不限於經濟層面。當時的美國社群網路，種族隔離不容小覷，宗教隔離也影響甚鉅。任何研究如果只針對一小群人的社群網路做抽樣調查，不太可能找出整個國家人民互相連結的全貌。想要真正得到解答，就必須找出橋接各個社群之間的弱連結。

在哈佛的第一年，米爾格蘭就設計了一套非比尋常的「實驗」方法來研究社群網路。一般醫學上的控制對照實驗，是安排實驗組的人接受治療、控制組的人接受安慰劑，但米爾格蘭的做法有所不同，比較像是進行一連串仔細重複的觀察。

米爾格蘭把這套方法提案給哈佛大學社會關係研究所（Laboratory of Social Relations）申請經費，他想研究的是像任何一位在美國中部的隨機受試者（例如在內布拉斯加州奧馬哈市某位喪夫的雜貨店店員），與美國東岸另一位陌生人（例如住在麻州沙倫市的某位股票經紀人）之間有幾度社會分隔。要是米爾格蘭能得到經費，就能找出解答。

當時米爾格蘭的想法是，如果取得經費，就要在美國中西部隨機選擇幾十位受試者（例如喪夫的雜貨店店員，以及其他人），寄給他們每人一包貼好郵票的明信片，再請他們把明信片寄給認為「有機會把明信片再轉寄給目標人物」（麻州股票經紀人）的人。但有個規則使得事情沒那麼簡單：在中西部的受試者不能直接翻電話簿鎖定某位股票經紀人，只能寄給**自己原本認識**的對象。米爾格蘭認為，住在美國中西部的受試者本身不太可能認識住在麻州的股票經紀人，所以應該會把明信片寄給他們認為在社會關係上類似、或是「接近」麻州股票經紀人的對象，例如在芝加哥金融業工作的人、或是剛好住在麻州的人。

依照米爾格蘭的設想，等到中西部受試者將明信片寄給那些中間收件者，這些中間收件者就成為第二輪的寄件者。照他看來，不斷重複這種由收件者變成寄件者的過程，總有一天明信片能寄到最終目標（也就是住在麻州沙倫市的股票經紀人）手上。米爾格蘭在申請經費的時候，或許就曾提出這樣的問題：「要從美國中西部到麻州，需要幾度的社會連結？某一個朋友到下一個朋友，也就是從寄件者到收件者，一連串下來明信片需要轉寄幾輪，才能寄到最後那位股票經紀人手上？」

米爾格蘭的提案遵循了網路科學的一項關鍵原則。如果他這項研究只做一次，找出從中西部到麻州的這條社會連結鏈或許只是反映出那位雜貨店店員、或是那位股票經紀人個人的特殊性格或社交習慣。但如果提供足夠的隨機程度，並重複研究達到一定數量，就能計算出各條社會連結鏈的平均長度，得出可靠的結論。只要透過這個簡單的研究，就能找出大多數美國人彼此之間的大致社會距離。

這項研究提案實在精妙，也讓米爾格蘭得到所需的研究經費（六百八十美元），正式展開研究。

米爾格蘭找出的答案如今家喻戶曉，簡直成了一項傳奇：六度分隔理論。有些寄件連結鏈，只需要三度連結就從內布拉斯加州一路來到新英格蘭；也有一些需要多達十七度。總之，平均距離就是六度分隔。

米爾格蘭的重大發現登上新聞頭條的同時，格蘭諾維特才剛進了哈佛研讀碩士。但他只花了四年，就以他敏銳的才智從米爾格蘭的研究得出一項社群網路本質的重點。

格蘭諾維特意識到，正是靠著弱連結，才讓訊息得以從某個社群跳至另一個社群。是弱連結擔任了橋梁的角色，將各個社群橋接起來，使得有著不同種族、不同經濟階層的國家成為一個相互連結的整體網路。

格蘭諾維特的想法，應用層面十分廣泛。弱連結不但可以成為人際資訊來源，瞭解哪裡有新的工作機會，更是國內或國際連結的重要骨幹。靠著不屬於冗餘連結的弱連結，才能讓人接觸到非自身所處的社群，並將各個國家民族連結起來。因此，如果想宣傳某項新產品、推動某項改變、或是推出某位政治人物，透過弱連結會是最快的途徑。

一九六七年，美國人口約有兩億，米爾格蘭指出任何兩人之間只有六度分隔，而格蘭諾維特則是很快就提出了解釋。

如今有了網際網路，弱連結比起過往要廣泛許多。不論是在交友網站、醫療保健社群、政治聊天室、線上遊戲、投資社團，或是任何其他社群媒體，我們都是透過弱連結產生關連。雖然地球人口高達七十億，但靠著弱連結，每個人之間的關係比任何人所想像的都要緊密。

而隨著社群媒體擴張，格蘭諾維特所提出的概念也愈來愈具影響力。從阿拉伯之春到史密斯飛船手勢，我們認為，任何事物如果能夠有效傳播，都是因為弱連結能夠跳出當地的冗餘連結、觸及遠端的彼方。

弱連結的弱點

格蘭諾維特談到關於弱連結的威力，其概念是取自於傳染病科學。就各種生物病原體（像是新冠病毒或麻疹）而言，只要與感染者有了簡單的接觸（握手、甚至只是講講話），就可能傳播病毒。一位感染者的社群網路有愈多弱連結，疾病也就愈容易傳得遠又廣。

資訊也是如此。像是在米爾格蘭的研究中，有一位身在愛荷華州康瑟爾崖（Council Bluffs）的畫家，以及一位身在麻州貝爾蒙（Belmont）的編輯，都只經過了一度分隔，就將資訊從中西部傳到了新英格蘭。有好幾十年的時間，我們一直以為所有事物的傳播方式都與疾病相同，不只是細菌、資訊，還包括各種產品、社會規範、政治運動、社群科技（social technology），甚至是宗教信仰。特別是到了現在，全球一體，我們似乎比以往更清楚看見，如果想傳播創新科技與社會改變，弱連結正是其中關鍵。

事情是這樣沒錯吧？

錯得可大了。

我自己開始研究各種改變和改變如何成真之後，才赫然發現，不論是關於社群媒體技術、社會運動或社會規範的傳播，相關資料都看不出來弱連結發揮了什麼重要性。而且還正好相反。像是推特這類型的各種科技技術，並不是透過弱連結傳向全球，而是透過互相重疊的**強連結**向外傳播；這裡說的重疊常常是地理上的重疊，像是都涵蓋了同一個街坊、或是同一個城鎮。推特只花了短短幾年，用戶人數就達到三億，但它獨特的傳播路徑與病毒傳播的路徑截然不同。確實，推特傳播的速度驚人，但並非**病毒式**傳播。

臉書和 Skype 的狀況也是如此。事實上，講到目前主導整個網路世界的各種成功通訊技術，沒有任何一項符合病毒式傳播的特徵。除了現代通訊技術之外，有相同情況的還包括：現代的各種社會運動，例如阿拉伯之春與黑人的命也是命（Black Lives Matter, BLM）；現代社會規範，例如愈來愈多人接受的同性婚姻與大麻合法化；還有正迅速得到愈來愈多人支持的各種另類政治人物。在過去半個世紀間主要的行為或社會改變，傳播的情形皆不同於病毒式傳播：所依靠的不是**觸及**多廣，而是網路科學家多年來認為不利於有效傳播的**冗餘**。這項發現推翻了過去半世紀以來的信念——而且也顯露了弱連結的局限。

冗餘現象並無助於麻疹的傳播。畢竟人不會被感染兩次，只要一次接觸就已經完成感染。然而，如果要傳播的是某個新的想法概念，就可能要在你的強連結網路裡，接觸到兩個、三個，甚至四個人有這個想法，才會真正讓想法成為你所遵循的規範，進而真正改變你的想法和感受。而這就是「冗餘」被忽視的力量。

推特地震

二〇〇五年來到尾聲時，網路新創公司Odeo顯然已經快要撐不下去。曾任職於谷歌的Odeo創業元老伊凡．威廉斯（Evan Williams）意識到，蘋果推出的iTunes播客（podcast）平台，已經在一夜之間淘汰了Odeo所使用的播客技術。威廉斯和畢茲．史東（Biz Stone）、諾亞．格拉斯（Noah Glass）、傑克．多西（Jack Dorsey）等幾位同事，這時得要另尋出路。經過幾週天馬行空的黑克松（hackathon）和腦力激盪，格拉斯想到了一個看來大有可為的點子：一個微部落格平台，名為「Twitter」。

這家舊金山新創企業是透過幾個關鍵的技術與行銷步驟，才變成我們如今所知的網路霸主推特。但最初幫助推特起步的是個自然事件：一場地震。二〇〇六年八月，推特正式問世才幾個月，舊金山發生了一場地震，規模三・六，在灣區的標準看來並不算大。但地震的可怕之處，在於沒人知道後續會不會釀成巨災。所以在出現第一波震動之後，原本只是用來發表中午吃了什麼之類日常瑣事的推特，突然就成了親友互報平安的生命線，大家瘋狂傳訊，即時更新受災街坊的最新情況，轉發地震和餘震的資訊，伺服器活動爆炸成長。轉眼之間，推特對於灣區居民有了再真實不過的社交意義，接著整天都黏在各自的推特帳號上。

對於推特發行者和其投資人而言，這簡直像是發現新大陸。短短幾週，推特用戶人數就從幾百跳到了幾千。這讓人首次瞥見了推特成功的一項關鍵因素；而兩年後的二〇〇八年美國總統大選期間，更發揮了全國等級的作用。推特兼具社交與議題兩種價值。一方面顯然可以讓人看到各種新聞與最新現況，但另一方面又不像主流媒體會將每天的新聞分門別類、加以組織，只是即時呈現成千上萬普通民眾如何感受正在發生的新聞事件。對於那些大家在意的事件，每個人都能提出自己獨特的觀點。

不管這裡所謂的事件是遊行、音樂會、地震、抗議或選舉，由於每則推文都是個人對當下事件的切身回應，自然就會讓人想要關注。

推特不同於電視台的特殊價值，在於這些新聞是來自於「自己會想和他們聊天」的那群人。推特用戶能夠選擇自己收發消息的連結對象。這種有選擇性的社群科技，是怎麼從舊金山的幾個街區擴散到足足三億用戶的生活中？

令人意想不到的是，推特的傳播模式並不像新冠肺炎，反而較像黑死病的情況：都是先從地區發展，再慢慢透過強連結傳到全國。

二〇〇七年，推特已經拓展到整個舊金山。二〇〇八年二月，推特在灣區達到臨界值，成為這個地區的主流社群科技。即使如此，無論在網路上或其他任何地方，推特都尚未進入爆炸式成長。

雖然推特正在向外傳播，但和病毒的傳播方式並不一樣。

因為推特的起源地就在灣區，先在這裡發跡並不奇怪。但網路並沒有地域限制，理論上接下來推特應該可以從舊金山前往任何一個地方。這樣的話，為什麼推特卻沒有像現代的病毒一樣，從舊金山迅速跳到像是紐約或洛杉磯那些人口密度高的地區？

如果我們看看美國地圖，畫出推特從二〇〇八年二月到二〇〇九年二月之間成長的路線，就能看出一條明顯的成功之路在美國地景上展開。

以舊金山為起點，推特呈現區域式擴張。首先是在二〇〇八年三、四月間，在舊金山附近的聖馬特奧、聖克拉拉、山景城、聖克魯斯、聖荷西和柏克萊達到了臨界值。

就這樣，推特傳向了加州鄉間城鎮。二〇〇八年四月，照當時的樣勢，推特應該只要再幾天，就會傳播到位於舊金山以東只有幾小時車程的山城波托拉（Portola）。

但奇怪的事情發生了。推特突然停止了在地理上的擴散，半年後，才終於在洛杉磯和聖地牙哥達到臨界值；過了整整一年，才終於傳到波托拉。

推特當時並未停止成長，但地點卻不再是加州境內，反而走上一條完全出乎意料的路線，這也正能讓我們看到創新在現代的傳播方式。

推特的下一個大站既非紐約，也非芝加哥，而是一跳就跳到了麻州的劍橋市。

這種一跳就跨越了整個美國的例子，似乎正能證明格蘭諾維特的弱連結理論。表面上看來，推特依地理區域擴散的這段故事就要來到尾聲，既然已經同時位於美國雙岸，應該註定會像新冠肺炎一樣擴張，在幾週內就傳到每個主要城市。

看起來是這樣。推特的幾位創辦人也是這麼期待。

但接著是又一次的出乎意料，推特的成長再次打破常理判斷：它接下來又變回了地理區域式的擴張。先是在波士頓地區獲得愈來愈多用戶，再逐漸拓展到附近的城鎮與郊區，正如在舊金山的情形。再次，像黑死病一樣向鄉間蔓延。

這種成長模式令人十分不解。

要是推特只能透過地理區域式的傳播，怎麼會是先到麻州的波士頓、才到加州的波托拉？

情況顯然不是這樣。所以推特肯定是像病毒一樣，透過弱連結而傳播。

但如果它的傳播方式是像病毒一樣，又為什麼是先傳遍了灣區、才傳到其他城市？而且一旦來到麻州劍橋市之後，又為什麼是先傳到波士頓郊區和麻州其他零星的城鎮，接著才傳向紐約或洛杉磯？

事實上，推特所表現的是一種不同的模式，一種全新而無形的強連結模型，不但存在於各個地方社群、同時遍布全國。這是一項屬於現代的獨有特徵：社交關係緊密、但地理距離遙遠的人際網路。

推特這班從舊金山到波士頓的直達車可說是前所未聞，讓網路科學家大感意外，既不像是致命的病毒透過班機傳播，也不像是某條訊息透過明信片寄出，而是一項社群招募活動，增加用戶的手法幾乎完全是透過或遠或近的強連結友誼網路。

想瞭解這種現代所獨有的網路擴張模型，就得問一個問題：住在舊金山和劍橋的人有什麼共同點，是他們和住在山區小城波托拉的人**所沒有的**？嗯，答案大概就是麻省理工學院、史丹佛大學、哈佛大學、東北大學、柏克萊大學、波士頓大學、塔夫茨（Tufts）大學，還有其他幾所大學。在一九九〇年代末、二〇〇〇年代初，這些頂尖大學培養出幾萬名年輕畢業生，既有商業頭腦、又有科技思維，很多人要不是留在波士頓、在一二八號公路沿線這條「科技走廊」（Tech Corridor）任職，就是前往美國西岸，到矽谷工作。這些人雖然分處美洲大陸東西岸，卻仍然維持強連結的人脈網路，一方面是出於求學期間的同儕情感，另一方面也是因為有著共同的專業抱負。許多人互相認識，且有一些共同的朋友。矽谷與波士頓的社群網路在二〇〇〇年代中期交織緊密，網路中的人們對這個新興的社群媒體世界充滿熱情，並互相增強使用一項新穎社群科技的興趣。

一般來說，強連結是一種屬於局部、地方性的連結方式，通常是住得愈近、連結愈強。這點十分自然，也是推特這種社會傳播通常依據地域而傳開的重要原因。

然而，也有可能出現遠距的強連結。相較於米爾格蘭那個世代的社群網路，如今的社群網路有一項重大不同：聯繫在空間上相隔遙遠的強連結，在現今更加普遍。相較於過去歷史上任何時期，現在強連結更不受實體空間的約束。

這種新的強連結模型，能夠讓我們瞭解為何到了二〇〇〇年代中期，不僅是推特，還包括臉書、Skype 和其他社群科技，都能夠擴張到全美各地。這種種科技創新，都是因為強連結的網路無遠弗屆，因而得到了成長的動力。

臉書的「藍圈」

在二〇一六年，每四個美國人就有三個擁有臉書帳號。雖然登入頻率不同、活躍程度不一，但美國公民的臉書註冊總人數來到二．三九億人，也讓我們得以透過臉書，看到美國史上最大、最全面的社群網路樣貌。

那年夏天，來自哈佛、普林斯頓、紐約大學和臉書的一群年輕經濟學家，就決定使用臉書這筆前所未有的社群網路資料，來重新研究米爾格蘭的經典問題：美國人的連結分隔狀況究竟如何？但這一次，他們不再只能做小樣本的抽樣，而是能觀察到幾乎整個母群體。

其實在米爾格蘭之前（從一九四〇年代開始），就已經有像是前面提過的保羅．拉扎斯菲爾德、伊萊休．卡茲等社會科學家，希望能夠瞭解民眾究竟有著多少連結、這些連結呈現怎樣的樣貌。這個問題之所以重要，是因為社會連結幾乎與美國人關心的所有重大社會成果都息息相關，從民權運動的成功、到全美自殺率，再到中產階級的財務狀況，無所不包。

學者目前已經能夠證明，會影響人類生活的不只包括了連結的數量，更包括**連結的形式**。如果所處的社群網路比較穩定、能夠不斷得到力量，這種人通常活得更久，也更成功。而如果擁有既遠且廣的弱連結，也會帶來顯著的經濟優勢；但如果弱連結數量**太多**，反而是顯示社會資本貧乏。人們需要達到一種平衡，而不論在財務或個人幸福方面，一項成功的關鍵特徵就是社群網路中有著許多的強連結。

為了瞭解美國人的連結程度，這個經濟學家團隊在二〇一六年運用美國臉書社群網路的資料，勾勒出一張龐大無比的地圖。他們原本以為會看到各種亂七八糟的線條在全美版圖上縱橫交錯，呈現出社群媒體時代美國生活的混亂。但結果卻出乎他們意料：大多數人的臉書朋友仍然是住得近的人。

這群經濟學家畫出的臉書網路數位地圖，絕對會讓你一看就驚嘆。（書末的「註解與參考書目」有地圖網址連結。）只要把滑鼠游標滑到美國任何一點，地圖就會用亮藍色顯示所有與該點有社會連結的地區。

在這張地圖上，有一個地點與美國其他地區的連結數量遠遠超出其他地點。如果把游標放到這個地點，整個美國都會亮起來。你能猜到這是哪裡嗎？這裡給點提示：既不是紐約，也不是洛杉磯或芝加哥。這些城市裡的大多數人，都只與當地社群有著密切的連結。

答案是北卡羅萊納州的昂斯洛（Onslow）。

大部分人應該聽都沒聽過這個地方。但如果你有親友在美國的海軍陸戰隊，或許還會聽過勒瓊營海軍陸戰隊基地（Base Camp Lejeune），這是美國海軍陸戰隊的重要訓練部署中心，也因此才會有這麼多人待在昂斯洛。又或者說得更準確一點，是因此才有這麼多人**待過**昂斯洛。這個地點的臉書連結網路之所以領先全國，正是因為大家並非久居、只是過客。來到這裡的人，他們親密的朋友和家人（也就是他們的強連結）都遠在他方。相較之下，就算像是德州的奧斯丁、加州的柏克萊、或是印第安納州的布盧明頓這些大學城，居民多半還是和自己所在當地社群有著緊密的連結。雖然現在這個世界連結便利，大家打造出的社群網路還是以自己所在地為主。即使在臉書上，人們的生活還是與所在城鎮緊密結合，那是他們社交、約會和讀書的地方，許多人最後也就定居在這些地方。至於昂斯洛，則是個異數。

前眾議院議長提普．歐尼爾（Tip O'Neill）有句名言說「所有政治都是地方政治」，不但到今日仍是金玉良言，適用範圍還不只有政治。大家就是會關心自己住的城鎮、自己身旁的街坊鄰居。而這些連結的關鍵意義並不在於地理距離，而在於它們都是強連結。

某些美國城市的政治和文化自成一格，和周邊地區大不相同。例如德州的奧斯丁，就像是一座自由前衛的島嶼，被一片保守價值的海洋環繞。附近都是牧場、油井，但奧斯丁卻有著深具代表性的SXSW媒體盛會（推特首次隆重亮相的地方），二者形成強烈對比。在臉書連結地圖上，如果把游標放在舊金山，位於德州的亮點並不多，但在奧斯丁一帶卻是大放光芒，一點也不讓人意外。推特在奧斯丁達到臨界值的時間，比起在德州任何其他地區都早了好幾個月。

推特（與許多其他二十一世紀科技）的成長模型，展現的是強連結獨有的傳播方式。雖然乍看之下，整個傳播模型似乎與過去全然不同，但其實相關解釋早已存在好幾世紀，只不過我們到了最近才得已看清。

以病毒為範本

病毒理論能夠流行這麼久，其來有自。在有歷史記載以來，我們談到社會傳播，一直都是以病毒作為理解的範本。任何主要的社會傳播/傳染，不論是文字書寫、基督教或黑死病，過去都有著一樣的地理傳播形式：「感染」某個社群之後，慢慢蔓延到鄰近的社群。這樣一來，會認為其他所有事物的傳播方式都相同也是理所當然。而且在現代交通與通訊科技興起之後，疾病開始透過弱連結而傳播得更快、更遠，我們自然會認為其他事物也透過同樣的方式在傳播。然而，透過社群網路最新的科學研究，最令人驚訝的發現在於，許多行為與信念的傳播方式確實與病毒不同。事實上，從以前到現在都是如此。

在過去資料數據取得不易的時候，完全無法看出像推特這樣的社會傳播有著怎樣獨特的傳播方式。現在這個世界，全球就是連結在一起的網路，使得疾病和資訊的傳播有機會採用新的途徑：透過一切有著精準紀錄而且使用者眾的網路。行為和信念的傳播也是如此。透過現代的通訊基礎設施，我們終於第一次能夠精準掌握行為如何在各個族群間傳播，也能知道這些傳播的路線途徑與疾病傳染、或單純的資訊傳播途徑，有多大的不同。

第3章

黏著度的迷思：為什麼有些偉大的創新就是功敗垂成

對於產品創新與背後的商機，美國思想家愛默生（Ralph Waldo Emerson）提過一項令人振奮的觀點：「只要一個人賣的玉米、木材、木板或豬隻夠好，又或者做出的椅子、刀具、坩堝或教堂風琴比其他人更棒，就算他家住在樹林裡，你也會發現眾人所踏出，一條直通他家門前的寬闊大道。」商業界有一句更通俗的英語名言，直譯過來就是「如果你能做出一個更好的捕鼠器，世界就會在你家門前踩出一條路。」

這種說法好聽是好聽，遺憾的是，事實並非如此。市場上常常看到比較差的創新卻獲得了更大的成功。以兩種鍵盤排列方式QWERTY和德沃夏克（Dvorak）為例，大家可能天天在用的都是QWERTY鍵盤，至於人氣低了許多的德沃夏克鍵盤，則是由一名心理學家在一九三六年所開發，希望能增加打字速度，並減輕打字壓力。德沃夏克鍵盤的設計更為優秀，百分之七十的擊鍵都會落在中間排（home row）的位置，手指留在中間排就能打出幾千個英文字的組合。相較之下，QWERTY鍵盤的中間排就只能打出幾百個英文字。曾有德沃夏克鍵盤的粉絲說，QWERTY鍵盤像是「水泥做的慢跑鞋」。而且這種說法可不是因為說的人是個孤僻、固執的品牌鐵粉，從一九三〇到一九七〇年代，已經至少經過六次人體科學測試，皆展現德沃夏克鍵盤的設計就是比較優秀。然而時至今日，德沃夏克鍵盤仍只有大約一萬名小眾死忠支持者。雖然明顯更為優異，德渥夏克仍然不敵QWERTY鍵盤。

VHS和Beta錄影帶的情況也很類似。專家一致同意，Beta的設計比VHS更好、成本效益更高。Beta也很清楚自己的產品更棒，於是砸下大筆行銷廣告成本，努力推廣。但一切只是枉然，最後由VHS勝出。這種劣幣驅逐良幣的故事，在經濟學領域幾乎是信手捻來。歷史的垃圾桶裡滿滿都是「市場缺陷」(market imperfection) 的案例，也就是說，市場最後的贏家並不是一般認為更好的選擇。

所以究竟是為什麼，原本那些設計得最好、性能最強、成本效益最高的產品，看起來是個「適者」，卻往往無法生存？主要原因就在於，市場上的成功不盡然在於「產品是不是更好」，而在於「能不能更適當地運用連結網路」。劣幣如果搭配上了占據網路關鍵位置的人，早早得到歡迎與認同，就算後來出現良幣，通常也難以再取而代之。

「衛冕者」就是占了這種優勢。

為了挑戰這種衛冕者，我們的直覺辦法就是再回到設計桌上，為創新做出各種調整、重新設計、重新包裝，希望提升產品的「黏著度」（stickiness）：也就是讓產品更方便使用、更引人注目、更值得討論或更令人興奮，以及更便宜。

然而，從矽谷到韓國的創新者都已經發現，光靠著吸引人的廣告、鋪天蓋地的行銷、讓人滿心佩服的科學，往往不足以推翻規範、改變眾人的信念和行為。社群網路當中固有的文化和社會規範，能夠長久造成對各種改變的阻力。談到有關改變的故事，絕不只是關於各種社會創新如何顛覆市場、挑戰當權人士，也會談到另一大亮點：那些最需要新解決方案的人，卻常常對創新橫加抵制。各種看來大有前途的社會及科技創新（例如永續農業、再生能源、新的教育規畫，甚至是各種救命藥物），常常就是受到最需要這些創新的人所排擠。只要新的產品或想法威脅到既有的信念與社會規範，不論再怎麼包裝，都容易受到抵制。

本書稍後就會談到，如果根據新的科學發現，好好運用引爆點，就能夠顛覆社會規範。原本可能是災難一場的創新行銷，搖身一變成了美國史上數一數二成功的推廣活動。讀者也會看到，是社群網路讓這場失敗的產品行銷起死回生：達到百分之百的市場飽和，並拯救了成千上萬個家庭。

但這裡首先要讓大家瞭解，過去總認為產品必須強調「黏著度」，也就是認為成功的創新必然需要有某些特定特徵，例如實用性、創新性、明確性、能夠觸發情感，但這種想法很有可能造成誤導，不但可能讓整個產品組合失敗、更可能造成反效果。從谷歌希望推廣的穿戴式科技、到美國國家衛生研究院（National Institutes of Health）想推廣的某種救命藥物，幾次過去知名創新推廣帶來的教訓，迫使我們不得不重新思考各種新行為是出於什麼原因而流行或不流行。

谷歌的「葡萄柚問題」

二〇一三年，谷歌看起來還是銳不可當，當時已經稱霸全球搜尋引擎市場超過十年，網頁式電子郵件 Gmail 的表現也剛剛超越雅虎的 Yahoo! Mail 和美國線上的 AOL Mail，成為全球最大的電子郵件客戶端。而在此時，谷歌準備再次擴張，領導者認為跨足硬體領域的時機到了。

當時谷歌的創新就是「谷歌眼鏡」（Google Glass）。

谷歌眼鏡是一種賽博格（cyborg，又譯「生化人」）科技，它是一組聲控數位眼鏡，能讓使用者直接觀看網際網路串流，也能即時與環境互動，例如將使用者視野中的各種元素加以記錄或拍照。這種事聽起來雖然有點嚇人，但也滿酷的，而且肯定有種「未來風」。谷歌的高層也是這麼想，於是安排了這個走向的行銷活動。

谷歌邀請了一群符合前衛文化的科技咖，一起進行產品的 Beta 測試。在公司看來，這些人未來應該能成為引領風潮的大咖名人，由他們來作為關鍵切入點，將產品介紹給更廣泛的群眾。這也是我們大多數人會想到的那種行銷策略：

第一步：找到最有可能接受這種未來新科技的人。

第二步：讓他們成為「早期採用者」。

第三步：高枕無憂，等著看這些社會精英（這些人可買得起一副要價一五〇〇美元的眼鏡）把這項最新科技傳播給其他人。

這正是「影響者行銷」最基礎的概念。但谷歌除了想做到這點，還希望確保產品具有「黏著度」。

谷歌希望產品能夠吸睛、難忘、引起討論、出人意料，總之就是所有應該能夠推動創新成功的條件都不想錯過。

此外，谷歌還希望這項產品能象徵高端的身分地位。谷歌眼鏡能夠吸睛、難忘、引起討論的部分原因，就在於它體現了某種社交與科技揉雜的全新高等品味。

過去幾十年間，BMW、法拉利和勞力士等公司也採用同樣的策略來確保與擴大自己的市場地位。買得起這些產品的消費者都會希望能夠大聲張揚，因為買了這些產品，就代表著自己的財力、眼光與生活風格，能讓別人瞭解自己的身分地位。就谷歌眼鏡而言，還能讓別人知道自己站在數位文化的流行尖端。

有趣的是，這種得到諸多產業採用、產值達數兆美元的策略，其實全世界有許多兒童都十分熟悉。只要小朋友長大過程讀過蘇斯博士（Dr. Seuss）的經典故事〈史尼奇一族〉（The Sneetches），都會記得那些肚子上有星星的精英史尼奇，與肚子上沒星星的一般史尼奇有著地位高低的差異。肚子上有沒有星星，原本只是每隻史尼奇與生俱來的事實，卻被一個有生意頭腦的人拿來與社會議題綁在一起。這個生意人的鬼點子，是去誘騙所有肚子上沒星星的史尼奇掏出大錢，讓他複製星星貼到他們的肚子上。當然，事情不會那麼簡單。他幫一群史尼奇加上星星賺了大錢之後，又製造了一台機器，能夠幫史尼奇去除那些曾經代表高地位的星星，號稱說現在沒星星才「夯」。而等到其他史尼奇再度跟上潮流、開始去除肚子上的星星時，他又會開始鼓吹精英史尼奇花更多錢再次加上星星。經過幾次反覆來回，所有人開始分不清楚究竟怎樣才代表精英，於是星星變得毫無意義，整套地位系統就此崩潰。那位創業者可謂就此功德圓滿。

回到谷歌眼鏡的例子，並不是要把什麼星星去掉，而是要向市場推銷自己新出品的星星。根據這套關於「黏著度」的劇本，谷歌將谷歌眼鏡的行銷形象打造成一種屬於前衛、精英的穿戴式科技，希望能得到所有人的注意、討論，讓人人都想得到它。

然而，如果牴觸了社會規範，就算產品有了最棒的設計、最讚的行銷，也可能失敗，甚至造成反效果。

谷歌選上的早期採用者，顯然與我們大多數人有所不同，主要是一群年輕富裕、生活舒適、對科技敏感的男性。也就是大家會想到的那種「科技精英」（techie）。

但為了避免谷歌眼鏡的市場真的只剩下科技精英，谷歌也積極廣為行銷這項產品。透過鋪天蓋地的新聞稿、媒體活動和社群口碑行銷，讓所有人都知道谷歌眼鏡即將上市……當然大家也都會迫不及待想要擁有。

這一切都再合理不過了吧？

但這一切最後卻都對谷歌造成了反效果。

為什麼會這樣？

因為谷歌眼鏡一頭撞上了一個意料之外的社會規範問題，我稱為「葡萄柚問題」（grapefruit problem）。

谷歌眼鏡的行銷有兩大要素，個別都對成功十分有利，然而一旦放在一起，卻變得極為致命。

這兩項要素就是**曝光度**（awareness，又譯「意識」）與**差異化**（differentiation）。

在谷歌眼鏡推出的時候，大家都有聽說過這件事，觸目皆是相關消息。人人都知道谷歌大刀闊斧進軍穿戴式科技領域，確實達到了曝光度的要求。

然而，真正**戴上**谷歌眼鏡的，只有那些科技精英。這些人無論在文化、經濟和社會地位上都自成一格，而絕大多數其他人則是雖然知道有谷歌眼鏡（也知道自己應該會想要這項產品）、卻不會真的戴上。谷歌採用的產品發布策略，的確能讓這項產品為人帶來「尊爵不凡」的感覺，卻並未激發令人渴求擁有的想望（像是想要一台法拉利那樣）。相反地，谷歌反而是引出、甚至可以說是製造了各種反感的情緒。

谷歌的行銷活動，使得一種社會分化浮上檯面。

我會稱之為「葡萄柚問題」的原因也在此：

葡萄柚汁本身很健康，而像是立普妥（Lipitor）這種每日服用的膽固醇藥物，則能夠拯救人的生命。然而，如果吃這種藥配了葡萄柚汁，就可能產生毒性，甚至致命。

「曝光度」和「差異化」也是如此。想要推銷新產品的時候，大舉提升產品的曝光度顯然是件好事。同樣地，如果能在市場內形成差異化（像是區分出二十幾歲與青少年之間的市場），也有助於讓自己的產品在各種類似產品當中看來有所不同，進而吸引消費者的目光。

然而，如果一方面為了吸引大眾市場而大舉提升曝光度，一方面又為了做出差異化、於是刻意區分早期採用者與非採用者，得到的結果就可能非常致命。

谷歌想都沒想到，自己的策略會引來社會規範的強烈反撲。《連線》（*Wired*）的一篇報導就寫道：「大家對谷歌眼鏡感到憤怒。你光是戴著谷歌眼鏡，就會讓人感到不悅，公然對你說三道四。谷歌眼鏡帶出了最具侵略性的被動攻擊（passive aggression）。」

谷歌眼鏡所直接冒犯的社交規範，一方面是關於面對面交流的禮儀，另一方面則在於公共場合該如何適當使用監控科技。谷歌眼鏡彷彿畫出一道文化鴻溝，一邊是戴了谷歌眼鏡的人（當時還被稱為「眼鏡混蛋」〔Glasshole〕），另一邊則是不戴谷歌眼鏡的人。

整件事就是一場災難。最後，不但整個谷歌眼鏡產品線被取消，谷歌的整體名聲也遭到打擊，形象大受影響。原本大家覺得谷歌是一家很酷的搜尋引擎公司，會運用自家網站來發揚女性和少數族群在藝術和科學領域的貢獻，但現在成了一家科技巨獸，為有錢人提供監控科技。

這項產品不僅是失敗，更造成反效果。如果要說黏著度，谷歌眼鏡的黏著度確實驚人。所有人只要見過這項產品的發布過程（以及接下來的文化抵制），都是津津樂道、難以忘懷。至於谷歌，則是竭盡全力希望讓大家都忘記這段記憶。

韓國的飛躍進展

一九六〇年代，世界正在轉變。印度、台灣和韓國邁向工業化，也在經歷人口轉型（demographic transition）的歷史階段。許多現代國家都需要走過這樣的重要儀式。

在幾個世代之前，美、英、德、法等西方國家也都有過同樣的轉型。但過去情況不太一樣。在十九世紀末、二十世紀初，醫學科學與工業技術仍然相對較新，當時這些國家走向現代化的轉型也就較為緩慢地逐步進行。

情況到了一九六〇年代已然不同。二十世紀上半葉，科學與工業共結連理，得以讓全球取得疫苗，掃除破傷風、百日咳、小兒麻痺、白喉與天花。同時，由於衛生、用水與食品製造方面的創新，也讓人類的預期壽命大大延長。

這些現代奇蹟對於發展中國家帶來了新的問題：人口成長。在發展程度較低的國家，嬰兒死亡率通常相當高，家庭需要生很多孩子才能維持人口現況。由於高生育率和高死亡率之間達到平衡，也就讓人口水準保持了穩定。

到了一九六〇年代，突然之間，許多開始人口轉型的國家既擁有史上最佳的醫療保健、也擁有史上最快的經濟成長。矛盾的是，突然擁有了更好的衛生環境、更普遍的疫苗接種、更充裕的糧食供應，卻有可能導致災難性的人口死亡。原因就在於，要是突然之間所有創新同時抵達，而家庭尚未改變生育的計畫，就可能造成嚴重的人口過剩。

在一個世紀以前，家庭能有好幾個世代的時間，慢慢改變自己對於生育的計畫。西方工業化過程緩慢，也就慢慢培養出像是「童年」這種現代才出現的觀念。每次醫藥和糧食供應出現一點進步，就會讓文化方面也有所改變，影響家庭社會規範。

時間邁進二十世紀，美國的現代化過程則是培養出進步主義的傳道者，開始推廣女權與節育觀念。像是美國「計畫生育協會」（Planned Parenthood）創辦人瑪格麗特・桑格（Margaret Sanger）之類的活動人士，就努力了長達半世紀，希望能降低美國的出生率。一直到一九六五年，美國最高法院才終於讓避孕藥使用合法化（但仍然僅限於已婚夫妻，未婚女性不得使用）。不過在避孕藥合法化將近一世紀前，全美各地女性已經開始普遍使用各種節育措施，從一八五〇年到一九〇〇年，美國的生育率已經下降五〇%。等到一九六〇年代，全美各地多半對節育措施都抱持著接受的態度。

但韓國就沒有這種時間。

短短幾年內，韓國的嬰兒死亡率遽降，而糧食供應則是遽增。長期以來的社會規範，仍然鼓勵所有家庭生養五、六個小孩，但這年代這五、六個小孩都能平安長大，成家後各自繼續生下這麼多的孩子。這只是簡單的數學問題：再過兩代，就會出現嚴重的人口過剩，開始有人餓死在街頭。

韓國不但需要讓國民廣為接受節育的概念，而且動作還慢不得。要想成功，就社會規範而言會是一項前所未有的難關。在韓國的民族文化裡，不論是關於性別角色、女性權利，或是家庭生養很多小孩的義務，都是根深柢固的傳統信念。「孩子多」這件事，深深影響著民眾對彼此社會地位與個人成就的觀念。

想推廣節育絕不容易。

更麻煩的一點在於無法以西方作為榜樣。雖然新的醫學與科技創新是來自於西方，但西方並未經歷過如此迅速的文化轉變。韓國的問題，並沒有先例得以參考。

當時，印度、台灣、印尼、巴基斯坦等許多國家都面臨類似的挑戰，努力想推出積極的節育計畫。而當時也像今天一樣，主要是靠著各種廣播媒體來傳達公衛資訊。有些國家（例如巴基斯坦）將策略重點放在廣播媒體，但這些國家都未能達成節育的目標。相較之下，韓國不但達成所有政策目標，而且還是**提前**達成。短短二十年內，節育措施已普及全國。直到今日，這份成功仍然是全球第一、毫無敵手。

作為參考，讓我們看看美國在一九七〇年代開始的「反毒戰爭」（War on Drugs）。歷時半個世紀，耗費數十億美元後，美國國會終於在二〇一一年承認，他們非但未能贏得戰爭，這期間吸毒問題反而變得更為嚴重。

韓國究竟有何祕訣，才能只花二十年就改變整體文化？

韓國的節育計畫一開始十分簡單，就是在全國所有村莊提供各式節育選項：避孕藥、保險套、子宮帽、子宮環，甚至是做男性結紮。

有些村莊成功推廣這些節育措施，採用者眾；但也有一些村莊的居民興趣缺缺。那些推廣失敗的村莊，雖然取得的節育選項、廣告訊息與獎勵措施都並無不同，但就是沒能引發改變。

二十年後在肯亞，也出現同樣讓人難以理解的情況。在一九七七年，肯亞家庭只有一・七%會使用節育措施。而到了一九八○年代中期，肯亞開始在全國積極推廣節育。有些村莊極為成功，迅速有四○%的家庭接受，但也有些村莊的普及度極低，甚至掛零。

為什麼會有些村莊如此成功、有些村莊又如此失敗？

無論在韓國、肯亞或許多正在經歷人口轉型的國家，我們都觀察到了相同的情形。各個村莊之間之所以會有所不同，並不是因為能得到的節育方式不同、也不是因為行銷方法不同，而是因為每個村莊裡的**社會連結**不同。正是這些社群網路的不同，決定了推廣的成敗。

成功與失敗的村莊兩者之間有著明顯的差異，那些成功村莊的社群網路擁有一種類似的連結模型：親友之間會出現一個又一個的強連結叢集。而每一個叢集**之間**，也會各自以強連結聯繫在一起。正是這些冗餘的社會連結，讓大家得以互相連結強化，使得各種節育措施從一群人傳到另一群人，跨越了村莊內部各自獨立的社群叢集。至於那些失敗的村莊，則缺少了這些得以互相強化的網路。

在節育推廣成功的韓國村莊裡，女性常常會和自己的親友鄰居採用同樣的節育方法。事實上，每個節育成功的村莊，多半都會有自己普遍達成共識的節育手段。

要是你從「黏著度」的觀點來看韓國的案例（也就是相信某些趨勢或科技本身就更具吸引力），你可能覺得一切太容易解釋了。你的結論可能會是，一定是有某些節育方法更具吸引力，可能是更方便使用、更容易記得、或是更符合當地文化。不論如何，總之就是更容易風行傳播。而不論這所謂更有吸引力的方法是哪一種，總之只要在某個村莊裡紅起來了，應該自然而然就會一路擴展到所有村莊裡。

然而，韓國的情況並不是這樣。雖然每個村莊**內部**都對要用哪種節育方法有共識，但講到村莊**之間**，則並無一致性。有些村子是「子宮環村」、有些是「避孕藥村」、還有一些是「男性結紮村」。選擇了哪種節育方法，並非影響最後成功與否的關鍵。

為什麼並不是每個成功的村莊，都用了相同的節育方法？原因就在於，社會規範的力量。

韓國家庭是從自家的親友鄰居那邊瞭解各種節育方法。每個家庭要決定採用某種節育方法的時候，是基於他們與同儕的接觸，這些人為他們提供節育相關資訊、共同討論優缺點，也會支持這些家庭採用節育措施。到頭來，每個村莊對節育的接受程度並不是由於某種節育方式的品質高低，而是基於其他採用者的社會贊同（social approval）。只要某個人的親友用了某種節育方法，她就有可能也會採用那種方法。真正在韓國各個村莊傳播的，並不是某種特定的節育方式，而是對於節育這個整體概念的社會贊同。

最早採用節育措施的，就是各個村莊裡一些關係緊密的閨密團體，成員會互相討論節育這件事、分享彼此的經驗。等到某個閨密團體的成員採用某種特定的節育方法，就會慢慢再從這些早期採用者團體傳播到村莊社群網路裡的其他社群叢集。

韓國的節育計畫成果如此亮眼，與谷歌眼鏡的推廣結果形成強烈對比。這兩項計畫都挑戰了社會規範，而韓國的成功、谷歌的失敗，顯示出社群網路既能加速社會規範的改變，也有可能令改變戛然而止。

谷歌的另一個葡萄柚問題

二〇一一年，也就是谷歌眼鏡推出的兩年前，谷歌也曾經大舉進軍社群網路。當時並非出於選擇，而是出於必要。臉書正要上市，而且上市估值將創下史上最高紀錄：一〇四〇億美元。微軟曾在二〇〇七年以高於谷歌的出價取得臉書一．六%的股份，而此時谷歌感受到了自己被完全排擠在市場之外的壓力。

這已經是谷歌第四次進軍社群網路市場，先前的 Orkut（二〇〇四）、Google Friend Connect（二〇〇八）和 Google Buzz（二〇一〇）皆失敗告終。而且臉書在同一時期正以創紀錄的速度擴張，主打照片分享功能的新創企業 Instagram（IG）也已經進入這個舞台。IG 上場才兩個月，用戶人數就飆上百萬；才十八個月，臉書就以十億美元的價格收購了 IG。

谷歌在大家心目中，一直就是一家眼光最敏銳的科技公司。如果是在二〇〇〇年代進入職場的年輕工程師，到谷歌寫程式不但是份好工作，更是一種傑出的象徵。谷歌手中既有人才、又有資源，但為什麼總是無法在社群網路市場保持競爭力，遑論成為一方之霸？

這回的背水一戰，谷歌推出一個新的社群網路平台「Google+」。講到如何提升這項產品的曝光度，谷歌的辦法很簡單：直接幫用戶註冊就是了。當時谷歌將 Google+ 定位為一個「社交層」（social layer），切入谷歌所有產品與服務。只要你有 Gmail 帳號，就會有 Google+；如果你註冊了 Google 聯絡人（Google Contacts），又或是想在谷歌的影片共享網站 YouTube 上面發表評論，你也會有 Google+ 的帳號。事實上，這樣一來，**沒有** Google+ 的人，反而變成少數。這似乎是一口吞下整個市場的絕妙策略。

根據谷歌的報告，這個社群網路平台早期的成長幅度極為驚人。Google+簡直無所不在，只要每次使用任何與谷歌相關的內容，都會看到關於Google+的提醒訊息。這項產品的曝光度可說是前無古人，因為無論用戶自己是否主動去註冊，絕大多數人都擁有了Google+的帳號。

但這項策略的問題也正在於此：如果產品的曝光度這麼高，但民眾卻不是真正買帳，到頭來這些曝光度反而會引來反效果。

葡萄柚問題再度上演。

這次的兩種致命元素並不是曝光度加上差異化，而是「曝光度高」加上「使用率低」。

如果只看曝光度本身，曝光度高應該對任何產品行銷活動都是好事。至於使用率低，本身不一定是個問題，產品還在起步階段就更是如此。但如果是「曝光度高」卻搭配普遍的「使用率低」，便會再次成為致命的組合。

為什麼會這樣？

因為如果每個人都知道你有個吸睛、難忘，又能引起討論的產品，肯定也會發現居然身旁沒有別人在使用這項產品。產品的曝光度愈是高於實際的使用率，愈會讓那些尚未採用的人認定，肯定是產品有什麼不好。

這就是「抗衡力量」的問題。

第一章已經談過，連結數量高的人常常會發現，對於各種創新，在自己的社群網路中還是以未採用者居多。這種情況所發出的社交訊號，會讓連結數量多的人有所猶豫，不會輕易採用特別不尋常、引發討論或注目的創新，畢竟一旦選擇採用，就得被攤在眾人目光下、受到廣泛的評論。

然而，只要等到有更多人接受創新，那些抗衡力量就不會再對社群明星造成阻礙。這一切只是會拖延社群明星，讓他們等到確定有了足夠的社會證據才做決定。像是在第一章所敘及第二人生的史密斯飛船手勢，情況正是如此。

但Google+的問題更為嚴重。在史密斯飛船手勢的情況下，如果有某個社群明星比別人更早發現這種打招呼的方式，大可先靜觀其變，看看大家要不要接受這項趨勢，等到夠流行再加入。然而就Google+而言，因為谷歌打曝光度的活動實在太成功，讓**大家都知道別人肯定知道Google+**，而且還知道**別人沒在用**！無意之間，谷歌反而製造出否定自己科技產品的社會證據。

這對任何創新都會是個問題，但對於社群科技又特別致命。如果要舉例說明，電子郵件客戶端或搜尋引擎，與社群網路平台的重要區別就在於，前兩者的採用並不需要與任何其他人進行協調。然而，社群科技就**必須有**社會協調，必須大家共同行動才能成功。

Google+ 要打入社群網路市場，是在挑戰一家極為強大的在位王者品牌：臉書。要把目前在王位上的科技打下來，就像是在發動一場革命；而要成功引起這樣的一場社會運動，活動人士就得讓一般大眾都能夠相互協調，要讓參與者覺得大家團結一致、同心協力。我們在第一章就看過，如果要透過強連結推動起義，最適合的地方就是從網路的邊緣開始。

谷歌採取的策略是希望一舉動員全體族群，但由於 Google+ 的使用率遠遠落後於曝光度，最後的結果就不只是讓成功來得較晚、而是一敗塗地。

二〇一九年四月，Google+ 只能黯然退場。

辛巴威實驗

直到現在，人人依然記得 Google+；而且記得的是 Google+ 失敗了。就像是大家也都還記得谷歌眼鏡，也記得谷歌眼鏡如何慘敗收場。行銷策略如果太著重黏著度，不只是可能失敗，更可能留下不好的記憶、揮之不去，就連未來的行銷活動也遭到波及。

如今，美國國家衛生研究院也面臨類似挑戰，並不是關於穿戴式科技或網路平台，而是關於各種拯救人命的藥物。

故事開始於二〇〇一年，當時辛巴威爆發愛滋病毒／愛滋病（HIV／AIDS）大流行，辛巴威國民呈現HIV陽性反應的比例一度高達四分之一。

科學家竭力尋求解方。

要預防HIV，可行的策略很多，最常見的就是使用保險套與割包皮，然而辛巴威人對保險套的接受度極低、沒人想用，而推廣割包皮的活動更是造成反效果。當時的種種措施，都被視為是在褻瀆文化，侵犯村民的宗教信仰。在某些地區，前往援助的人員甚至遭受民眾的暴力反抗，不得不先撤退、重擬計畫。

想推動HIV的預防，科學家必須找出其他更有效的辦法。

他們也確實做到了。在二〇〇五年，學者推出在防治HIV方面登峰造極的成就：暴露前預防性投藥（pre-exposure prophylaxis, PrEP），希望能夠拯救世界。

PrEP簡直是一種奇蹟藥物，只要每天服用一顆，像是每天早上吃一顆阿斯匹靈，就能阻斷HIV的傳播。從二〇〇九年開始，醫生和辛巴威政府開始大規模推廣，希望將ＰｒＥＰ帶到各個受到ＨＩＶ感染的村莊。參與計畫的官員與學者都對此十分興奮，此舉對於全球的ＨＩＶ預防也有著重大意義。

這項計畫可說是完全遵照病毒式行銷的教科書典範。

這項創新是免費提供、取得非常容易，他們鼓勵村民多和朋友鄰居聊聊ＰｒＥＰ。另外還有定期篩檢活動，提醒村民維持用藥習慣。

宣導活動告訴大家：ＰｒＥＰ完全免費、使用方便，而且能夠救你的命。

然而，活動效果差到沒道理。

計畫的一部分中，那些定期接受訪談的村民告訴醫師他們每天都會服用ＰｒＥＰ，但血液檢查卻完全查不到有藥物存在。這些人根本是故意在抵制這項創新。

他們為什麼會這樣？

這件事背後的理由，充分說明了各種社會改變運動為何失敗。

這些人擔心，如果朋友鄰居發現自己在服用ＰｒＥＰ，會懷疑自己感染了ＨＩＶ。要是讓鄰居看到自己在吃藥、或是在家裡看到外包裝，就已經足以引發流言蜚語。村民很清楚ＨＩＶ相關的污名，也知道這個社會對待感染者的態度，決不想冒任何風險，讓別人誤以為他們染上ＨＩＶ；因為一旦形成這個印象，以後就很難、甚至是不可能抹滅。

另外也有人擔心PrEP反而會讓自己**染上**HIV。這乍聽之下或許很奇怪，但別忘了有一個可觀比率的美國人，擔心流感疫苗會讓自己染上流感。這種對醫藥的焦慮在辛巴威更加嚴重，因為就算PrEP並不會讓你染上HIV，村民也知道自己的親友鄰居會有這種憂慮。要是自己服用PrEP，街坊可能會誤以為你是HIV的高風險群。於是，不管醫師再怎麼諄諄教誨、推廣理由再怎麼光明正大，前述理由加上HIV感染者仍然背著社會上的污名，民眾還是會出於種種社會上的原因不願服藥。負責推廣PrEP的醫師實在恨鐵不成鋼，不知道還能怎麼辦。

如果根據關於黏著度的迷思，會說這裡該從「關鍵產品特色」下手。在某項計畫不成功的時候，就該找出究竟目前少了什麼特色（更方便使用、更打動人心、更令人難推諉，或是更節省成本），再重新將這些特色加入計畫當中；又或是設法讓整件事更有趣、更讓人動容。

但想要突破文化與社會的規範，沒有那麼容易。從疫苗到環境科技、再到各種新的管理手段，各種事物的推廣都會面臨同樣的挑戰。大家對於某項創新愈不熟悉，或這項創新造成的顛覆愈重大，通常推廣時就會遇到愈大的阻力。社會改變之所以會如此困難，主因也正在於此。

所以，我們該怎麼辦？

別急著找某大咖名人、別做病毒式行銷，或是提升黏著度，而是要先準備好**傳播所需的基礎架構**。社群網路不但是一種管道，能用來傳播資訊或疾病，更是一種稜鏡，能夠影響眾人對於新想法與創新的觀感。在接下來幾章，會述及基礎架構能夠如何觸發網路傳播時的必要連鎖反應，在某項計畫原本寸步難行的時候（不管是要推廣新一代社群科技、提升某位政治人物的人氣，或是讓眾人更能接受新的疾病預防措施），帶來爆炸式的發展，促成社會改變。

第二部

推動改變者的策略手冊：如何打造傳播所需的基礎架構

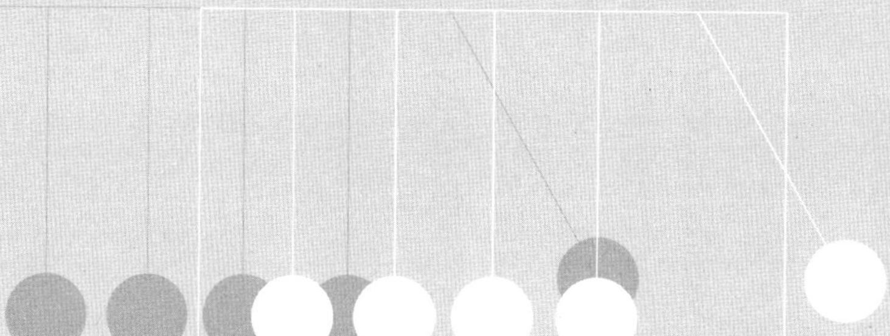

第4章
改變如何發生：「複雜傳播」的發現過程

所有的科學發現，都是因為結合了兩項元素：孜孜不倦的研究，以及天上掉下來的好運。以生物學領域為例，達爾文當初還只是個年輕的博物學家，他搭乘的英國海軍小獵犬號（HMS Beagle）就這麼剛好經過了加拉巴哥群島（Galapagos Islands）。完全就是天上掉下來的好運，讓他來到地球上最獨特的一個地方，這裡的演化路徑偏偏與眾不同、引人注目。當然，光有好運還不夠。許多人都去過加拉巴哥群島，但就只有達爾文意識到自己發現了什麼。

「複雜傳播」的發現過程，也是從天上掉下來的好運開始。

我開始讀研究所的時候，大家普遍認為政治或社會運動壯大勢力的方式就是靠著口耳相傳，像病毒一般傳播開來，也認為只要活化弱連結（能夠廣泛涵蓋整個族群的連結），就能加速招募到新血。如今，大多數人**仍然**認為事情理所當然是這樣，這依舊主導著我們大多數人對於改變、創新過程的想法。

在研究所中，我也曾經試著運用馬克．格蘭諾維特這套簡潔明快的弱連結理論，研究一九六〇年代，民權運動如何在全美蓬勃發展。沒想到，在我仔細查閱社會學者道格．麥亞當多年前收集的大量資料時，卻發現民權運動的發展看起來和病毒傳播一點也不像，甚至差得遠了！這些運動想招募新血加入，重點不在於弱連結，反而在於強連結；企圖以最快速度透過社群網路傳播，重點是這些社群網路必須有大量冗餘、而不是觸及有多廣。

我又順藤摸瓜追查下去，想看看會有怎樣的發現。如果把民權運動的資料拿來和女權運動的資料相比，兩者的傳播有何異同？工會化在歐洲如何傳播？線上社群又是如何成長？以上每個案例，我都看到了相同的傳播模型。這種一致性令我訝異，於是我又擴大了搜尋的範圍。阿拉伯之春如何傳播？ＢＬＭ運動呢？#MeToo 呢？Skype、臉書與推特等新科技的爆炸性成長？某些新政治人物的迅速崛起？我追查得愈多，傳統上對於社會改變如何傳播的觀念就愈是在我眼前逐漸瓦解崩落。

最後，我眼前看到了一個全新的景象。格蘭諾維特的網路理論之所以不符合實際的資料數據，是因為這套理論假設**所有事物**的傳播都如同病毒一般。但我愈來愈清楚，這種假設非但錯誤，更讓我們付出慘重的代價。資料讓我們看到另一種傳播的方式。如果是簡單的概念想法，傳播的方式有時候確實就像病毒一樣是透過弱連結；但如果是一些與個人更切身相關的想法議題（從我所著重的全球史上重大社會與政治運動，到我們每天身邊的草根政治運動與行銷廣告），傳播的方式就和病毒大不相同了。於是我發現，傳播分成兩種截然不同的形式，分別是**簡單傳播**與**複雜傳播**。

概念傳播的四大阻礙

第二章已經談過簡單傳播（simple contagion）的例子：病毒通常屬於此類，這種感染/傳播很容易就能從A傳到B，只要接觸到一個「帶原者」，便滿足了相關條件。同樣屬於這種簡單傳播的，也包括了病毒式影片、八卦消息、新聞資訊、又或是關於哪些工作開了什麼缺（格蘭諾維特的著名案例）。事實上，只要是口耳相傳的資訊，幾乎都屬於簡單傳播的範疇。

在社群網路裡，廣泛觸及對簡單傳播而言會是一大助力。比如社群明星，正是因為能夠接觸到大批粉絲，因此達成簡單傳播的效力極佳，只要能夠「感染」到這樣一個有著大量接觸連結的人，就足以讓一則消息迅速傳播、達到「病毒式」瘋傳的效果。

超過一個世紀以來，我們講到社會傳播，根據的都是簡單傳播的定義，而這也是我們想要推動各種創新或改變活動時所預想的傳播模型。問題在於，簡單傳播的動力學只適用於比較簡單的概念。如果是希望改變他人的信念與行為，就需要不同的傳播方式、不同的傳播管道。如果改變會造成實際的風險（也就是會影響我們的財務、心理或名聲），這時候光是單純接觸到某個想法的「帶原者」，並不足以真正推動改變。

這項體悟讓我發現了「複雜傳播」的概念。所謂的複雜傳播，傳播的是那些民眾會**抗拒**的事情。有些時候，民眾的抗拒心理並不難理解，像是韓國鄉下民眾起初不願採取節育措施，是因為這有違他們過去對家庭發展的文化傳統觀念。也有些時候，民眾的抗拒就比較難以預料，像是第二人生的玩家之所以不願意採用史密斯飛船手勢，只是因為還沒有夠多玩家接受這個手勢。但不論以上哪一種情況，單純接觸到某位接受了這項創新的採用者，還不足以讓人改變心意。民眾需要從很多人那裡都接受到社會增強（或說「社會證據」），才會真正信服、讓新的行為得以傳播開來。某種新想法或新行為受到的抵制愈多，也就需要愈多的社會增強，才能說服大家接受。

我們會在意的大多數行為（像是市場投資、選擇要支持的政治人物、選擇職涯、選擇買房地點、要不要避孕、要不要採用某種昂貴的科技，以及要不要投身某項社會運動），都屬於複雜傳播的範疇。之所以複雜，是因為這些決定牽涉到了風險。某項決定的風險愈高、不確定性愈大，我們就會需要事先得到更多「證據」（更多同儕的認可），才會願意做出最後決定。

所以，我們該怎樣判斷某項創新想法或產品屬於簡單或複雜傳播？要怎樣才能早一步做好判斷，據以規畫策略來推動改變？答案取決於「阻力」：一個新點子需要克服的關卡愈難，就愈可能屬於複雜傳播的範疇。

在我的研究中，我找出了會形成複雜性的四大阻力，每一項都會妨礙創新的傳播。找出某項創新需要克服哪個或哪幾個關卡，就能讓你判斷這項創新是屬於簡單傳播或複雜傳播，也能知道可能面臨的阻力有多大。同樣重要的是，知道會遇上哪種特定的阻力，就能規畫出最有效的應對措拖、協助一項創新突破難關。

以下就是可能阻礙創新傳播的四大關卡：

- **配合度**：有些創新就是必須要有一群人**一起用**，才有吸引力，用的人愈多，吸引力就愈高。這種創新或行為必須得到社會增強才能傳播。從Skype、即時通訊

（甚至是更早之前的傳真機），到各種免費且使用方便的媒體分享平台（像是推特、臉書），如果沒有夠多你認識的人在使用，這些科技基本上毫無價值。這些科技的價值，取決於你認識的其他用戶有多少；用的人愈多、這些科技創新就愈有價值，也就愈容易傳播。

- **可信度**：有些創新的效力或安全性會遭到質疑。而採用的人愈多，就有愈多社會證據，證明這應該沒我們想像得那麼危險，也就愈能讓人相信值得付出代價或心力來採用。如果某項新科技成本高昂、某種新做法耗時甚鉅，我們就會希望能得到更多的社會認同好讓自己安心。舉例來說，當一間軟體公司要決定是否採用新的雲端運算基礎架構、一位超重患者要決定是否開始新的飲食方案，一定都會希望能先確認這些創新做法確實可信可靠。要是能從許多自己信賴的他人那裡獲得證據，就有助於克服可信度這個關卡。
- **正當性**：有些創新必須要先得到社會普遍的贊同，才會開始傳播。這個關卡的重點，在於某項創新可能會令人覺得尷尬或有損名聲。如果採用某種行為的人愈多，代表這項創新愈可能得到他人的贊同，因此感到尷尬或遭到抵制的風險就沒那麼高。以時尚潮流為例，假設要用一種新的方式來打招呼，像是和對方擊拳或做出史密斯飛船手勢，你現在的意願有多高？再假設是要在自己的社群媒體個人頁面放上彩虹旗，以表示支持同性婚姻，你的意願又有多高？只要有愈多你認識的人這麼做，你就會覺得自己做這件事的社會風險愈低。如果能從自己尊重的同儕那裡得到社會增強，就能克服這項關於正當性的關卡。

- **興奮度**：有些創新和行為，必須是一群人都對此興致勃勃，才會有吸引力。有愈多人開始採用某項行為，其他人就愈會興奮地開始跟進。所謂的社會亢奮（social effervescence）正是這樣逐漸增長。也是因為興奮度這項因素，才使得參與某項體育賽事、抗議遊行的人愈來愈多，甚至是推動了阿拉伯之春。是身邊人們的熱情，點燃了我們自己的熱情。要是我們沒感受到那種興奮，就不會想加入。像這些情緒上的傳染，必然需要有一票活力滿滿的人不斷發送社會增強，才能夠有效傳播。

以上這四項創新傳播的關卡，都能透過社會增強來克服。人類只要發現某項決定的風險很高（像是要投資新市場、改用新的業務平台），總會希望降低風險，這時候自然就會尋找社會增強的跡象。像是如果有認識的人肯為那些新市場或新平台背書，我們就會更願意自己也跳下去。光是「知道」有某項創新，並不等於願意「採用」某項創新，兩者還是有所差異。

然而，這些原本會阻礙社會創新達成複雜傳播的因素（像是需要有一定的正當性、需要有眾人的配合度），在創新得到接受之後，也可能反而會提升創新的黏著度。舉例來說，像是精靈寶可夢「Pokémon Go」這樣的擴增實境（augmented reality, AR）遊戲，有愈多人一起玩，正當性就愈高。要是其他人都覺得在街上玩擴增實境遊戲很白目，你大概不會想要邊逛邊玩。但如果能得到夠多的社會鼓勵，讓你相信這款遊戲不僅得到眾人接受，而且大家一起玩更好玩，這樣的社會支持就能讓你一頭栽進遊戲，只要別人都還在玩，你也會覺得樂趣無窮。

從視訊會議到電子郵件的各種通訊科技也是如此：需要先有幾個你認識的人開始採用這些科技，你才能看到這些科技的社會價值；而等到某種通訊科技得到廣泛採用，成為社會必需品，要再拋下就很難了。

上述的重點總結，乍聽之下可能十分矛盾：原本會遇上最大阻力的那些創新（因為大家對其正當性、配合度或社會證據十分敏感），一旦終於被接受，往往就能得到民眾最堅定的支持。這種情況，社會學者稱為「壕溝」（entrenchment）效應。雖然壕溝看起來似乎是社會改變的阻礙，但事實上又是實現社會改變的關鍵。

要推動真正的社會改變，「挖出壕溝」相對非常重要。不管這裡要推的產品是完全免費又能救命的ＨＩＶ藥物，又或是什麼要價高昂的新玩意，很多時候，民眾抗拒改變，只代表他們還在等待這件事得到社會認同。瞭解這點之後，就會發現這些「阻力」其實不是改變的阻礙，反而是營造長期支持的機會，也就能據以調整相關的策略。

夥伴的力量

一九一四年八月，英軍看來局勢不妙。當時第一次世界大戰方起戰端，德軍陣容浩浩蕩蕩，足足有著十比一的驚人優勢；而且德軍多為職業軍人，英軍則以志願兵為主。

對英國而言，要打造出一支足以和德軍抗衡的軍隊似乎難如登天。唯一的希望就是向所有階層的社會人士招募，說服他們投身軍旅，但這件事並不符合英國社會根深柢固的規範。傳統上，只有一小部分的紳士階級（擔任軍官）和底層階級（擔任士兵）會選擇從軍，像是銀行家和商人這些專業階級的人，通常不會把從軍列為人生選項。

英國作戰部（War Office）知道，如果英國還想贏得戰爭，情況就必須有所改變。

但這件事從一開始就會是個艱鉅的挑戰。

第一項阻力再明顯不過：戰爭是件恐怖的事。任何從軍的人，都面臨著再真實不過的生命威脅。第二，即使對戰爭一事勇敢無懼，一般而言，社會大眾也不會覺得從軍是個好選擇。對於已經有家室的男性來說（尤其是那些專業階級的人），從軍等同做了和自己的社會階級與地位所不容許的決定，心理上會有極大的壓力。

利物浦前市長德比勳爵（Lord Derby）意識到，想解決這項問題，不能從個人下手，而必須從整個社群網路下手。他建議陸軍大臣暨陸軍元帥基奇納勳爵（Lord Kitchener），招募軍隊的時候應該要從人民的強連結切入。

德比勳爵發明的就是所謂的「夥伴營」（Pals Battalions）做法，事後證明成效卓著。基奇納勳爵聽從建議，承諾只要一起入伍的人就能一起並肩作戰。這項策略鎖定了各個街坊與專業社群；原本這些社群內部強大的社會規範並不利於軍人招募，此時情況就有了一百八十度的大轉變，共享強連結的人們反而由彼此身上得到社會證據，互相鼓勵從軍。在這些社群網路裡，充滿振奮的情緒和團結的感受，讓人覺得從軍不但是個合理、可接受的選擇，更是責任所在。民眾原本抗拒從軍的理由，反而成了他們主動從軍的原因。

有趣的是，各地的革命起義早就將這套辦法運用了好幾世紀。在非洲、中美洲和印度（基奇納曾派駐該地），當地都曾這樣鎖定街坊以招兵買馬，起身對抗殖民政府。基奇納仿效了革命分子這一招，希望能動員街坊的力量來支持加入國軍，從一個城鎮感染到下一個城鎮。

這套辦法確實奏效了。英國各地的城鎮都動了起來，投入參與國家戰事，國民之間緊密的社會關係，成了英軍的強大支柱。街坊內部密切的往來，也成了英國國際力量的源泉。

當時募軍的第一次重大成功，就是「證券經紀人營」（Stockbrokers Battalion）的成立：基奇納推動這項策略才一週，倫敦金融城（City of London）的股票經紀人和相關員工就有一千六百人慷慨從軍。過了兩天，又有來自利物浦的一千五百名公民入伍。再過三天，利物浦人又成立了三個營。曼徹斯特也很快跟進，當地商賈組成了四個營加入。

短短一個月，英國各地已有超過五十個城鎮組成軍隊，並加入戰爭。到第一年年底，入伍從軍的人數已經達到五〇萬。各個城市間開始競爭，看看哪個城市的從軍人數最多。正如基奇納的期望，動員參戰成了地方自尊之爭。

募軍活動大獲成功，各地招募站湧入大量人潮，很快就讓國庫難以招架，英國聯邦預算不敵軍餉和軍人住宿費用成長的腳步。

面對這項困境，又是靠著強連結拯救了英國：各市政府與地方企業自願掏出腰包，提供戰事經費。各城市的市民捐出糧食與資金，指名要提供給自己家鄉從軍的子弟。這種針對地方社群的募軍活動，讓各地情緒高昂、感受強烈，並深具感染性。

當時甚至連中學與運動組織也響應從軍，職業足球員從軍的人數就高達三個營。像是蘇格蘭哈茨職業足球隊（Heart of Midlothian FC）派出的隊伍，除了有他們的先發球員和預備隊員，甚至還包括董事、工作人員以及大批當地球迷。

一次大戰開戰兩年間，「夥伴營」成效卓著，熱情蔓延到英國的每個角落，據稱從軍入伍人數足足超過兩百萬人，形成英國史上規模最大的志願軍隊。

網路的幾何學

要解讀「夥伴營」為何成功，或說要瞭解複雜傳播究竟如何傳開，關鍵在於強弱連結背後的網路連結模型。

還記得史丹利．米爾格蘭的明信片實驗嗎？他先是在美國中西部的社群網路放出訊息，接著觀察這項訊息要經過幾次轉寄，才會從這位「種子」受試者傳到麻州沙倫市的隨機「目標」手中。

我還在讀研究所的時候，原本認為夥伴營應該也是一樣的模式，由某些「種子」向外擴張到整個社群網路。但這裡有一項關鍵差異，在於米爾格蘭的明信片屬於簡單傳播，透過弱連結就能夠做到；但加入夥伴營所需要的承諾可比寄明信片重大得多了，這屬於複雜傳播，得靠強連結才能做到。就這點而言，夥伴營和推特、阿拉伯之春、史密斯飛船手勢與韓國的節育政策有著某個共同點：同樣都屬於複雜傳播。

這讓我落入一個謎團，好幾年之間百思不解。「第二人生」之中史密斯飛船手勢的傳播網路，與將近一個世紀前、英國街坊之中夥伴營的傳播網路，兩者有何共同點？這兩者看來實在截然不同。而連接舊金山和美國劍橋市的友誼網路（也就是推特的傳播網路），又和推動了阿拉伯之春的線上社群連結有何共同點？這些網路到底是有什麼特殊之處，才讓複雜傳播得以有效傳開？

讀者現在已經知道，社群網路分成強連結和弱連結，兩種連結各有自己的幾何結構。弱連結網路的幾何結構看起來就像是一發煙火，每個人都處於自己的「爆炸」中心，而弱連結就這樣隨機向各個方向發散，觸及不同、甚至有時相距甚遠的地點。弱連

煙火結構（弱連結）　　漁網結構（強連結）

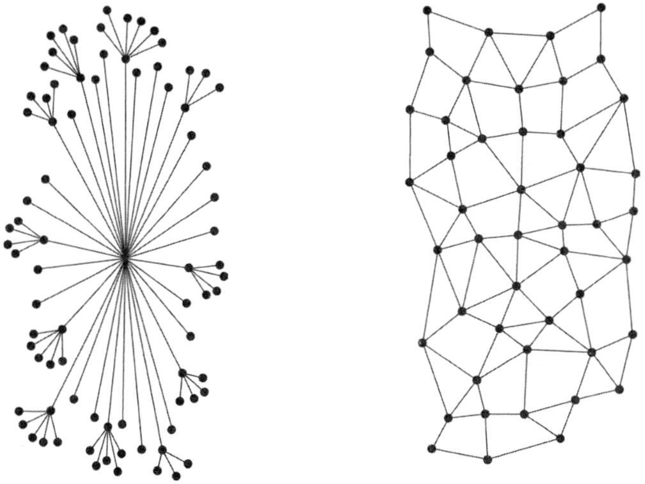

（圖片參考改編自 Baran〔1962〕）

結幾乎不會有任何的社會冗餘，每個人和其他人的朋友幾乎不會有任何連結。

至於強連接網路的幾何結構，看起來則比較像是一張漁網，有許多三角形和四邊形彼此緊密相扣。這種結構常常稱為「網路叢集」（network clustering），特點就在於有著大量的社會冗餘連結：人們認識彼此的朋友。

我們在現實世界的網路連結，就是這兩種結構的組合。事實上，我們幾乎每天都會經歷這兩種不同的結構，其效果又各自大不相同。

漁網結構會營造信任與親密感。

原因在於社會冗餘讓人對自己做的事負責。在漁網結構的網路裡，如果有人行事不正，你可以向你們共同認識的人告狀。不論是在專業或街坊鄰居的社群裡，既然大家都互相認識，自己做了什麼可是逃也逃不了。這就能促使社會更合作、更團結。

相對地，如果是煙火結構，兩個人幾乎沒有共同認識的人，就算有、通常只稱得上是點頭之交。在這樣的社會關係裡，「冗餘」的成分較低，彼此的信任與親密度也就有限。這種網路幾何結構也就難以培養出合作與團結。

試想，如果把米爾格蘭的實驗放到這兩種網路結構裡，會有什麼結果？假設我們仿效米爾格蘭，把某個「種子」訊息放進網路，哪種幾何結構傳播這項訊息的速度更快？格蘭諾維特提出了一項很清楚的預測：單就幾何結構而論，煙火結構的社會傳播速度會比漁網結構快得多。

事情看起來很明顯。煙火結構的網路似乎正是速度的化身，不難想像一項訊息只要從任何起點傳到中心之後，一下就能向外傳播給其他所有人。相較之下，如果是漁網結構的網路，訊息只能從這一點傳到相鄰的另一點，過程有著大量的冗餘與浪費。

然而，如果是複雜傳播，情況還是這樣嗎？如果想傳播的訊息可能會引起反彈、又或者需要經過社會協調達成共識，仍然是煙火結構的網路速度更快嗎？這樣的例子，包括了想讓更多人使用像推特這種新科技；想鼓勵民眾參加阿拉伯之春這種具危險性的革命行動；創業者想推動新的管理方式與投資策略；活動分子想帶動情緒、好讓更多人參加慶典或政治運動。以上這些社會傳播，真的是在煙火結構的傳播上比較快嗎？

我想找出真相，於是打算設計出一套類似米爾格蘭四十年前發明的那項實驗，但有一點不同：不是要把某則訊息傳給某個人，而是把某項社會創新傳給**所有人**。我的目標是測試格蘭諾維特的想法，瞭解究竟是煙火結構的網路真的能夠更有效傳播社會創新，又或是和弱連結理論所預測的不同，反倒是漁網結構的網路效果更佳。

我的研究參考了醫學試驗的設計，不是去比較打了試驗藥物或安慰劑的結果，而是比較位於漁網網路的族群與位於煙火網路的族群，看看這兩個族群的最終結果有何不同。一如米爾格蘭的做法，我會試著在這兩種網路中播下「種子」，再觀察傳播的情形。不過這裡要傳播的並非某個簡單的訊息，而是某項創新的社交科技。而且，除了觀察在各別網路裡採用者的數量多少，還要觀察這項創新傳播的速度。

這個主意令人興致勃勃，但要實際進行卻沒那麼簡單。

比較安慰的是，史丹利．米爾格蘭的研究比我的更困難重重，但他就是想方設法說服了在美國中西部的一批陌生人把明信片寄給他們的朋友，期待最後能把訊息傳到麻州某位陌生的股票經紀人手上。在他做這項研究的時候，大多數人連「社群網路」是什麼都不知道，更別說要衡量這種網路是什麼意思了。他仍舊說服了一群人來參與，而且哈佛還出了研究費呢。

而我還有一項現代優勢在手：網際網路。我在二〇〇七年開始這項實驗，當時民眾已經會用網際網路建立各種連結，除了和自己認識的人往來，也常常接觸陌生人。我要做的，就只是設法讓成千上萬的人「想要」互相連結。這裡的一大重點，在於我必須控制參與者之間的連結結構，且參與者還必須夠在意網路中的其他人，才能真正對彼此的行為造成影響。

這絕非易事。

但我已經想好了辦法。

「健康夥伴」實驗

二〇〇七年，我從哈佛大學取得經費，開始設計我那套類米爾格蘭實驗的研究社群網路。為了研究各種創新如何在網路社群裡傳播，我設想了幾十種方式，從投資社團到交友網站都曾經是我考慮的研究目標，但是想要研究「醫療照護社群」的念頭一直揮之不去。

我對醫療照護社群最深的印象，就是成員極為熱心。例如「Patients Like Me」（「像我這樣的病患」），就是一個肌萎縮性脊髓側索硬化症（ALS，俗稱漸凍人。在美國也稱為路・蓋里格氏病〔Lou Gehrig's disease〕）的醫療照護社群，讓人能和原本陌生的對象討論共同的疾病。對於ALS這種罕見而令人衰弱的疾病，一大問題在於很難找到同病相憐的人討論病情。就算知道患有同樣疾病的人在全世界有成千上萬，要聯絡上卻是難之又難。Patients Like Me 則解決了這個問題。但後來發現，不只是患有罕見疾病的人有這種建立連結的需求；在Patients Like Me與其他新興線上醫療社團裡，每年有高達數百萬人次和不知名的同儕互動，自在地分享自己私密的健康資訊及個人經驗，互相提供醫療上的建議。看到這群人非親非故，卻如此深入交心，讓我大感意外。雖然他們素未謀面，卻深深左右著彼此的醫療決定。

我看著這些網站，心裡一直有個疑問：這樣的連結，究竟算是強連結還是弱連結？是因為這些人在醫療照護上有著共同利益，造成這些社團發展蓬勃嗎？還是這些社群網路的幾何結構有何特殊之處，才使其傳播社會影響力的效果如此優異？

我決定以這些社群作為我研究的範本。我建立了一個新的線上健康社團，並且到一些地方打廣告，包括主流的醫療健康網站（例如哈佛大學的癌症預防中心）、《預防》（*Prevention*）雜誌、《男性健康》（*Men's Health*）雜誌、《女士健康》（*Women's Health*）雜誌、《自我》（*Self*）雜誌等等。民眾對這項研究的興趣遠高於預期：最後有超過一千五百人報名參加。

民眾註冊時需填要一份簡單的問卷，設定使用者名稱，並回答自己在健康照護領域所感興趣的主題。接著就會依據所填的答案，分配到某個「健康夥伴」群組，裡面的人都有著類似的興趣，且群組一經分配就不能再更換。如果你的健康夥伴分享了任何關於健康照護的建議，你會收到電子郵件通知。而你也可以把自己的建議分享給群組裡的成員。

我得到這一千五百二十八名志願參與者之後，先是將所有人隨機分成兩組。於是，兩組各有七百六十四人。

但這裡光只有兩組還不夠，因為必須能夠複製，才稱得上是科學。所以我再把這兩組各自分成六個小組，人數從九十八人到一百四十四人不等。第一組的六個小組都是採用煙火結構，而第二組的六個小組則都採用漁網結構。

這樣一來，我就能比照醫學試驗的標準，複製出六次煙火結構與漁網結構的比較，從而確保試驗的可信度。

參與者分配到所屬的小組後，在我的預測中，整個研究就有著六個煙火結構、六個漁網結構，裡面每個人根據所屬的網路不同，會連結至六到八位健康夥伴。

但參與者看到的實驗樣貌則不是這麼一回事。分配到煙火結構的參與者，在登入之後會看到自己有六位健康夥伴，每個人的興趣都和自己十分類似。而分配到漁網結構的參與者，看到的也完全相同：六位健康夥伴，每個人的興趣都和自己非常雷同。參與者光從檢視自己的健康夥伴網路，並無法得知自己所屬的健康小組是屬於哪種結構，甚至連小組的人數都不知道。在他們看來，所有的小組都一模一樣。

雖然參與者看不到所屬網路的幾何結構，但其行為會不會仍然受到這些結構影響？這就是我想研究的問題。但這個實驗還需要一項條件：參與者得要對彼此有影響力才行。

如果你是某個小組的成員，對這些健康夥伴會有什麼感覺？確實，這些人和你一樣關心著差不多的健康主題，所以你大概會留心他們給出什麼建議，但你們彼此之間並沒什麼強烈的情感連結，這些人對你來說就是陌生人。

一般而言，這樣的連結屬於弱連結，人與人會形成煙火結構的網路。而如果刻意將網路連成漁網結構（這是一種對弱連結來說並不自然的狀況），是否就會讓整個小組社群的行為有所不同，致使某項創新的傳播大幅**加速**？

我當時的假設是會造成改變，即使弱連結理論不這麼認為。根據弱連結理論，重點是觸及要廣、連結要多，冗餘則是種不好的浪費。

真相就要揭曉。

為了這項實驗，我設計了一套有趣且容易使用的社群應用程式，讓參與者能夠搜尋一個龐大的最新健康資源資料庫，除了能互相分享這些資源，也能對其中的每項資訊給出評價。但在使用這個程式之前，要先上某個網站填寫註冊表。

我提出的這項「創新」社群程式，雖然一方面的目的是提供有用的資訊，但另一方面也是要測試推廣創新時的阻力。這項程式正如其他所有社群科技，都屬於複雜傳播的範疇。想讓人願意採用，得面臨兩項關卡：可信度、配合度。第一，在採用這項程式之前，會想知道它究竟實不實用、值不值得花時間註冊。第二，這項程式的價值會受到使用者人數多寡的影響，有愈多你的健康夥伴加入，才能讓你得到愈多相關建議。你一定是先發覺其他人也開始用了，才會想要採用這套新的程式。

我的開頭做法與米爾格蘭相同，是將這項創新在每個網路交給一個人，作為「種子」。這個人就成了我最早的採用者、或說「改變促進者」（change agent），將發訊息給自己在小組裡認識的人，讓這些人知道有一位自己的健康夥伴用了這套新程式，並且邀他們一起來用。

接著的情況令我大感驚奇。

在煙火網路裡，資訊的傳播簡直如同光速。每次有人開始用這套程式，就會在網路上引起爆炸式的資訊傳播。只要有哪個相鄰的聯絡人也用了這套程式，就會看到這項消息再次爆炸開來、傳向四面八方。

資訊在煙火網路裡的傳播，看起來著實就像一連串的煙火爆炸，正是最完美的那種病毒式傳播。然而，雖然消息每次「爆炸」都能接觸到整個網路結構裡許多其他人，卻並未讓許多人開始用這套程式。雖然所有人都意識到有這項創新，在實際行動方面卻拖拖拉拉。

相對地，在漁網結構的小組裡，訊息一開始的傳播速度慢得叫人難受。雖然每次有人採用都會放出訊息，但收訊者多半已經從叢集裡更早的採用者那裡聽說過這套程式了。就算其中再有人繼續採用，會接受到相關訊息的人多半歸屬於同一個社群叢集。這樣一來，在關於這套程式的消息終於傳向其他社群叢集之前，每個人可能都已經從兩個、三個甚至四個健康夥伴那裡聽說過這項科技。

格蘭諾維特顯然說對了一件事：在煙火結構的網路裡，資訊的傳播速度快得多。但要講到實際**採用**新的科技（真的去填寫註冊表，並且登入使用這套程式），情況就正好相反了。雖然漁網結構的網路會出現冗餘，傳播資訊的速度較慢，但在**採用**的速度上反而較快。

如果某個人從好幾個同儕那裡一而再、再而三地聽說某項科技，最後願意採用的可能性也就高得多。到時候，他們就像也加入了啦啦隊，會再將這種訊號傳向網路當中鄰近的成員，讓更多人願意採用。

在六組對照組別當中，最後觀察到的結果都完全相同。雖然資訊在煙火網路的傳播速度較快，但最後採用的人數都是由漁網網路大幅勝出。可見，社會冗餘絕不是無謂的浪費，而是強化社會協調配合的必要元素。

在煙火網路裡，那些「早期採用者」（只看了一次相關訊息，就決定採用該創新）常常在註冊後只登入了一次，接著就再也沒有使用。而在漁網網路裡，那些需要先從好幾個健康夥伴那裡得到社會認同才會註冊使用的人（所謂的「落後者」〔laggard〕），則是遠遠更可能在之後常態使用這套程式，搜尋並分享新的健康建議。事實上，落後者繼續使用這套健康程式的可能性，足足是早期採用者的三百多倍。就連實驗已經結束了好幾個月，這些人也仍繼續登入使用。

為什麼會這樣？

網路冗餘其實發揮了兩種功能。第一，由於多位健康夥伴發出訊息，讓整件事重複得到增強，展現了眾人協調配合的價值、也顯現這項科技的可信度。這樣一來，參與者就更願意採用。

第二，就像電話或推特的例子，當初採用這項社群科技的原因，後來會成為繼續使用的理由。有了更多社群裡的鄰居用這套程式，就代表能得到更多建議，也就是能得到更多價值。就算彼此都是陌生人，只要網路的幾何結構有助於訊息的反覆強化，就能讓人保持使用這套程式的習慣。

第5章

複雜傳播大顯身手：迷因、機器人、政治變遷

二〇一二年秋天，美國總統大選不斷升溫，由共和黨的米特·羅姆尼（Mitt Romney）挑戰民主黨現任總統巴拉克·歐巴馬（Barack Obama）。在一場備受矚目的辯論中，羅姆尼指控民主黨執政期間花錢如流水。講到興起，他臨場脫稿演出，主張政府應該停止再為公共電視系統（Public Broadcasting System, PBS）提供經費。PBS是由聯邦政府出資的電視台，最有名的大概就是各種創新的兒童教育節目。羅姆尼隨口表示該停播廣受喜愛的兒童節目《芝麻街》（*Sesame Street*），這句話就足以讓整個推特圈爆發熊熊怒火。不到幾分鐘，#SupportBigBird（#支持大鳥）這個標籤已經在推特出現了幾千次，還出現了一個熱門的新迷因。這件事屬於簡單傳播、還是複雜傳播？

主題標籤的傳播速度

羅姆尼那番關於大鳥姐姐的言論在推特圈引發怒火的一年前，著名科學家喬恩．克萊因伯格（Jon Kleinberg）所領軍的康乃爾大學電腦科學團隊正努力想解開一項謎團：為什麼某些主題標籤在推特上傳播的速度就是比較快？

身材瘦長的克萊因伯格是個性格友善、思緒敏銳且博學多聞的人，他認為如果能夠區辨複雜傳播與簡單傳播有何不同，或許就有助於解開這個謎團。在他看來，真正的問題是要搞清楚，像主題標籤這麼簡單的東西究竟有什麼複雜性？想要傳播某則迷因，就只要將一個病毒式主題標籤（像是 #SupportBigBird）複製貼上到自己的下一則推文就行了。如果還要更簡單，直接點下「轉推」按鈕也行。

克萊因伯格二十五歲時就已經嶄露頭角。在康乃爾讀完大學、到麻省理工學院拿了博士，又被康乃爾積極請回擔任助理教授。就像前輩物理學家理查．費曼（Richard Feynman）一樣，克萊因伯格開始教書的時候，比很多研究所學生都還年輕。彷彿是要消除外界對於他憑什麼平步青雲的疑慮，克萊因伯格很快就因為他在社群網路研究上的成績，榮獲有「天才獎」之稱的麥克阿瑟基金會（MacArthur Foundation）大獎，證實自己不負盛名，確實是一位創新而又嚴謹的思想家。在那之後，他得以真正研究自己有興趣的主題。此時引起他注意的，就是主題標籤究竟如何在推特上傳播。

克萊因伯格與丹尼爾・羅梅若（Daniel Romero）及布蘭登・米德（Brendan Meeder）合作，檢視該年推特上流行的幾種不同類型主題標籤有何差異。像是有一類歸為「流行語主題標籤」（idiom hashtag），例如 #dontyouhate（#難道不討厭）、#musicmonday（#週一音樂日），也有一類歸為「政治主題標籤」（political hashtag），例如 #tcot（Top Conservatives on Twitter，#推特頂級保守派）和 #hcr（Health Care Reform，#健保改革），當克萊因伯格等人檢視這些主題標籤是如何傳播時，就發現兩者有著天差地別的差異。流行語主題標籤的傳播，完全符合過去對於病毒式傳播的說法，使用者只要看過一次就會開始使用，所以只要人與人之間有過一次接觸，就能有效傳播。這種類型屬於簡單傳播。

但政治主題標籤完全是另一回事。克萊因伯格等人表示，政治主題標籤的使用「比流行語主題標籤更危險……因為這等於是公開表達自己的某種立場，因而可能與社交圈裡的其他人畫出界線。」一般來說，推特使用者會等看到自己社交圈裡有好幾個人都用了某個政治主題標籤之後，才會跟進使用。因此，政治主題標籤屬於複雜傳播。

一個等號的傳播速度

二〇一三年三月二十五日，美國人權組織「人權戰線」（Human Rights Campaign）發起了一項網路史上規模數一數二的社會運動。美國最高法院該週正在審理兩樁案件，結果將會決定美國同性婚姻的命運。為了這件具有里程碑意義的大事，人權戰線呼籲大家把臉書大頭照與虛擬替身（avatar）換成一個等號的圖樣，表達自己對婚姻平權的支持。在過去，人權戰線的標誌一直是藍底的亮黃色等號，為了這次特別改成粉紅底的紅色等號，用粉紅色和紅色來象徵愛情。

一週內，將近三百萬人把臉書大頭照換上了這個新的標誌，成為一項前所未有、橫跨全美的婚姻平權支持活動。

如果光看人權戰線這次活動如此亮眼的成績，可能會覺得這稱得上是一次教科書等級的活動，見證了社會行動主義的病毒式傳播——認為這就是一場簡單傳播，而一個具備「黏著度」的新標誌或許也幫忙推了一把。然而，有兩位臉書的研究員（包括第一章提過研究「第二人生」的拉達．阿達米克）決定要再看得更仔細一些。

在臉書工作有許許多多的好處，除了吃到飽的免費冰淇淋、前衛的工業風建築，更包括能取得各種以往沒有的資料。雖然有很多人都在猜測究竟是什麼原因使得這個等號標誌在臉書大規模瘋傳，但只有阿達米克與同事柏格丹．史泰特（Bogdan State）站在一個令人欣羨的位置：能夠真正用科學方法來研究這個議題。

兩位科學家追溯數百萬次的分享、評論與按讚，不但分析了等號標誌如何傳播，還找出前一年其他幾十種無關的社群迷因是怎樣在臉書形成流行。這些其他迷因，有的是大受歡迎的照片，得到許多人分享按讚；也有的是一些當時流行的行為，例如發表關於特定主題的內容，介紹復活節或其他假期的意義等等。阿達米克和史泰特研究臉書的結果，有一部分能與克萊因伯格研究推特的結果互相呼應：「分享照片」屬於簡單傳播的範疇。照片的傳播速度很快，一般只要接觸一次，就能從一個人傳到另一個人。但婚姻平權的等號標誌若想得到傳播，就得經過更多接觸的增強，才能讓人願意接受。為什麼會這樣？分享一張流行的照片、和做出一種流行的行為（換大頭照），兩者有何不同？

阿達米克和史泰特的結論是，臉書使用者必須先看到社會證據（也就是肯定同儕認同這件事），才會相信這項把大頭照換成等號標誌的運動具備足夠的正當性和接受度，進而願意支持。正如他們所說：「不難想像，許多人必須先在許多來源處都看到了社會證據，才會願意表現出自己其實支持某項信念。畢竟，要表現出某項挑戰現狀的行為，本身就會有風險。」他們解釋說，這些風險的範圍很廣，有的只屬於地方、屬於個人（例如「和一些想法不同的朋友吵架」），但也有些足以「危及生命，例如政治運動者要挑戰專制政權」。

至於這場把大頭照換成等號標誌的運動，其動力來自於各個連結之間的互相強化，也就是各個團體之間緊密的互動關係。這並不是病毒式的傳播，而是屬於複雜傳播。再者，這場運動之所以能夠成功傳開，是因為滿足了一項必要條件：參與者得到了足夠的社會認同，足以克服他們對風險的感受。阿達米克和史泰特研究得出的一項重要結論就是：任何可能引起爭議的想法想要成功傳播，就需要能夠在網路上取得足以形成冗餘的社會認同，即便在推特與臉書上也不例外。

冰桶挑戰與其他迷因

有很多奇奇怪怪的社群媒體風潮，就算已經時隔多年，仍然難以解釋。冰桶挑戰（Ice Bucket Challenge）就是其中之一。這和許多風靡一時的流行一樣，都無法在事前預測。但也有可能，只是我們以為無法預測。

冰桶挑戰發生在二〇一四年夏天，當時全美（後來更傳到全世界）有幾百萬人把一桶冰水倒到自己頭上，並自發地把過程拍成影片上傳。這些影片被上傳、觀看、轉發，引發眾人模仿。而且還不只是一些小人物。就連州長、職業運動明星、電影巨星、電視名人都紛紛響應。

冰桶挑戰的發起人是一位名叫彼特．弗瑞茲（Pete Frates）的大學棒球選手，他希望藉此提高民眾對ALS的意識，但後來的發展遠超乎預期，不但讓民眾對此疾病的意識提升到空前的程度，還讓捐款如雪崩一般湧向ALS相關的慈善組織。

從二〇一四年的六月一日到八月十三日，全球分享的相關影片超過一百二十萬支，推特上提到這項主題的次數也超過兩百二十萬次。從七月二十九日到八月十七日短短不到一個月的時間，這項社群媒體活動就為ALS慈善組織募得超過四千一百八十萬美元的捐款，遠遠超出二〇一三年全年募款總額。冰桶挑戰成了影片病毒式瘋傳的最佳代表作。科學家與行銷業者花了好幾年，希望瞭解冰桶挑戰有什麼獨到之處。其他許多活動都只能黯然收場，是什麼讓這項活動大獲成功？這項活動能夠病毒式瘋傳的祕訣究竟在哪？

二〇一四年，英國數學家丹尼爾．史普瑞格（Daniel Sprague）與湯瑪士．豪斯

（Thomas House）開始研究冰桶挑戰（與之後每一支病毒式瘋傳影片）的成功背後有什麼數學原理。他們研究了二〇一四年之後的前二十六大迷因，從「仆街挑戰」（planking，在公共場所做出把身體撐直的瑜伽動作），到假裝把許多大鈔給吃進肚裡。這些成功的迷因之間，並沒有什麼共同的主題、特徵或訴求因素。有些帶有情感因素，有些沒有；有些的社交行情（social currency）很不錯，有些很低；有些能帶來實際得利，有些並不能帶來利益。從統計來看，成功與失敗的迷因之間並沒有什麼系統性的差異。事實上，這些成功案例在數學上唯一的差異就是它們幾乎都從網路得到了社會增強（social reinforcement）。這些案例都屬於複雜傳播。

史普瑞格與豪斯接著做了一件了不起的事：他們做了一項預測，想知道靠著複雜傳播模型，能不能讓自己這兩位數學家預判接下來哪個迷因會造成流行？史普瑞格與豪斯勇敢地讓自己的研究結果接受檢驗。

二〇一四年，夏天剛剛開始，冰桶挑戰也正在起步。雖然一開始的聲勢就十分盛大，但沒人知道這陣風潮能吹上多久。這場流行真的能持續成長嗎？還是會像許多其他熱潮一樣，來得快、去得也快？史普瑞格與豪斯分析了手頭上能夠取得的資料，運用複雜傳播模型，他們試著計算這個新的社群迷因，究竟能否在推特網路的各個社群叢集中不停互相增強、最後形成大流行。他們預測，事情不會立刻發生，而會需要經過為期數週的社會增強，才能在線上社群網路裡站穩腳步。但等到此時，這項傳播將達到引爆點而一舉爆紅。

史普瑞格與豪斯預測，冰桶挑戰的人氣指數將會在幾週後狂增百分之一千，在大約八月中旬成為網路爆紅現象。但他們也預測了冰桶挑戰將如何人氣下滑：等到這項迷因在各個社群網路達到飽和之後，就會迅速消失。在他們的預測當中，大約到了八月底，冰桶挑戰就過了人氣巔峰，回返剛開始的水準。

我們在第一章已經提過，真正讓推特一飛衝天的並不是名人。冰桶挑戰也是如此。正如當初歐普拉開始使用推特的情形，雖然NBC《今日秀》（*Today*）的主持人麥特．勞爾（Matt Lauer）現場直播自己參與冰桶挑戰，讓大家看得開懷、也認同他的做法，確實刺激了這項迷因的成長，但在這個時刻，冰桶挑戰其實早已來到快速成長的階段。正如歐普拉和推特的情形，看到某項成功的社群傳播時，我們該問的問題並不是「他們是怎麼讓某位名人來替這個概念背書的？」，而是「這個概念是怎麼成長得如此有效，讓名人也想來分一杯羹？」

史普瑞格和豪斯預測冰桶挑戰未來走勢的時候，根據的不是名人的支持背書，而是複雜傳播的數學公式。他們也因此成功預測這個迷因在何時快速成長、何時達到巔峰、何時又開始急遽衰退。他們在這個過程打造出一套連結模型，能夠準確預測其他（可能沒那麼有名）的迷因會如何成長、達到巔峰、進入衰退。

史普瑞格與豪斯了不起的發現，改變了我們對於社群媒體傳播的看法。病毒式迷因的迅速傳播是靠著弱連結，而複雜傳播也有迅速傳開的可能，只不過需要藉著社會冗餘達成。瞭解到這點之後，不但有助於理解過去，更有助於預測未來。

用程式機器人做社會公益

二〇一四年，丹麥電腦科學家蘇恩・利曼（Sune Lehmann）與比亞克・蒙史泰德（Bjarke Mønsted）、皮特・薩賓森斯基（Piotr Sapiezynski）、艾密利歐・費拉拉（Emilio Ferrara）等人將這個概念更往前推進一步。利曼等人並不只是去觀察推特上出現了哪些迷因，而是希望瞭解能否透過複雜傳播的科學原則，在推特上推廣他們**自己的**迷因。

既然身為電腦科學家，他們希望將這個過程自動化，於是打算運用「程式機器人」（bot，能夠自動化送出訊息的程式）來推廣他們的推特訊息。另外，他們想推廣的不只是隨機訊息，而是一些有助於社會合作與正面情緒的資訊。他們希望能夠用程式機器人來做公益！

在二〇一四年，常常會看到程式機器人登上新聞版面，但都不是因為什麼好事。在競選活動裡，候選人愈來愈常用程式機器人來營造支持聲量，偽造得到大批草根基層支持的假象（這種技術稱為「偽草根行銷」〔astroturfing〕，英文字源就是來自「人造草皮」）。利曼等人知道，社群媒體上一旦程式機器人氾濫，可能引起種種嚴重的後果，但他們打算以其人之道反制其人之身。與其試著阻止程式機器人搗亂，不如設法用這些程式機器人促進文明與社群參與。

他們要解答的核心問題，就是各種正面迷因的傳播究竟屬於簡單傳播、或是複雜傳播？若要傳播正面迷因，怎樣的程式機器人策略能得到最好的效果？

冰桶挑戰結束的一個月後，利曼等人在推特放出三十九個經過巧妙設計的機器人。從二〇一四年九月到十一月的六週內，這些機器人發布各種貼文，打造出一個總共超過兩萬五千位真人帳號跟隨者的網路（你可能也是其中之一）。

接著，利曼讓手下這批程式機器人開始互相連結。這個點子乍聽可能很蠢，如果從病毒式行銷的角度來看，這就像是個傻瓜在浪費資源，簡直是讓電話行銷互相打電話，哪有什麼意義？

然而這項概念正是這個研究的精妙之處。這個「程式機器人社群網路」（botnet）創造出了兩套社會增強。第一套比較明顯，也就是每個程式機器人的跟隨者會從不只一個程式機器人那裡得到同樣的訊息。而第二套則比較隱微，是來自那些會去觀察程式機器人互動的人。程式機器人之間互相轉發、按讚的行為，會在旁觀者心中引發出第三方效應（third-party effect），也就是覺得這些訊息有了更高的正當性。機器人的彼此互動，在旁觀者眼中就像是一種社會贊同，於是強化了各種錯覺，既認為這些程式機器人是真人，也認為它們要講的事應該很有趣。

在程式機器人建立了由人類與程式機器人跟隨者組成的網路之後，下一步就是要開始傳播社會公益了。從二〇一四年十一月到十二月間，利曼的程式機器人向世界發出了一些新的迷因。

這很類似米爾格蘭寄明信片的實驗，利曼等人是用程式機器人作為傳播新迷因的「種子」。然而，他們的目標並不是把訊息傳給在麻州的某個對象，而是要把他們的社群迷因傳給所有人。他們總共傳出八個迷因，你可能見過其中幾個，像是 #getyourflushot（# 去打流感疫苗）、#highfiveastranger（# 和陌生人擊掌）、#HowManyPushups（# 能做幾個伏地挺身）、#somethinggood（#某件好事）、#SFThanks（#感謝舊金山）。

舉例來說，#getyourflushot 的效果一如字面所示，鼓勵民眾去打一年一次的流感疫苗，然後發篇推特文來紀念一下。#highfiveastranger 也就是鼓勵大家在街上和陌生人擊掌，並把這項經驗放上推特。這些迷因背後都沒有多了不起的意義，但都提供了相當正面的社會訊息。

這些迷因紅到不可思議，傳得又遠又廣，每個都形成複雜傳播，透過社會冗餘的連結向外傳開。而它們成功的關鍵就在於社會增強。

正如我們在第四章談過的創新傳播實驗，利曼發現光是從單一源頭重複發送訊息的效果並不好。想要讓迷因傳開，關鍵因素並不在於大家收到這些資訊**很多次**，而是要從**很多個來源**收到這些資訊。比起只收到過一次迷因的人，如果某個人被同一個程式機器人三番兩次提醒，最後真正會使用的機率反而更低。相較之下，如果是從多個程式機器人得到「冗餘」的資訊，就能讓採用的速度變得更快。事實上，這裡得到的增強愈多愈好，如果能有愈多程式機器人為某項迷因提供社會認同，採用率愈會向上飆升。

在利曼進行研究將近十年前，推特本身就是靠著親友鄰居之間的這種增強網路傳向全美。事實證明，迷因的傳播方式也相同，亦是透過推特上的社會增強路徑而傳播。至於利曼等人的創見，則在於指出這樣的社會過程不但可以預測，甚至還能夠加以自動化，只需要少許程式機器人，就能讓這一切動起來。

多年來，我們一直以為想要讓事物傳播開來，就必須能夠挑動情緒、而且事物必須具備黏著度。但利曼的三十九個程式機器人證明事實不然，就算只是一則鼓勵接種疫苗的訊息，也可能成功傳播開來。這裡成功的關鍵就在於要讓訊息以正確的方式在社群網路中站穩腳步：該針對的，就是那些存在冗餘連結的社群叢集。相較於訊息本身的黏著度，更重要的是訊息能得到多少社會增強。

第6章 傳播的基礎建設：橋梁寬廣的重要性

馬克．格蘭諾維特在一九七〇年代發表了關於社群網路的開創性研究，從此大家就開始將各個社群叢集成員之間的連結稱為**橋梁**（bridge）。這裡所謂的橋梁，意義等同於「弱連結」，指的是在社會距離遙遠的群體之間，還是有一些隱隱約約的社會連結，連接了原本分屬兩個遙遠群體的人。早期的網路科學家評判橋梁價值的時候，常常看的是橋梁的長度、也就是它們跨越了多遠的社群距離，或是我所說的「觸及」（reach）。就算到了今天，社會學家、業界與相關領域人士也仍多半認為觸及是成功的關鍵。

然而，講到橋梁還有另一種思考的方式，重點不在長度、而在**寬度**；而我所謂的寬度，指的就是所包含的**連結數**。弱連結就像是一座**窄橋**，如果用公司打比方，窄橋的關係可能就是某個部門（例如工程部門）的某位員工，與另一部門（例如銷售部門）某位員工之間，存在的單一連結。假設這家公司的工程部門與銷售部門幾乎老死不相往來，

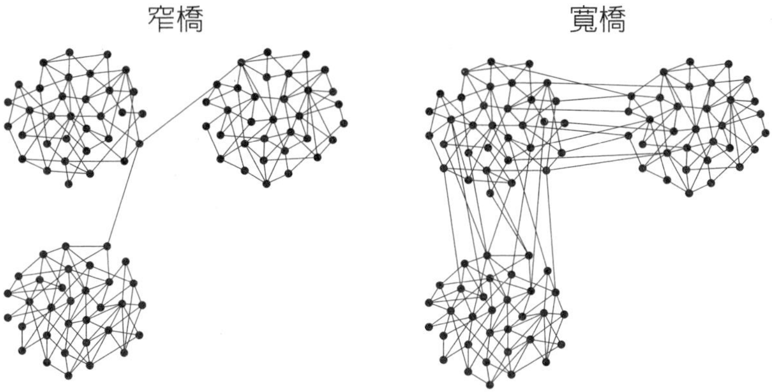

這時候咱們的工程師伊莎貝拉和銷售經理席琳卻有著弱連結，這就像是在整個企業網路當中搭起了一座窄橋，提供寶貴的機會，讓實用資訊得以在兩個群體之間傳播。

相較之下，如果是一座**寬橋**，則代表雙方有著真正的協調合作：某個部門的一整群人，透過多元而交疊的連結，與另一個部門的一整群人有著互動。寬橋的重點不在於跨度如何，而在於有著**冗餘**，能讓橋梁兩邊的人聽到許多同儕與同事的意見及建議，彼此互相討論、辯論各種想法。寬橋代表的就是強連結。

由於住宅街坊的關係常常屬於寬橋連結，使得複雜傳播常常是順著地理區域展開。然而，橋梁寬度的關鍵並不在於地理區域，而在於冗餘。推特發展史就是個完美的例子。推特先是在舊金山本地傳開，接著就跳到了麻州劍橋市。這兩座城市地理距離遙遠，但靠著由強連結形成的增強網路（也就是一座寬橋），讓推特跨越了全美的距離。這座寬橋撐起了社群之間的社會協調配合，為推特這項新科技建立起可信度與價值。這種寬橋不論跨越多遠的實際地理距離，都能透過社會增強而取得影響力。

窄橋是透過弱連結，迅速傳播資訊；而寬橋則是透過強連結，協助社會改變。

看出缺口，掌握機會

對於企業來說，該打造窄橋還是寬橋？

答案取決於你在企業中的身分地位，以及想要實現怎樣的目標。

如果你的目標只是想完成簡單的資訊分享，窄橋就是完美的解決方案。

讓我們假設，某家企業的各個部門都是各自獨立的孤島，工程部門的人和銷售部門的人從不交談，銷售部門的人也不和設計部門的人往來。雖然部門內的人際關係是漁網結構的連結，但就整個企業而言，組織網路有著缺口，會錯失許多寶貴的發展機會。

假設工程師伊莎貝拉最近看了幾本講社群網路的商業書籍，於是瞭解到組織網路的缺口也可能成為策略機會。要是她能搭起橋梁、讓大家跨越這些缺口，就等同擔任了**中間人**的角色，使資訊得以在不同部門間傳播。她希望能夠掌握機會，也瞭解應該運用自己的社群網路來促成這件事。

她知道，工程部門和銷售部門之間的距離簡直再遠不過。一般來說，工程和銷售部門的人員實在沒什麼見面的機會（通常也沒什麼見面的動機）。

於是伊莎貝拉挺身而出，在工程部門與銷售部門建立起連結：這形成了一道窄橋。她在電梯裡碰上銷售經理席琳，主動向對方開口，相談甚歡。她把工程部門正在著手的一些工作內容告訴席琳，認為應該會讓銷售部門很感興趣；而她也從席琳那裡瞭解到銷售部門下一年度的計畫。

不久之後，伊莎貝拉又在一場區域會議上遇到製造部門的阿蕊婭，於是上前自我介紹。阿蕊婭告訴她製造部門在處理的問題，她也和阿蕊婭分享了從席琳那裡聽說的關於銷售部門的消息。另外在公司的假日派對上，伊莎貝拉又認識了人資部門的潔姬，兩人一見如故，討論起公司正在推動的多元與共融（diversity-and-inclusion）方案。

每隔一兩個月，伊莎貝拉就會輕鬆地和這些弱連結再聯絡一下，看看有沒有什麼新的進展，也分享自己從整個公司上下聽說的消息。

伊莎貝拉連結的人愈多，大家如果想知道公司有什麼新發展，自然愈來愈會第一個想到她。而愈多人心中存有這種印象，她也就愈容易建立起新的連結。她愈成功，由許多窄橋形成的個人網路也就愈類似於煙火結構，以弱連結連向公司上下的每個部門。

當個資訊的中間人是件**好事**，能帶來巨大的策略優勢：伊莎貝拉能得到各種最新獨家消息，甚至是重要機密資訊。由於她認識的公司成員來自四面八方，也就提升了她在公司裡的知名度；因為她的資訊來源多種多樣，誰想建立起新的連結，都不會忽略她的價值。

伊莎貝拉這套由窄橋構成的網路，並不只是對她個人有益。伊莎貝拉的人脈網路愈廣，對公司的價值也會愈大。正由於她努力打造人脈網路，各個部門之間的資訊流動相較於過去任何時候都來得充足順暢。

伊莎貝拉建立人脈網路的策略，似乎足以作為一套教科書案例，讓我們知道怎樣運用社群網路來力爭上游、取得成功。

然而，一路讀下來，讀者應該會存疑，覺得窄橋網路雖然有利，但應該也有弊吧？這裡的問題，就在於**資訊共享**絕不等於**知識轉移**。窄橋連結很適合拿來做簡單的資訊共享。像是伊莎貝拉靠著弱連結，就能從企業上下距離比較遙遠的部門取得許多新的消息事實。

但如果是想要傳播推動組織改變，靠著她的窄橋連結勢必力有未逮。

為什麼？

原因就在於，要推動組織改變，需要能夠**說服人**做出各種改變，讓人學習新的能力、發展新的常規、適應新的程序。組織改變需要跨團隊、跨部門，進行深入的知識轉移。而無論是要說服人開始新的協作研究、接受新的企業規畫策略，或採用新的專案管理科技，都不是件容易的事。人類會抗拒創新，是因為要改變通常很困難，而且幾乎總是伴隨著風險。

伊莎貝拉靠著窄橋連結網路，能夠得知許多企業正在發生的事。然而，如果她還想進一步**推動**一些什麼，就得藉由社會增強才能做得到。

假設工程團隊研發出一套絕妙的專案管理程式，不但使用方便，而且根據工程師的預測，更能提升整個企業的生產力。雖然管理階層興致勃勃，但內部的政治角力卻阻礙了其他部門接受這項創新：除了工程部門，所有人都覺得這套程式只是「工程師為了工程師所打造」，對其他人大概沒什麼用。

勇敢的伊莎貝拉想發起一場運動，透過自己的窄橋連結，把這套新程式推廣到全公司。她先找上了銷售經理席琳，提出一項協作協議，打算把程式從工程部門「轉移」至銷售部門。伊莎貝拉提的這個點子十分積極，而銷售部門又會如何反應？

銷售部門在正式思考這件事之前，會有幾個障礙需要先克服。

第一是**信任**問題。重點不在於伊莎貝拉這個人怎麼樣，而是她站在怎樣的位置。由於伊莎貝拉身為中間人，如果能夠說服雙方參與，便能擦亮自己的名聲，對她來說有好處。雙方都知道這件事，因而難以信任她。如果只是日常交換資訊，這個問題可能不會造成太大阻礙。但現在是要說服銷售部門接受協作協議，答應採用一套新的專案管理程式，阻礙就大了，這會牽涉到可信度這個因素。

席琳的同事並不認識伊莎貝拉，也不懂為什麼她那麼急著說服大家採用工程部門的那項新程式。確實，銷售部門並沒有**不相信**伊莎貝拉的理由，但他們也沒有**相信**她的理由。如果要說服銷售部門投入時間與資源，訂出協作協議的架構，還要改變過去的作業常規，以納入新的專案管理程式，這件事絕不只是交換資訊那麼簡單，而是需要有互信才能成事。

第二個問題在於**風險**。讓我們先假設伊莎貝拉是一片好意，她是真心相信這套新的專案管理程式，也看到程式在工程部門大獲好評。見證了自身部門的生產力大幅提升，她相信公司其他部門也能如法炮製。

席琳相信伊莎貝拉。但她的同事可不見得；銷售部門覺得自己手上的專案管理程式好得很。對他們來說，要接受這項創新，會把他們的日常工作流程搞得一團亂，很可能還會讓他們這季的業績難以達標。要進行這項改變，勢必面臨很大的風險。

除此之外，銷售部門的成員對工程部門那些人一點也不熟，不知道工程師都在幹些什麼，也不懂工程師會遇上怎樣的挑戰。就算席琳的同事也相信伊莎貝拉、相信這套創新程式在工程部門成效卓越，仍然可能抱持懷疑，認為工程部門就是不一樣，他們覺得好用的東西，拿到別的部門不見得好用。（銷售人員私下還有一個隱憂：就算這套程式真的比較好，如果功能太複雜、自己用不上手，又要怎麼辦？沒人想丟這種臉。）

不過，想要在組織內推動傳播改變，最大的阻礙常常不在於可信度或正當性，而在於**配合度**。

新的專案管理程式想要真的傳播普及，就必須讓銷售部門的所有人都願意配合採用，否則等於功虧一簣。

這件事光靠席琳還不行。需要她的同事也來學著用這套程式，並且願意努力整合到日常流程中。要讓這項創新上路，就得要銷售部門所有人都願意配合使用新的程式來管理專案。

就算伊莎貝拉的創新程式再亮眼、再好用，由於她在工程部門與銷售部門之間的作為只是搭起一座窄橋，並不足以說服銷售部門的所有人一起冒這個險。光靠伊莎貝拉和席琳的關係，並無法解決配合度的問題。

伊莎貝拉需要一座更寬的橋。

要促成伊莎貝拉想看到的改變，就得用一套新的辦法來管理自己的專業人脈網路。她需要打造出寬橋，而不是窄橋。

她該怎麼做？

讓我們假設伊莎貝拉一開始還是和以前一樣，在電梯裡碰上席琳，雙方相談甚歡。但這次並不是到此為止、轉而去認識下一位其他部門的員工，而是開始請席琳幫忙打造出一座更寬的橋。伊莎貝拉替席琳和她的同事安排了一頓午餐，認識工程部門的一些人。而席琳則是舉辦一場簡單的研討會，介紹有什麼新科技能夠提升銷售業績，並邀請伊莎貝拉和她的工程部門朋友參與。然後伊莎貝拉再邀大家吃一頓午餐，把更多工程師介紹給自己在研討會上認識的銷售部門員工。

很快地，工程部門與銷售部門之間的人脈網路就不只是伊莎貝拉與席琳兩人之間的單一連結，而是在兩個部門之間有著漁網結構的冗餘連結叢集，也就是一座寬橋。

如果就伊莎貝拉個人的觀點，她自己可能是失去了部分的「結構優勢」，不再是工程部門與銷售部門之間唯一的資訊中間人，也不再處於窄橋網路的中心位置。但這換來的好處相當可觀，將會使她更有能力將工程部門這套絕妙的新程式推廣到銷售部門。她和席琳在工程與銷售部門之間搭起了一座寬橋，形成知識轉移的管道。橋梁愈寬，伊莎貝拉就愈能提升整個所屬企業的配合度，眾人也就更能接受創新。

而說到原因，第一是因為寬橋有助於增加信任感。如果兩個團體之間有多個連結，雙方就有更多機會相互觀察。即使某個連結的個人粗心大意或是想搞鬼，也比較容易被看穿，同時降低這些事發生的機率。橋變寬了，就能讓雙方傳來的資訊更為可信。

第二，隨著信任增加，寬橋就能降低風險。任何的顛覆性創新，本質上就帶有風險。銷售部門就算知道工程部門推出了一套新的專案管理程式，但在放心採用之前，心中會有許多疑問希望得到解答——這套新程式，有沒有真的讓工程部門的績效提升？工程師寫這套程式的時候，有沒有針對銷售人員常常遇到的類似問題做安排？如果根據銷售部門員工現在的技術水準，能不能順利使用這套新的專案管理程式？

若是兩個部門之間只有一座窄橋，銷售部門的這些疑問就無法得到滿意的答案，於是造成許多不確定性，進而形成阻力。

有一座寬橋，情形就會有所不同。

要是銷售部門有好幾個人都和工程部門有聯絡，就能各自獨立觀察這套新的專案管理程式在工程部門的效果如何，再一起評估是否也適用於銷售部門。有這樣的寬橋，就能讓銷售部門的員工互相比對觀察結果，如果最後覺得這是一個好主意，整個部門所有人也能藉此協調配合。

此外，寬橋除了能作為傳播創新的管道，還能成為組織穩定的基礎，確保在組織存續的期間，都能維持知識不斷轉移、為眾人所運用。

一座狹窄的橋會是一座脆弱的橋。個人擔任中間人而取得的優勢，有一部分是來自「如果她離職，公司會蒙受的損失」。如果中間人離職，公司就可能失去重要的溝通管道與資訊。相較之下，如果橋的寬度較寬，雖然讓個別中間人的優勢遭到限縮，卻能加強組織的穩定度，確保就算個別員工來來去去，溝通交流管道仍然完整暢通。

開放式創新的時代

寬橋對於組織改變的重要之處，在於不只能應用於組織內的社群網路，也能同等應用於組織間的夥伴關係。

組織之間的橋梁愈寬，就愈可能讓彼此的關係更持久、更可靠。寬橋不但讓各方更容易配合協調來採用新的技術，更重要的是也更能接受新的辦公室文化。想推動組織學習，第一步就是要讓基礎架構得以支持跨組織的創新與協調配合。

事實上，正是靠著這種方法，讓人類得以完成史上最大規模的科學協作計畫：繪製（mapping）人類基因體圖譜。

美國政府在一九九〇年啟動人類基因體計畫（Human Genome Project），這是史上數一數二龐大的科學計畫，由美、英、日、法、德、中等國家的二十個重要研究機構合作進行。

這項計畫希望找出新的可能，治療從關節炎到癌症等多種疾病。研究成果也能應用到生質燃料、病毒學、農業、考古學甚至法醫等領域。研究成果將會找出幹細胞的種種用途，讓成千上萬患有終生疾病者看到一線曙光。這項計畫甚至還可能對人類演化史提供新見解，並開發基因檢測與早期疾病監測的潛力。這將會是醫學科學上的一次巨大飛躍。

但這項計畫想要成功，就得先解決社群網路領域某些最大的難題：這些研究機構該如何連結？誰是誰的上司？規範與標準誰說了算？過程中要如何在保護隱私的同時，又能順利轉移知識？

人類史上最重要的一項生物學計畫，其成敗卻取決於一個社會學的問題；講得更精確點，是一個關於網路科學的問題。

美國政府過去執行各種改變世界的重大研究計畫，成績相當亮眼。例如在一九四二年，美國就與英國和加拿大合作曼哈頓計畫（Manhattan Project）以製造原子彈。在新墨西哥州的洛斯阿拉莫斯（Los Alamos），曠野上塵土飛揚，山艾樹星星點點，而羅伯特·歐本海默（Robert Oppenheimer）就在這個偏僻之地，帶領著一支理論與應用物理學家團隊，完成驚動全世界的研究，將人類帶入原子時代。

經過一個世代，美國太空總署（NASA）又一馬當先推出阿波羅計畫（Project Apollo），實現美國總統甘迺迪（John F. Kennedy）把人類送上月球的非凡願景。這是人類史上，所有政府有過的計畫中，理想最為高遠的，而且甘迺迪還給那群科學家訂了個嚴格的期限：「就在這個（一九六〇）年代結束之前」。正如之前的曼哈頓計畫，阿波羅計畫也有一位科學家喬治．穆勒（George Mueller）作為主持人，掌握主要權力，監管所有相關機構的活動，包括載人太空船中心（Manned Spacecraft Center）、馬歇爾太空飛行中心（Marshall Space Flight Center）與發射控制中心（Launch Operations Center）。僅僅八年的時間，甘迺迪的願景就實現了。阿波羅計畫的成就令人驚豔。一九六九年七月二十日，人類首次登上月球。這是太空時代的成就巔峰。

人類基因體計畫承繼著先前這些不朽的創舉，但過去在曼哈頓計畫與阿波羅計畫使用的組織策略卻無法再依樣畫葫蘆。這一次，人類基因體計畫並非由某個美國機構集權主導，也沒有單一的主持人來監管一切，而是在許多國家與機構的互相競爭中，又要彼此協作。在這項計畫中，各個國家都有自己關於科學程序的法規，各個研究機構都有自己的內部文化與組織結構。不同研究機構的儀器操作與研究方法各有不同，實驗結果的報告程序與複製實驗時的做法也各有規定。在真正能夠開始進行科學研究之前，這些機構必須先設計出一套共用的基礎架構，才能在之後進行跨國、跨機構知識轉移。換言之，他們需要一套能夠支持創新的基礎架構。

這些機構最後找出的辦法，就是一套有著寬橋結構的原型。

在人類基因體計畫之前的幾十年間（從一九七〇年代到千禧年之交），學者注意到組織協作網路的模型出現顯著的變化；這種變化不僅出現在參與人類基因體計畫的各個機構之間，而是在各種不同產業都觀察得到這種現象。這是開放式創新時代的開始。

在先前的幾個世代，企業都試著想要守住嚴明的網路邊界。像是在生物科技這類競爭激烈的產業，各家企業都只容許有幾條窄橋，連結到其他產業合作夥伴、客戶與協作對象。絕大多數網路都把重點放在內部，而且通常都有著井然的階級。

時間來到一九八〇年代，一幅新的景象出現，當時相關技術愈來愈複雜，各個市場雖然日益競爭，卻也相互依存。企業想要成功，不能再像過去只是單純製造自家的產品再售出，而必須與其他企業建立起財務、科學、甚至是社群上的連結，才能進行協調配合、創新研究，以及新市場開發。

日本製造業與電子產業，就在一九七〇年代後期首開先河，發展出這些新的組織結構。像是東芝（Toshiba）、三菱（Mitsubishi）、日立（Hitachi）等大公司，過去只把下面的承包商視為打工仔，認為這些承包商就是偶爾來幫忙完成一些特定工作。然而電子產業發展迅速且愈來愈精密，專業承包商也就成為這個新興高科技社群當中，愈趨重要的成員。東芝和三菱在公司內部成立專責部門，負責與承包商建立起合作交流網路，努力將外部人員整合至公司內部參與研發計畫。這樣一來，外部協作者就能協助管理公司的製造部門，並訂出製造時程。

到了一九八〇年代初期，日本高科技產業界已經轉型成為一個以寬橋相互連結的基礎架構。這成了一個創新的引擎。日本各家企業攜手合作，進行知識轉移與產品開發，發展速度快到讓美國各家企業、甚至是大型企業都跟不上。依當時的情勢看來，日本應該很快就會讓加州矽谷和波士頓一二八號公路沿線等美國高科技重鎮俯首稱臣。

在日本的引領下，矽谷產業網路也開始轉型。各家企業間透過聯合會議與跨企業工作小組而架起了寬橋，於是得以運用彼此的專業知識，在各自的市場脫穎而出。當時迅速出現大量的創新。像是昇陽（Sun Microsystems）推出伺服器，天騰（Tandem）推出安全線上交易使用的容錯電腦系統，視算科技（Silicon Graphics）推出高效能工作站，還有金字塔科技（Pyramid Technology）推出縮小版的大型主機，都是透過合作創新的成果。各家企業跨越組織邊界，高度互惠，進一步建立信任、降低風險。

開放式創新的協作結構成了科技與生技創新的新典範，如ＩＢＭ、昇陽、思科（Cisco）、基因科技（Genentech）、千禧製藥（Millennium Pharmaceuticals）、英特爾（Intel）等等許多公司都是如此。

人類基因體計畫如果想成功，也應該遵循這樣的網路結構。這項計畫不同於大多數的科學專案，它並不是要證明某項理論假說，而是要創造出一項能夠改變一切的科學創新——讀取人類ＤＮＡ完整序列的科技能力。

這就像是矽谷最擅長的那種研發專案，但目標要遠大得多。如果想成功，需要各個研究機構之間持續、而且通常必須十分嚴謹地協調配合。每家機構都需要分析與收集大量的基因資料，再合作將所有資料整合出一個有意義的模型。這在當時就是一幅史上最大、最複雜的拼圖。

十多間大學實驗室和政府研究機構，透過一項成員協議來進行協作：各家機構將自己的研究結果分享出來，讓同儕加以複製與評估。各方會定期舉辦研討會、互惠參訪、現場會議、共享研究資料庫，並設置電子點對點交換網路（相當於現代網際網路的開端），使得各個研究實驗室能夠進行協調配合。

各家機構曾經把自己的內部程序奉為至寶而悉心保密，但此時卻定期開會討論彼此有何進展、評估各家研究方法的優劣。各方對於知識轉移、複製技術和同儕評估的方式，都達成了共同的協議。各家機構甚至還會交換定序後的資料，複製彼此的基因碼重組程序，測試能否得到相同的結果。

這成了協作科學的結構典範，讓一切進展飛速向前。

時間來到二〇〇三年，我們已繪製出完整的人類基因體，迎來基因研究的新時代。

被綁架的主題標籤

對於人類基因體計畫而言，之所以能出現新的傳播基礎架構，是因為眾人為了轉移複雜的知識，而有意識地努力設計出新型的協作網路。然而，傳播的基礎架構通常是自然而然生成的。像是在矽谷，因為要面對不斷成長的技術複雜性與競爭壓力，促成一種傳播基礎架構應運而生。雖然各家企業是單獨做出回應，但在過程中，就這樣形成了一個環環相扣的企業共享生態。

整體社會的各個社群也可能出現這種情形。就算是在地緣與歷史上相距遙遠的社群，也可能因為一連串意料之外的歷史與科技發展，建立起新的寬橋連結結構。像是最近，電子郵件與社群媒體等連結科技，就在過去各個獨立的社群之間架起了寬廣的橋梁。社會連結的基礎架構出現這些迅速的變化之後，能夠為協同行動帶來一股新的重大潛力，進而導致社會運動出現爆炸性成長。

二〇一四年四月二十二日，紐約市警局（NYPD）在推特上發起一項新的公關宣傳活動，以官方帳號@NYPDnews邀請民眾分享警察在街坊執勤時的友善照片，再加上#myNYPD（#我的NYPD）這個主題標籤。

在前幾個小時，幾十篇發文的照片上看到的是紐約人和警察搭肩、擊掌、一起走在人行道上。

但接著事情急轉直下，令紐約市警局始料未及。

一名帳號為@OccupyWallStNYC（@占領華爾街紐約市）的活動分子發布一張照片，照片裡的紐約警員正揮舞警棍，攻擊手無寸鐵的抗議者。一個帳號為@Copwatch（@警察監督）的組織隨後也發出一張照片，是躺在醫院裡的十七歲男孩狄昂·弗勒德（Deion Fludd），他為了逃離警方而身受重傷。這些活動分子發文的效應互相拉抬，於是這種#myNYPD主題標籤的新用法，開始在他們的推特跟隨者群當中，蔚為風潮。

這波傳播一開始只在活動分子之間，接著就一路蔓延到整個紐約市的推特用戶網路。普通市民開始在自己的推特動態上看到一條又一條的相關訊息，而這波傳播也開始在活動分子、家長、學生等等不同社群間得到社會增強。

從布魯克林到史坦頓島（Staten Island）、從曼哈頓到布朗克斯（Bronx），最後，就連一般民眾也開始用個人的推特帳戶貼出自己的紐約市警局照片。

一名黑人青年所貼的照片，是朋友被三名全副武裝的警察壓制在紐約市警車上，表情痛苦。照片上可以看到，旁邊還有一群警察就站在那裡，表情一派平靜。照片說明諷刺地寫道：「那有什麼問題！轉推自 @NYPDnews：你手上有紐約市警局警察的照片嗎？請給我們發條推特，並加上 #myNYPD 的主題標籤。」

另一位市民貼出的照片，則是六名紐約市警察正將一名大哭大叫的抗議人士抬進一台廂型車。說明文字語帶揶揄：「要是你沒辦法走，別擔心，紐約市警局來幫你。真是熱心助人呢 #myNYPD。」

這樣的發文與轉推愈來愈多，傳遍紐約，最後達到了**臨界值**。一場自然生成的運動開始如雪球般愈滾愈大，完全綁架了 #myNYPD 這個主題標籤。

雪球變成雪崩。四十八小時內，帶著 #myNYPD 主題標籤的推特文已經超過十萬則，幾乎全都在響應同一個關鍵主題。

紐約市警局的原意是想發動一場社會傳播沒錯，但預想的方向可不是這樣。

二〇一四年四月二十四日，活動才進行兩天而已，紐約市警局就決定結束這項推特活動。

對於活動分子來說，這是一場小小的勝利。但在大多數主流媒體眼中就不是這樣了。在《紐約郵報》（*New York Post*）和《紐約每日新聞》（*New York Daily News*）的報導上，都說這場 #myNYPD 運動是一群「仇警人士」與「酸民」去「綁架」了整場活動，定義為「下流、馬虎、完全不正當」。

短短幾個月後，爆發了另一場類似的自發性運動。但這一次，這場運動將席捲全國，並且湧向全世界。

弗格森革命

第一條推文於二〇一四年八月九日下午十二時四十八分發出。

「弗格森警方剛剛殺死了一名手無寸鐵的十七歲男孩。男孩正要進商店，警方對他開了十槍。搖頭。」這位受害青少年名叫麥可·布朗（Michael Brown）。

發文者是密蘇里州弗格森鎮（Ferguson）的一位居民，她的推特帳號為 @AyoMissDarkSkin，案發時剛好路過。她不是活動人士，不是社群明星，也沒打算要發動什麼革命。但她的推文如星火燎原，行將觸發陌生人共同形成，美國當代史上規模最大、最具影響力的社會運動：「黑人的命也是命」（Black Lives Matter, BLM）。（英文「Black Lives Matter」可能有幾個不同的意義。我在此指的是弗格森事件之後衍生出的國際反對警方暴力運動，通常簡稱為ＢＬＭ。而 Black Lives Matter 也可能指稱由艾麗西亞・加爾莎（Alicia Garza）、帕翠絲・卡勒絲（Patrisse Cullors）與歐鉑兒・托米蒂（Opal Tometi）在二〇一三年創立的組織。ＢＬＭ運動的參與者雖然有 Black Lives Matter 這個組織，但也包括其他組織。）

#BlackLivesMatter 這個主題標籤早在弗格森事件幾年前就已經出現。二〇一二年春天，少年崔馮・馬丁從便利商店回家，走在路上就被當地鄰里守望隊的喬治・齊默曼（George Zimmerman）射殺。當時顯然激起公憤，但怒火尚在控制之中——至少在齊默曼受審期間是如此。所有人都只是靜靜等著齊默曼被判有罪。

然而，齊默曼獲得無罪釋放。在後續的群眾抗議浪潮中，加爾莎、卡勒絲與托米蒂三人創造了 #BlackLivesMatter 這個主題標籤，但未能得到主流接受。時間過了兩年，來到二〇一四年六月，#BlackLivesMatter 這個主題標籤在社群媒體的使用次數只有四十八次。在二〇一四年七月的史坦頓島，原本應該是一起沒什麼大不了的逮捕案件，但紐約市警方卻讓六個孩子的四十三歲父親艾瑞克・加納（Eric Garner）不幸身亡。社群媒體上流出當時的影像與照片，令眾人對加納之死的憤怒飆升至極點。加納去世後幾週內，#BlackLivesMatter 主題標籤的使用次數爆增，大約六百條推文都用了這個標籤。但事情也就到此為止。

過去每次激起公憤，大家都只是氣了一會便無疾而終。

接著來到弗格森事件。

麥可．布朗喪命於二〇一四年八月九日。

時至九月一日，#BlackLivesMatter 這個主題標籤的使用次數已經來到五萬兩千次，並在不到一年間，來到四百萬次。到了二〇一五年五月，使用 #BlackLivesMatter 與相關關鍵字（像是 #Ferguson）為主題標籤的推文數量已超過四千萬條。

一場社會運動風起雲湧。

但到底是為什麼？

以後見之明看來，可以說弗格森事件是個「引爆點」。可是**為什麼**這是個引爆點？這次事件究竟有什麼不同？

差別並不在於媒體，前兩年的幾次事件，媒體也都有相關報導。差別也不在於是否有名人參與，在馬丁和加納的命案中，都有名人在推特上發聲與評論。而這裡的差別自然也不是早從二〇一二年就一直存在的 #BlackLivesMatter 標籤。這些表面上的因素，都無法解釋為什麼這項運動一到弗格森事件便一飛衝天。

迪恩．費利隆（Deen Freelon）是北卡羅萊納大學教堂山分校的傳播學者，也是一位深具魅力的活動分子，在推特網路與行動主義領域是一位頂尖的研究者。他曾經鞭辟入裡地講述了推特網路如何推動 BLM 成長，清楚呈現在弗格森事件前、中、後的幾個月間，當地民眾、活動人士與主流媒體之間的連結結構是如何不斷變化。弗格森抗議期間發生的重大轉變是，讓原本相對各自獨立存在的各個推特社群迅速合併，彼此以寬橋相連，成為新的社會基礎架構。

二〇一四年七月，弗格森事件的一個月前，在推特上面關於民權、黑人行動主義與警察暴力的對話網路是由幾個社群、或說「團體」所組成，這些團體各自獨立，彼此之間只有窄橋互相連結。有些活動分子社群會貼出關於艾瑞克．加納命案的新聞與報導。至於主流媒體的帳號，則是會貼出自己的報導內容。另外還有一些社群自成一格，主要成員是非裔美國年輕人，他們在社群內部自有一番看法，而與活動分子及主流媒體的意見都大不相同。

這些社群之間的網路結構，就很類似於企業之間在開放式創新時代之前的網路結構：每個推特社群大致上就是獨立存在的對話泡泡。泡泡裡面會是連結交織緊密的網路，可是到了泡泡外面，雖然彼此之間偶爾會互相評論、轉推，但都是以窄橋連結，絕大多數的互動還是僅限內部參與。

一個月後，這些網路的樣貌卻大不相同了。

還記不記得，二〇〇六年就是因為一場地震撼動了舊金山，讓推特創辦人突然醒悟自己這套科技的價值？第一波震動來臨之後，原本毫不相干的各個推特社群突然有了共同的利害關係。在整個舊金山的各個角落，宛如彼此間的橋梁忽然變寬，於是大家得以即時得知哪裡又遭到餘震襲擊、其他人又是如何反應。就這樣，自然而然出現了一套讓大家得以互相協調配合、同感共受的社會基礎架構。

而弗格森事件就像是一場規模大得多的地震。

整起事件爆發得非常迅速。麥可．布朗在八月九日喪命，而鎮民在八月十日就已經組織起來發起抗議。警方發動軍事化回應，穿著防彈衣、牽著攻擊犬上陣。鎮民則是從網路與現場分進合擊。

主導這場抗議活動的，並不是媒體活動人士，而是弗格森的一般民眾，用自己的個人帳號發表貼文、報導身邊當下又發生了什麼事。這就像是 #jan25 主題標籤在埃及協助推動了阿拉伯之春，#Ferguson 和 #BlackLivesMatter 則是在密蘇里州讓公民組織起來，它不但展現了情感的團結，更能作為策略協調的工具。

在最初幾天，推特社群裡面得到最多轉推次數的文章都是出自弗格森鎮鎮民之手。像是有一個帳號名稱為 @natedrug 的鎮民，是在抗議現場連續發文。另外一個得到大量轉推的，則是帳號名為 @Nettaaaaaa 的大學生。隨著關於弗格森的貼文數量爆增，原本位於社群網路邊緣的成員搖身一變，成了對話中最有影響力的參與者。

時至八月十二日，一套傳播基礎架構已經在推特慢慢成形。有一個群組，是弗格森活動分子。另一個群組，是國際活動分子與評論家。再一個群組，是許多名人和主流新聞媒體。也有一個群組，平常井水不犯河水，幾乎都是白人自由主義者。另外還有一些種族多元以黑人為主的群組。而弗格森事件讓這幾群人第一次有了互相交流，在各個群組之間搭起了寬廣的橋梁。

在多元種族群組裡的人，現在也成了國際群組裡的一員。原本幾乎只談白人自由主義者的群組，現在也開始有人會提到種族多元、黑人議題。而且不論屬於以上哪些群組，都會開始接觸到像是駭客團體「匿名者」（Anonymous）之類的激進活動團體，或是由主流媒體所主導的群組。

BLM運動花了好幾個月才達到完整的規模，但在過程中就已經成為一項深具影響力的工具，有助於各方的協調配合。當時整個互動網路不斷擴大，就像是出現了一套共通的語言，連結了黑人青年、活動分子、弗格森鎮民，以及主流媒體。BLM得到最大共識的主題開始在整體社群中浮現：警方的過度暴力、警方的種族歧視、對公民權利的侵害。

時至八月十三日，全國性新聞媒體的記者已經抵達，開始報導抗議現場狀況，以及當地警方軍事化的回應。短短兩天後，美國的國民兵（National Guard）即將出動。全國性媒體的出現，讓這項運動在推特的曝光度再次提升。無論在現場或網路上，鎮民、警方和媒體之間的對話就這樣揭露在世人眼前。令人意想不到的是，網路上最受關注的並非像是@CNN等知名新聞媒體，而是一般大眾的發文。像是原本名不見經傳的公民活動分子德瑞·麥克森（DeRay McKesson），其發文在短短一週就得到了超過百萬次轉推與引述。他在弗格森街頭的報導，形塑了美國大眾對這起槍擊、抗議和警方武力升級的觀點。

就連距離弗格森鎮十萬八千里的民眾，也開始感受到自己與這個密蘇里小鎮的事件有著關連。美國各地的民眾，逐漸滋長出患難與共的情緒。這場不斷發展的BLM運動，其重要性開始成為眾人關注的焦點。與此同時，主流媒體對弗格森事件的報導開始與當地鎮民的說法出現衝突，關係日益緊張。

在過去那次計畫不周的 #myNYPD 運動中，活動分子與媒體之間未曾出現過寬橋的連結，雙方的對話從未收斂而得到共識。主流媒體自有一套說法來描述那場運動；而活動分子也有自己的一套說詞。到最後，是主流媒體贏下了那場仗，於是在多數的外部觀察者眼中，真的就覺得是活動分子綁架了那次活動。

但這次的情況不同。把連接鎮民、活動分子與主流媒體等等社群的橋梁拓寬之後，這次鎮民也得以參與，影響媒體使用的語言。

八月九日，《聖路易斯郵訊報》（*St. Louis Post-Dispatch*）以官方帳號 @stltoday 發出了媒體界第一條關於麥可．布朗命案的報導：「弗格森警方的致命槍擊引發暴徒反應。」

在率先做出回應的人當中，就包括了當地的議員安東尼奧．法蘭奇（Antonio French）。「『暴徒』？你也可以用『社群』這個詞吧。」弗格森出身的作家安卓麗雅．泰勒（Andrea Taylor）也呼應這個觀點，在轉推當中把「暴徒」一詞改為「群眾」。她還糾正了幾篇將麥可．布朗稱為「成年男性」的新聞報導（布朗去世時，才剛從高中畢業幾個月）。

隨著事情在推特上的熱度大增，主流媒體湧向密蘇里州，在媒體報導與鎮民第一手報導之間的線上對話也不斷擴大，吸引了全美各地的民眾加入對談。一位美國中西部的推特用戶就發文指出：「在『青少年』變成『成年男性』、『社群』變成『暴徒』、『謀殺』變成了『據傳的槍擊事件』時，要多加注意。#Ferguson #medialiteracy（#媒體識讀）。」活動團體「匿名者」的成員也同樣擴大了他們的對話網路，放進一些主流媒體的發文。這種放寬溝通橋梁的做法帶來了驚人的成果：活動分子與鎮民開始和主流新聞媒體打造出一套互相協調一致的敘事，這些媒體甚至包括了《華盛頓郵報》、《紐約時報》、《赫芬頓郵報》（*Huffington Post*）、《今日美國》（*USA Today*）等等。鎮民努力改變外界對弗格森抗議活動的思考觀點，終於得到成功。主流媒體開始用像是「公民」、「社群」等詞彙來指稱在弗格森的抗議人士，不再稱之為「暴徒」。

到了月底，BLM運動開始展現影響力。二〇一四年九月，美國司法部對弗格森警局發動民權調查，包括深入檢視該局過去四年間如何動用武力。

幾個月後，BLM運動成了全國性的運動。

二〇一四年十一月二十四日，弗格森警官達倫．威爾遜（Darren Wilson）獲得無罪釋放，重新點燃弗格森抗議活動，並燒向全美。這時，一個龐大的傳播基礎架構已經成形。對於威爾遜獲判無罪釋放，全美各地的公民與活動分子以ＢＬＭ運動的核心信念集結了起來。一週後的十二月三日，涉入艾瑞克．加納案的紐約市警官丹尼爾．潘塔雷奧（Daniel Pantaleo）同樣無罪釋放，再次引發眾人怒火，共同高呼**「黑人的命也是命」**這項信念。本來在地理上遙遠而有著不同文化的社群（如紐約市和密蘇里州的小鎮弗格森），現在都成了同一項運動的一部分。在那段時間內，又發生了十二歲的塔米爾．萊斯（Tamir Rice）在俄亥俄州克利夫蘭遭到警察槍擊身亡，以及阿凱．格利（Akai Gurley）遭到紐約市警察槍殺的案件。此時，民眾對這些死亡案件的反應也必然會與ＢＬＭ運動產生聯繫。

在推特上，透過許許多多的寬橋，讓ＢＬＭ團體、黑人青年、活動分子、記者、流行文化團體及藝人連結在一起，協調眾人對這些事件的反應。就連某些保守團體也參與了ＢＬＭ的對話，顯見ＢＬＭ運動此時已經得到足夠的正當性，致使保守團體不再堅決反對參與，這點十分了不起。

幾個月後，華特．史考特（Walter Scott）在南卡羅萊納州的查爾斯頓（Charleston）背部中彈身亡；艾瑞克．哈里斯（Eric Harris）在奧克拉荷馬州陶沙市（Tulsa）被殺；珊德拉．布蘭德（Sandra Bland）在德州沃勒郡（Waller County）於警方拘留期間死亡；

馬里蘭州巴爾的摩的佛雷迪・格雷（Freddie Gray）也是在警方拘留期間過世。此時，已經不再只有活動分子與當地民眾會透過ＢＬＭ運動的觀點來解釋這些事。全美各大新聞媒體與政府官員，都相信了ＢＬＭ運動所傳達的訊息。不到一年，這場運動就促成了一場國內與國際等級的對話，白宮、美國司法部與主流媒體都參與其中。

說到一場國際運動，很難想像會是從密蘇里州的弗格森鎮開始。這個小鎮與世界的連結，絕對遠遠遜於紐約。麥可・布朗死亡的當下，並沒有照片或影片記錄，他也不是這些年來最年輕、或是參與公眾事務最多的受害者。但他的去世，卻讓整個美國開始討論起警察暴力的問題。

人民的聲音這次能被聽見，一項重要原因在於 @AyoMissDarkSkin、@natedrug、@Nettaaaaaa 這樣的人，以及所有弗格森鎮民、位於網路邊緣的人，他們建構並支持了一套傳播基礎架構。無論是在弗格森事件，或是在二〇〇六年舊金山地震或幾個月前的 #myNYPD 運動，這些傳播網路都是自發出現，再經過幾週或幾個月的發展，出現寬橋結構，於是得以集結比過去更多的社群，共同進行一場有組織的對談，互相配合協調、堅守同樣的信念：黑人的命也是命。

對於ＢＬＭ運動來說，勝利起初走得很慢，但最後終於到來，並且還能延續生生不息。二〇一四年九月開始對弗格森警局展開調查，結果終於在二〇一五年三月公布。調查結果無可置疑，警方其中罄竹難書的違憲行為，令人大為憤慨，其中一條關於「在路上的行走舉止」準則，內容明顯帶有嚴重的種族歧視意味。該月，警察局長辭職下台，五名市政官員與警察同時遭到解僱。

二〇一六年五月九日，德爾里許・莫斯（Delrish Moss）宣誓上任，成為弗格森鎮史上第一位常任黑人警察局長。目前莫斯已經退休，但弗格森鎮自那時起就由黑人擔任警察局長。而在弗格森鎮以外，BLM運動也讓人注意到全美各地不當對待非裔美國公民的情況。

在接下來幾年間，關於哪些社群屬於BLM運動的支持者，定義也有了改變。有些社群的相關活動強度上升，有些社群則是下降。出現了一些由國際活動分子、黑人媒體名人與藝人組成的新社群，也有一些原本孤立的社群（例如黑人青年）併入了一些更大的對話社群。雖然這些線上社群以及互相連結的橋梁是流動性而非固定，但對話本身不斷成長。根據皮尤研究機構（Pew Research Center）二〇一九年的研究，自二〇一四年以來，#BlackLivesMatter這個主題標籤的使用次數已來到大約三千萬次，平均每天超過一萬七千次。

二〇二〇年五月又流出一段令人震驚的影片：明尼阿波利斯市（Minneapolis）的四十六歲黑人喬治．佛洛伊德（George Floyd）遭到一名白人警察長時間膝壓脖而窒息身亡。這時，從二〇一四年開始，由寬橋連結而成的廣大傳播網路已經準備就緒，隨即將這起事件激起的公憤傳向四方，首先引發一起全國性的改變運動、後續更演變成全球性的改變運動。

影片發布的幾天後，BLM抗議活動已經延燒至紐約、費城、亞特蘭大、華盛頓、底特律、舊金山，以及其他數百個美國大小城市。一週內，抗議活動更蔓延到歐、亞、非、澳與南美。BLM運動成了史上規模最廣泛的一場團結運動。

過去在二〇一四年，艾瑞克．加納在紐約市喪命的影片就曾引發小規模抗議，也讓#BlackLivesMatter主題標籤的使用略為增加。然而當時警官獲無罪開釋，而且有超過一半的美國選民相信後續針對警方暴力的抗議活動只是無的放矢。

到了二〇二〇年六月，造成喬治．佛洛伊德身亡的員警則是以謀殺罪起訴，其他在場員警也遭重罪起訴。接下來幾週的一項民調顯示，美國人有百分之七十八相信BLM抗議活動理所應當，也讓國會首度起草針對地方警務種族歧視的聯邦法案。

這次的不同之處，在於社群間有了寬廣的橋梁，能讓全美與海外的各個社群團結一心、互相協調行動。BLM運動所打造出的傳播基礎架構，讓過去蒙受地方警察暴力的孤立社群得以連結，轉型成一場互相協調而成的國際運動，重塑了公民傳播改變的能力。

BLM運動帶給我們的見解，能夠應用的層面會有多廣？而像是 #MeToo 運動、男女同工同酬運動，又或是各種企圖改變組織內性別文化的努力，這些社會改變方案又能從中得到怎樣的啟發？

下一章將會介紹攸關性（relevance）的概念，進一步擴充關於寬橋的概念。而攸關性也正是使得傳播基礎架構得以健全的另一項關鍵要素。讀者將會看到，想讓某項改變運動成功，關鍵取決於能否得到與自己類似（或不類似）的人的支持。

第7章 攸關性原則：粉絲和黑粉的力量

手執遙控器瀏覽第四台頻道時，總會看到一些佯裝成節目的廣告。而你也一定會很快就識破，健身減重是其中的重要主題。這些節目都玩著同一套花樣：派出有著古銅膚色、身材健美的名人教練，像是《減肥達人》（*The Biggest Loser*）的吉莉安．麥克斯（Jillian Michaels）、《二十一天瘦身》（*21 Day Fix*）的奧忒．卡拉布萊絲（Autumn Calabrese）、《搏擊有氧》（*Tae Bo*）的比利．班克斯（Billy Blanks），鼓勵你採用一套經過他們驗證有效的課程，踏上追尋健康與健美的人生。

在那些「深受信賴」的課程內容當中，還會穿插許多證人的說詞，號稱自己透過這些課程成功減重，告訴你他們遭遇哪些情感掙扎，為你展示一些驚人的前後對比。有些人減重前後判若兩人，也有人稍許變化。有些是白人，有些是有色人種。你會看到一輩子都在減重的千禧世代、想要甩掉產後體重的年輕媽媽、渴望減掉啤酒肚的中年男子，偶爾也有些五、六十歲的大嬸阿姨，想要逆轉歲月留在身上的垂贅。

所以，如果你打算開始嘗試一套新的減重課程，或是改善自己的飲食及運動習慣，誰會是你最相信、對你最有影響力的人？是那個你想變成的人？還是那個跟現在的你一樣的人？

我在二〇〇九年研究了這項問題，我發現問題的重點就在於**攸關性**。對你來說，誰是那個對你而言最為攸關、最能左右你想法的人？你的答案總是和你同樣的人（或同一類人）嗎？還是會依情境而有所改變？如果會改變，會是透過什麼方式、出於什麼原因？要找出哪種傳播基礎架構能夠協助傳播行為改變，就得抓住「攸關性」這個關鍵。

跟我一樣瘦（或胖）

二〇〇九年，我接下一項任務，負責打造一個在社群媒體上的「健康夥伴」群組。只要是麻省理工學院健身課程的成員，都能免費加入。（我是在前一年到了麻省理工任教。）這套課程有幾千位學生、教授，以及自願加入的附屬成員。而我的目標，就是在群組裡推廣一套新的健康應用程式。

這套程式名為「飲食日記」(diet diary),是一項飲食管理工具,能為用戶提供關於日常飲食質與量的詳細資訊,希望能夠推廣健康飲食,並結合日常運動日誌,大幅提升用戶達成並維持健康體重的能力。假設有位用戶莎莉開始使用這套程式,社群裡的成員潔西和莎拉就會在自己的個人頁面看到這個消息。當然,在她們看到莎莉用了這套新程式的時候,她們自己也能夠註冊使用。這樣一來,這套程式就能夠推而廣之。

在這件事上,我真正感興趣的並不是程式本身,而是想知道要怎樣才能推廣成功。哪些參與者最能說服社群的其他成員,讓他們接受這套新的飲食工具程式?我最後發現,如果訊息是來自身體健康狀況與自己「相似」的人,大家就更願意採用這套創新程式——事實上,可能性高出了足足百分之兩百!

健康的人如果接收到其他健康的人傳來的訊息,願意採用這套創新程式的可能性會更高。這聽起來很合理。但如果是在光譜另一端呢?也就是那些身材欠佳、腰間一圈贅肉、呼吸都會喘、渾身毛病的人?你可能會以為,最能說服這種人的,是那些他們眼中的成功者、那些值得效法的榜樣。出人意表的是,事情正好相反:那些身材沒那麼好的人,如果是從其他**同樣**身材沒那麼好的人那裡聽說這套程式,願意使用的機率會高得多。雖然這個群組裡的所有成員使用這項健康程式的意願都相同,但如果相關消息來源是那些比較類似自己的人，最後真正註冊使用的機率會高出一倍。

關於「攸關性」的三項規則

如果有一群人和我們年齡相近、性別相同、文化背景相仿、工作和家庭狀況又相似，要用他們的觀點來看事情、或稱為換位思考（perspective-taking，又譯「觀點取替」）似乎再簡單不過。我們想都不用想，就能理解他們的決定，因為我們自己很可能根本就有著同樣的核心信念與價值觀。別人與我們愈相似，我們就愈容易產生共鳴，也更傾向認真看待這些人做出的選擇。相對地，別人與我們愈不同（無論是核心承諾、關注重點、所處環境），我們就愈難理解他們表現出的行為。

你不用是個網路科學家，也能想像這套「攸關性原則」的應用範圍絕對不只在於運動節食。生活中的各種重大改變，像是要搬家、轉行、投身政治運動，這套原則都能派上用場。我們在生活中有著種種時間、空間與財務上的考量，難以改變過去已經熟悉的行為。如果想打破這些抗拒改變的慣性，就必須先看到這些改變對於那些「像我們這樣」的人來說是件好事。

你可能覺得，這不是很簡單嗎？專家本來就說人類有「同質偏好」（homophily），與自己類似的人會比較處得來，也就是俗語說的「物以類聚」。

但事實上，這可不簡單。更深入研究下去就會發現，要讓攸關性原則實際發揮作用，遠比想像中更複雜：「像我們這樣」說來容易，但究竟是要怎麼個像法？

事實證明，特定種類的「像」，只會在特定的時刻讓你感受到攸關性。有些時候，你覺得當下最攸關、最重要的是你的另一半，但也有些時候，你會覺得最該看重你的大學同學、專業上的同事、一起上健身房的夥伴、從事同樣興趣的人，或是街坊鄰居。

關鍵在於情境脈絡。你是否會覺得某個人有著攸關自身的重要性，多半都是受當下情境的影響。舉例來說，如果是氣喘患者想尋求建議，「同樣患有氣喘」這項特性就會比「同樣的種族」或「同樣的性別」更具影響力。

沒有什麼特性能保證可為你帶來攸關性，不論是性別、種族、身材、地位、年齡、收入或政治意識形態，都不見得一定有影響力。不過，這裡有三項關鍵原則，能讓你瞭解在不同情境中如何建立起攸關性：

原則一：如果是需要得到**社會證據**，才能相信某項創新**對自己有用**，這時候就需要看到與自己**類似**的採用者，才能構成攸關性。例如想讓人相信某套新飲食方式、健身課程或美體療程，就要讓他們看到曾有像他們一樣的人接受過這些事。

原則二：如果是需要讓人得到一定的**情感刺激**、或是感受**歸屬與團結**，才能成功改變行為，這時候同樣需要讓與他們**類似**的人來提供正增強，才有助於推動改變。舉例來說，第一次世界大戰的「夥伴營」運動之所以動員效果傑出，就是靠著強調大家都是來自同樣的家鄉。

原則三：如果是需要有**正當性**（也就是認為這種新的行為被廣泛接受），才能改變某種行為，這時候情況恰恰剛好相反：需要由許多**很不同**的人來提供正增強，才有助於推動創新。舉例來說，如果是要推動使用者在臉書把大頭照換成等號圖樣，就需要讓人看到許多來自不同社交圈的人都做了同樣的事，才能讓人信服這項運動有著極高的正當性。想打造出一套成功的傳播基礎架構，該注意的重點並不是相似性，而是**攸關性**。有些時候，採用者愈多元（而非愈相似），反而更能提升攸關性。一切端看情境的影響。

幸好我們還有以下三項原則，能讓我們判斷在不同情境下，誰會是攸關性最高、最能發揮社會影響力的源頭。

原則一：可信的來源

醫生要提倡健康的生活方式，是不是該以自己為完美榜樣？誰想聽個胖醫師叫你節食？對吧？

事實上，要視情況而定。

二〇一七年，史丹佛大學社會科學家蘿倫・豪爾（Lauren Howe）與貝諾瓦・莫寧（Benoit Monin）想瞭解如何讓醫生提供的健康資訊更有說服力。幾十年間，行銷公司一直相信一種盛行的觀點，即如果要推動關於健康與生活方式的改變，就該請醫學專家代言。而如果是某位醫生想叫你嘗試某種新的飲食方式，這時候要是他們自己身體力行，又會最有說服力。

但對肥胖患者來說，如果有個再健康不過的醫師、用自身當例子叫他要天天運動，說服的效果其實不會太好。事實上，這種以自身為榜樣的策略還可能收到反效果：豪爾和莫寧發現，被醫師建議應該要採取他們那種健康的生活方式之後，反而會讓那些沒那麼健康的患者覺得自己受到指責，甚至是遭到輕視，於是，意外地讓患者更排斥接受建議去改變飲食和運動習慣。

如果想讓人相信某種新行為或新科技對他們很實用，一般來說，找來與他們類似的人會最有說服力。像是在飲食日記的研究中，如果肥胖參與者是從其他同樣過重的同儕那裡聽說這項工具，願意使用的機率會更高。對他們來說，沒那麼健康的人，反而會比超健康的人更具說服力。

我曾經參加過一場演講，講者是關於肥胖這個主題的世界專家。他先給大家看了一張身高體重比的圖表，請大家找出自己屬於上面的哪一類。接著再向大家講述美國的肥胖問題，指出大多數美國人應該對飲食做出什麼改變。

聽完演講，我和同事靜靜站在大廳裡。終於有人開口。他說：「我這輩子從來沒這麼不爽，滿腦子想的都是那個講者也太瘦了吧。」大家七嘴八舌紛紛表示贊成。

當時，我們這群人都剛拿到博士不久，年輕、愛運動、身材適中。率先開口的那位甚至自己還練跑步，在大學和研究所時期都是很優秀的選手。

但那不是重點。另一個不是重點的，是我們當時都還在研究醫療保健政策；但那位講者就是成功做到讓我們所有人都覺得自己和他是兩個世界的人。我們沒有人記得那場演講說了什麼重點，都只記得自己多討厭那場演講（還有突然多想吃垃圾食物）。

所以，醫生該怎麼做，才能對患者更具說服力？

醫生想說服患者嘗試新事物的話，或許不該訴諸自己的醫學權威，而是該把重點放在自己感受到與患者的相似之處。舉例來說，小兒科醫生要向新手爸媽提供建議的時候，如果搭配自己過去的育兒小故事，通常會更有說服力。這時他們的影響力除了來自於醫生的身分，也來自於家長的身分。

醫界特別著名的例子則是疫苗接種。新手爸媽想確認疫苗可不可信、安不安全時，比起流行病學專家的意見，相對上更重視其他父母的意見。所以不難想像，醫生提供疫苗接種建議的時候，提到自己的孩子也打了疫苗，往往更能讓人把話聽進去。

對於像是 Patients Like Me 這樣的線上病患社群，也能運用同樣的原則。對於罕見疾病患者來說，會比較願意相信同病相憐的人所說的話。如果病患正在考慮要不要使用新的醫療器材、要不要參加某項隨機對照試驗，比起醫療專業人員的建議，會覺得曾經面臨同樣選擇的其他患者更為可信。

不只醫學領域如此；只要是代價高昂、令人想要減低個人風險的情境，人類都會想知道面臨同樣情境的人做了什麼選擇。像談到公司治理決策的時候，董事會的決定會影響公司的穩定與獲利能力，而採取新的策略總是伴隨著不低的風險。董事會衡量新策略時，常常會參考「同等機構」（與自身企業有著類似規模、資本結構和整體組成的企業），檢視這些企業董事會做了什麼決定。研究結果顯示，相較於極為成功、但與自己不那麼相似的公司，董事會更願意參考那些與自己類似的企業做了什麼選擇。

一九八〇年代，惡意收購愈來愈常見。董事會必須設法在既能避免其他公司進行惡意收購的同時，又要能夠鼓勵公司高層提升公司價值（但也就更容易成為惡意收購的目標）。「毒藥丸」（poison pill）方案因此應運而生，它讓公司的主要股東可以在敵方成功取得相當比例股份時，買下公司剛好百分之五十的股票。這種做法會大幅稀釋公司股權，而使收購成本提高。

一九八二年，毒藥丸策略一開始提出時，並不受青睞。在董事會眼中，毒藥丸策略就像是用一顆自毀按鈕來處理惡意收購的問題，所以他們起初並不願意使用這種方式，擔心會讓公司在證券分析師心中的價值下滑。因此在一九八〇年代早期，這套創新策略在《財星》五百大企業當中並未風行。

然而，在一九八五年一切大為改觀。

惡意收購的情勢日益嚴峻，董事會特別希望能夠避免遭到同行（例如重工業、紡織、軟體等）的惡意收購。而只要有部分企業開始採用毒藥丸策略，同業也就迅即認同，這項創新策略已然成為一個可靠選項。

只要企業發現同行採用了某項創新，就會覺得自己採用這項創新的風險似乎沒那麼高了。而如果某個產業的**所有**公司都採用了毒藥丸策略，分析師還基於這個原因調降某家公司的估值，就等同調降整個產業的估值。所以，同一產業採用這項策略的公司愈多，對大家來說就愈安全。跟風在這裡是個安全的做法。

除此之外，**不想**跟風反而會有危險：當其他同行都用了這套策略來避免惡意收購，如果哪些企業不這麼做，就會變成這個產業裡的肥羊，更容易遭到惡意收購的狙擊。毒藥丸策略開始在某個產業流行起來之後，不跟上腳步的代價可是十分慘重。於是，這項創新策略開始大行其道。

從一九八五年到一九八九年，毒藥丸策略在《財星》五百大企業中的採用率從不到百分之五十一舉躍升，最後多數企業都已採用。這種新的公司治理策略之所以能夠成功傳播，一項重要的因素就在於這些企業屬於同一產業，並且具有類似的資本結構。時至一九九〇年，透過各個董事會之間環環相扣的社群網路，毒藥丸策略迅速傳播，成了避免惡意收購最常見的策略。

不論這裡所稱的創新是醫療保健技術，或是公司治理策略，透過與自己相似的同儕所形成的社群網路，就最容易營造其可信度。

原則二：創造團結一心的感受

第二項原則的重點，並不在於讓人更深入相信某項創新，而在於讓人情感投入。想傳播情緒，最有效的辦法就是透過社群網路，讓人覺得自己屬於某個特定的地區、事業或宗教團體。像是在運動賽事中，常常就是用一種共禦外侮的心情在對抗「外團體」（out-group），使得群情激奮，也讓大家對「內團體」（in-group）更為忠誠。舉例來說，波士頓紅襪隊的球迷正是因為對紐約洋基隊同仇敵愾，於是更為團結。

造勢大會上的情況也極為類似。演講者想要群眾去追求某項目標的時候，常常就會強調支持者在意識形態、種族或經濟上的相似性，以及強調支持者和反對者多麼不同。從政治造勢大會到運動賽事，「相似性」都能撩動情緒、有效傳播興奮之情，而這也是情感傳播的一項普遍特徵。

然而，相似性本身也常常是由社會情境所定義。我們究竟認定誰跟我們「相似」，是件很容易就會改變的事。

一九八〇年代，針筒用藥的情況在美國貧民區四處肆虐，而HIV／AIDS也是如此。當時，造成AIDS傳播的主因之一，就在於HIV帶原吸毒者會與他人共用針頭。一九八〇年代晚期，美國發動一場全國性的公衛運動，希望處理HIV／AIDS流行的問題。這場運動的目標並非阻止吸毒，而是要阻止吸毒者共用遭到感染的針頭。美國投入數百萬美元，推廣安全用針計畫，說服吸毒者採取各種預防措施，例如在共用針頭之前先用漂白水與清水清潔。

但問題在於，吸毒者平常哪會注意公衛資訊？他們知道，自己在別人眼中就是毒蟲、就是罪犯，過的生活與大多數美國人都不一樣，和標準醫療保健體系可說是八竿子打不著，對於醫療與援助人員的建議，他們根本聽不進去。

大多數的安全用針計畫，在早期都效果不彰。但就是有幾個地方，像是康乃狄克州的新倫敦（New London）和密德鎮（Middletown）等幾個小城鎮，其外展服務計畫就意外成功。

為什麼在其他城市失敗的時候，這些城鎮卻能成功？

這得歸功於一群創新的社會學家與公衛學者，包括社會學家道格拉斯．黑克松（Douglas Heckathorn）與羅伯特．布羅德黑德（Robert Broadhead）。他們的想法就是要運用相似性的原則，在吸毒者社群網路當中宣導安全用針。這在當時可說是個不尋常的概念，因為當時還沒有人把公衛行為視為社會傳播的一種。

但顯然，當時就是需要有一套新的辦法。時至一九九〇年代，社會學者已經放棄再以宣導來促進公衛。

他們意識到，雖然這些針筒用藥者並不想染上ＨＩＶ，但實在聽不進去主流醫療保健人員說的話。

黑克松所提出的新點子，是讓安全用針計畫成為一項情緒感染。其他人的重點，都是處理吸毒者與主流醫療體系的疏離，但黑克松他們則是把這個問題變成社會團結的營造。

他們將這項公衛運動所用的傳統方式稍加調整，讓過去吸毒者所背負的恥辱轉瞬成了某種資源。在這個一般人難以碰觸到的族群中，他們是以吸毒者彼此之間的相似感，作為傳播安全用針計畫的主要管道。

黑克松等人與這些城鎮合作推行外展服務計畫，希望讓吸毒者社群覺得大家要團結在一起。他們最精彩的一招，就是請吸毒者來協助「招募」同儕進行ＨＩＶ檢測，並推廣安全用針。招募到新的一批吸毒者來外展服務中心進行檢測和治療之後，這些人就會成為下一批「招募者」，繼續帶來新的吸毒者，以此類推。這項計畫成效驚人。吸毒者聽不進像是公衛官員這種傳統權威人士的話，但其他吸毒者的話卻能輕易入耳。

於是，外展服務得以接觸到過去沒有記錄的吸毒者，說服他們參加ＨＩＶ檢測、並透過同儕宣導安全用針。找到愈多吸毒者，就能對其他人形成愈大的社會增強，而安全用針計畫的影響力也就愈大。透過黑克松的策略，安全用針計畫得到了驚人的成效，使原本的恥辱成了營造社會團結的源頭。吸毒者族群是一個龐大、且多半隱身不可見的社群，但靠著黑克松的點子，讓安全用針計畫在這個社群中得到了高於意料的吸引力。

從地區性的運動賽事、到針筒用藥的族群，很多情況都會讓人覺得彼此有著相似性。不論這些相似性的感覺是如何成形，都能讓人容易團結在一起。

這種力量最早的證據，來自於一九五四年的一項非正統研究。在奧克拉荷馬州一個偏遠的男孩夏令營，著名的社會心理學家穆扎費・謝里夫（Muzafer Sherif）與卡羅琳・謝里夫（Carolyn Sherif）找來一群美國中產階級男孩，年紀大約十二歲，社會、經濟和宗教背景也相類似。

這群男孩被隨機分成響尾蛇隊和老鷹隊。兩支隊伍沒有任何差別，沒有哪一隊有特權或特殊待遇。接著，兩隊進行了一系列的對抗賽。

在我們透露這項夏令營研究叫人不安的結果之前，一定要先讓讀者瞭解，這已經不符合現時所接受的實驗或道德倫理，這種實驗在今天是不能做的。然而，這項實驗點出了我們在日後還會反覆看到的一項發現：只要賦予一群陌生人虛構的團體身分，就能有效傳播一種「團結」感。

謝里夫對這群男孩的操縱，讓他們對自己的團體產生強烈的忠誠感，致使他們的行為產生巨大變化，甚至是自發性地對另一個團體出現集體暴力行為。縱使這群男孩在其他方面完全相同，只因為被各自分成了響尾蛇隊或老鷹隊，那種「同屬一隊」的相似感，就引發了持續性的情感支持，並導致對外團體發動攻擊。

後來，中東也曾複製這項研究，將穆斯林和基督教男孩隨機分配成藍鬼魂隊與紅精靈隊。短短幾天，就因為團隊忠誠度的增加，使得兩隊之間互相施予集體暴力。這時，影響團結或暴力的因素不在於穆斯林或基督徒，而是藍鬼魂隊與紅精靈隊。人為指定的團隊身分，其重要性就這樣超越了長達幾世紀歷史衝突下的身分認同。

這種部落主義所能發揮的影響力，讓人聯想起美國和全球各地近來的政治運動。靠著撩動情緒，往往能讓真正的信徒動員起來。然而，這不就是把我們自己鎖進了同溫層嗎？和相似的同儕之間更容易產生情感連結，這豈不就妨礙了我們打破那些傳統的相似／相異界限，因而難以和其他人營造出團結感？

在上一章，我們看到了寬橋能夠如何讓人講出同一套語言、讓知識的傳遞超越群體界限。而寬橋其實也能用來傳播情緒感染，除了能用來加強現有信念與忠誠度，更能影響大家認定哪些人是與自己相似的同儕，以及如何感受到眾人的團結一心。

二〇一七年，耶魯大學社會科學家亞倫．列維（Aharon Levy）等人發表了一系列優秀研究，將寬橋的概念應用到一項艱鉅的任務：在敵對團體之間（例如以色列人和巴勒斯坦人）營造出團結。他們的策略關鍵在於創建出「橋接團體」（bridging group），而這些橋接團體的成員與雙方各有相似之處。舉例來說，如果是在以色列的阿拉伯人（阿拉伯裔、以色列籍的公民），對這兩個群體都能感同身受，就能成為兩方的橋梁。

只有一個人是不夠的，各個群體與橋接團體之間，都必須要形成寬橋的結構。為了實驗這個過程，研究者先回到把所有人分成紅藍兩隊的想法。他們找來一群猶太裔以色列學生來玩一個遊戲，將所有人隨機分配成紅隊、藍隊，又或是紅／藍隊（也就是橋接團體）。研究者給每位參與者一些錢（假設是十美元），並告訴他們，可以把錢捐給紅隊或藍隊。在這個實驗中，控制組只把學生分成紅藍兩隊，但實驗組則是分成紅、藍、紅／藍三隊。

控制組的結果一如預期。就像謝里夫與其他研究者的發現，大家只會忠於自己所屬的團體。紅隊就把錢給紅隊，而藍隊就把錢給藍隊。

但到了實驗組，大家願意與另一隊分享這筆財富的機率就明顯升高。這就像是做出了與謝里夫相反的研究結果，紅隊願意給藍隊，而藍隊也願意給紅隊。只不過是多了一個橋接團體，大家對於「誰像誰」的感知就產生了變化，結果是不論紅隊或藍隊，都能對外人更加慷慨。

把這個概念應用到以色列人和巴勒斯坦人身上，效果會如何？

研究人員在後續研究中做了一項簡單的實驗，訪談猶太裔以色列人，詢問他們是否支持對巴勒斯坦動用武力，又是否支持對巴勒斯坦提供財務與醫療援助。在控制組裡，受訪者的回答是他們支持動武，並且不支持提供援助。但在實驗組，受訪者會先閱讀一篇文章，內容是阿拉伯裔以色列公民同時具有巴勒斯坦和以色列的身分認同，接著再請受訪者回答問題。這項介入措施可說是微不足道，似乎不會造成什麼影響。但事實上，不但有了影響，甚至還遠遠超出研究人員的預期。實驗組的受試者支持對巴勒斯坦發動武力侵略的可能性顯著較低，而支持將以色列資源分配給巴勒斯坦作為援助的比例又顯著較高。重要的是，實驗組的受訪者表示，他們感覺自己變得更能認同巴勒斯坦，對巴勒斯坦的憤怒也顯著減少。單純因為**存在**著一個橋接團體，就讓他們對外團體的感受有所不同。

感受到相似性之後，情感傳染就會得到增強。我們常常會受到社會情境影響，進而決定把哪些人視為與自己相似、又會和哪些人產生團結一致的感覺。如果團體之間沒有任何接觸，或只是點頭之交，就更容易被彼此激怒。有了橋接團體，就能重新畫出相似與否的分界線，並且改變情緒傳染的傳播方式。

原則三：提升正當性

前面的原則一與原則二都強調相似性的重要，但原則三有所不同，強調的是在某些情境中需要具備多元性。如果某項運動或創新必須要有**正當性**才得以傳播，這時要推動傳播，令人接受的關鍵就不再是相似性，而是多元性。

想要瞭解多元性在發起改變時能發揮什麼作用，不妨回顧一下「人權戰線」的成功範例，他們號召眾人把臉書大頭照換成粉紅底的紅色等號圖樣，以表達對同性婚姻的支持。研究者拉達．阿達米克與柏格丹．史泰特研究這個圖樣是如何傳開的，並得到將近三百萬臉書用戶採用，而他們對於這次的複雜傳播也有了全新的發現：重點除了在於有**多少**臉書朋友採用這個圖樣，是**哪些**朋友採用也十分重要。

在活動分子的社群裡，對於這項等號運動的支持是因為感到情緒激昂、充滿自豪，以及眾人團結一心。你可能也想得到，這項運動的傳播，建立於人與人之間的相似性而產生連結、互相增強、迅速傳播。但要接觸到三百萬人，這項運動還需要在比這更加廣泛的社群裡取得正當性。這時候，就需要社會接觸對象的多元性來發揮重要性了。

請想一想你自己的社群媒體人脈。你在社群媒體上的聯絡對象，可能就是你的高中朋友、大學朋友、工作上的朋友、家人以及其他一些朋友與熟人。假設你有些大學朋友屬於LGBTQ社群，他們更換了大頭照，表達對同性婚姻的支持。但這並不一定代表這項運動已經得到你的朋友與其他聯絡對象的廣泛支持。如果你是異性戀，或許也還不確定這波新趨勢到底和自己是否相關。事實上，如果那些採用者彼此之間愈相似，與其他人（也就是所有沒採用的人）之間看起來就愈不同。我們過去已經從谷歌眼鏡和史密斯飛船手勢的例子看過這個問題，也就是「抗衡力量」的問題。

如果在你的人脈網路中，非採用者的背景十分多元，而採用者之間卻又極度相似，就會讓非採用者的抗衡力量更為強烈。除非你已經是這項運動的死忠支持者，否則這股強烈的力量將足以讓任何人三思而後行。

反過來，你看到自己社群媒體上許多不同的分群（家人、鄰居、大學朋友、同事）

都換了大頭照來支持同性婚姻，你會有什麼感受？這時候，等號運動看起來就不只是一個小眾運動，而是有著更強的正當性。阿達米克與史泰特使我們瞭解，要足以讓你相信這一點，並不需要幾百個臉書朋友都換了大頭照，只要有來自不同社群的十位朋友，就足以讓人相信這項運動已經得到廣泛支持。達到這個臨界值之後，便能讓人相信自己就算表達支持，社會風險也已經降到最低。

你可能沒想到，在很多時候，如果**正當性**是眾人考慮是否採用創新的主要考量，多元性就會發揮它的力量。二〇一六年關於選舉捐款的研究顯示，選舉捐款也和等號運動一樣，是一種複雜傳播。選舉捐款這種行為，依靠的是社會增強的力量，在捐款者的人脈網路中傳播。只要候選人能累積到足夠的早期支持，接下來的選舉捐款就會像滾雪球般愈滾愈大，讓人財源滾滾、廣受各方愛戴。然而並非得到早期支持就行，這些支持**來自何方**也是重點。

想成功，就必須有多元性。

這件事似乎很奇怪，非常違反直覺。政治圈總是強調「動員基本盤」有多麼重要，這確實也是邁向成功所必須。但在選舉活動早期，如果策略焦點縮得太小，太過著重於基本盤動員，可能會意外導致反效果。這又是一個「抗衡力量」的例子。

如果某位候選人得到的支持都來自同溫層，就會向其他所有人釋放出一個含蓄但也清楚的訊號：這位候選人只代表了某個特殊團體。舉例來說，如果臉書上只有LGBTQ社群的人支持等號運動，就會放出同樣的訊號。採用者的同質性太高，正代表著只有小眾在支持。出於同樣的原因，如果早期捐款者的同質性太高，就可能讓人覺得這位候選人並未得到廣泛接受、代表的不是大多數人的利益。這樣一來，非但可能不利於這位候選人在未來取得選舉獻金，更可能直接讓**對手**得到更高的支持。

政治新人的動員關鍵在於訴諸多元性。如果早期捐款來源多元，等於放出了一個強力訊號，指出這位候選人有廣大的吸引力。而正如等號運動，所謂的多元並不需要以量取勝，可能質比量更重要。

對於政治新手來說，這堂課尤其重要。每位捐款者都會想知道，這位候選人到底會不會上？候選人看起來愈能得到廣泛支持，似乎上的可能性也就愈大。於是，「會不會上」成了一件能夠推動自我實現的預言：能夠及早讓候選人得到廣泛支持，傳播出去就能得到更多捐款，進一步提升勝選的機率，而成功的關鍵就在一開始。如果能在競選起跑的時候就取得來自多元產業的捐款，便會讓大家覺得這位候選人對廣大群眾具有吸引力，進而讓人覺得勝選機率大增。

多元性不僅有益於社會運動和政治運動，也有助於讓創新產品受到歡迎。特別重要的一點在於，各種社群科技最後能有多高的吸引力，就得看它得到了多高的接受度。二〇一二年一項發人深省的研究中，資工名人喬恩．克萊因伯格與康乃爾大學及臉書研究人員合作，找出了臉書大獲成功背後的關鍵社群網路原則。臉書之所以能夠風行，除了因為屬於複雜傳播，也是因為大家在拉人進臉書的時候有著多元性，才推動了爆炸性的成長。

為了想知道臉書為何能夠成長得這麼有效率，研究人員檢視了臉書用戶邀請其他人加入臉書時所寄出的五千四百萬封電子郵件。令人驚訝的是，臉書之所以能傳播開來，靠的並不是在同一個社群團體裡有很多人寄信來邀請。真正直接影響新用戶註冊率的因素，在於是否有來自不同社群團體的人寄信來邀請。

研究人員又更進一步，想瞭解民眾在加入臉書之後會繼續使用的基本通則。結果相同：新用戶加入後是走或留，可以從其活躍朋友名單的多元性來預測。意想不到的是，活躍朋友名單的多元性甚至比總數多少更為重要。

我們在這裡得到什麼啟發？

想要得到有效的社會增強，就得根據情境來制定策略。如果需要正當性或對大眾的吸引力才能得到進一步成長，這時的關鍵就是追求多元性。而正如我們在等號運動看到的情形，要成功，數量不一定需要多，加入的「是誰」，會和加入的人「有多少」一樣重要。如果看到許多不同社交圈子的人都加入了某場社會運動、採用了某種社群科技、支持了某位政治候選人，就會讓人覺得這件事的正當性大大提高。

＊＊＊

前面幾章已經談過傳播基礎架構的兩大基本要素：**寬橋**與**攸關性**。有了寬橋，才能將增強訊號傳遍人群。有了攸關性，則能讓你理解哪些增強訊號才最重要。

現在你已經知道，想讓攸關性發揮作用，最重要的因素就在於情境。而要判斷哪些情境需要的是相似性（以及需要的是哪種相似性）、哪些情境需要的是多元性（以及需要的是哪種多元性），則必須再檢視箇中細節。在第四章，我已經談過了社會傳播可能會因為幾種因素而變得複雜，包括需要提升可信度、需要撩動受眾的情感、需要展現正當性。如果能針對特定的社交情境、找出是哪些明確的源頭造成了複雜性，就有助於你找出得以發揮社會影響力的關鍵要素，在推動任何改變時都能得心應手。

談完了傳播基礎架構的要素，本書下一部分將會進入一項關鍵問題：怎樣點亮火柴、啟動改變方案？該把資源集中在哪裡，才能迅速啟動改變？競選的時候，需要達到怎樣的臨界值，才能讓整個形勢起飛？

本書的第三部分就是要回答這些問題，外加我們最大的難題：要怎樣才能推翻某個已經根深柢固的社會規範？

第三部

「25%」引爆點

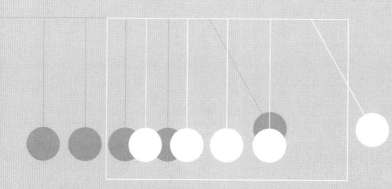

第8章

追尋新常態

一九六七年九月三日，早上五點五十分，瑞典人緊張地等著。公路上不見車輛，街道一片寂靜。全國都籠罩在一種如同末日後的詭異寂靜當中。這天就是後來人稱的「H日」（Dagen H／H-Day，右駕日）。

一夜之間，瑞典政府將全國的行車方向從靠左行駛改為靠右行駛。為了這一天，政府已經向人民宣導長達四年，天天在電視、廣播、看板打廣告，還推出「H日內衣」廣為宣傳，不斷提醒民眾H日就要到了。政府甚至辦了一場全國流行歌唱大賽來慶祝這一天，最後由一位地方記者勝出，他的歌聲響徹全國大半年。

九月三日凌晨十二點五十九分，瑞典境內的交通全部暫停。接下來五個小時裡，開車成了違法的事。從凌晨一點到六點，路上的標線重新粉刷、路標全部更換，紅綠燈也進行調整。全國同步進行！只有瑞典這種人民富裕、組織嚴謹的小國，才可能完成如此壯舉。

到了早上六點，道路重新開放，瑞典宛若新生，變身右駕國度。根據瑞典政府官方報告，結果大為成功，第一天只有一百三十七起車禍，其中又僅十一起有人員受傷。

然而，瑞典居民的第一手說法或許更接近真相。

民眾想起H日，記得的是一片混亂。雖然紀錄上只有一百三十七起事故，但不論在大城小鎮，每起事故的背後都有幾百起差點就釀成事故的意外。住在斯德哥爾摩的比約恩．西爾文（Bjorn Sylven）記得，那天馬路上人車混亂、危機四伏。他受訪時表示：「我在學校外面就看到大概三次車子轉錯彎，差點撞到學校的小朋友。」

這裡的問題不在於大家不知道該做什麼；所有人都知道那天就是H日了。問題在於，大家不知道**別人**會怎麼做。

請想像一下，在H日早上六點三十分，你正開著車在斯德哥爾摩郊外的一條鄉間小路上。你靠右行駛，認為別人也都該靠右。這時，一對車燈從遠方小山間的地平線升起，愈來愈近。從這個距離，你看不出來對方究竟是靠左還是靠右。但等到車燈近了，你開始覺得它們離你這方的車道似乎較近。你該繼續靠右嗎？你當然知道法律的規定，但有可能是對向駕駛太過疲憊、心神不寧、又或者忘了新規定，似乎就要直衝著你來了。你該怎麼辦？你是該配合對方，自己跑去靠左？還是要堅持立場、在右車道上勇往直前？

社會學家把這種情況稱為「協調困境」（coordination dilemma），這種時候法律幫不上忙，甚至電視、廣播和報紙廣告也不見得派得上用場。不管法律怎麼說，也不管大家在斯德哥爾摩或其他地方聽到政府怎麼講，你在那天六點三十分的那條鄉間小路上，只會在意另外那位司機有什麼打算。

要解決協調困境，就像要隨時都會讀心術，看到鄉間小路對向有車燈靠近時，能夠相信自己瞭解對方的想法、能夠預測對方的行為。而且，你也必須相信對方同樣瞭解你的想法、能預測你的行為。你們雙方都必須能夠準確臆測對方的心思，否則，高速駛向迎面而來的一對車燈，結果可不會太好看。

如果你想躲過路上的坑洞，於是臨時開到左邊的車道上，對向的司機就得迅速猜測你的想法：你會靠左行駛，是因為習慣還沒改過來？因為車子失控？還是你馬上又會回到右邊？而如果對向司機也決定往他的左邊車道移動，這下就換成是你得猜測對方的想法了！對方究竟是忘記今天是H日，又或者是對你移向左側的回應？這些考量在你的腦中只會花上幾毫秒，但事關重大。

如果你不知道別人會怎麼做，就無法與對方進行協調。

瑞典在H日的情況就是這樣。許多車子緊急轉向、衝出道路，交通陷入停滯。一天過去，晚上在道路兩旁到處都是被丟下的車子。問題不在於大家不知道規則。規則每個人都很清楚。問題在於我們讀不到彼此的心思。

像這樣的協調困境，比大家想像得更為普遍。你可能還記得，自己在走廊上就快撞上另一個人了，雙方驚覺這件事，都想做出調整，結果就是不小心都朝著同一個方向移動，躲來閃去還是擋在對方面前。遇到這種狀況，我們一般就是笑著聳聳肩，彼此都覺得情況很搞笑：兩個大人，怎麼可能不知道怎樣走路才不會撞在一起？但如果這種情況持續發生，就沒那麼好玩，反而擾人了。

我們每天都會遇上這種協調困境，而且我們直覺知道怎麼處理：遵循社會規範的指示。例如在美國，一般就是向各自的右邊移動，接著就能繼續前行。可是如果社會規範有變，又會如何？

二〇一四年，《商業內幕》（*Business Insider*）網站報導了克里斯．帕吉特（Chris Padgett）遇上的困擾。帕吉特年近四十，擁有一頭帶淺棕色的金髮，還有迷人的笑容。他是一名企業主管教練（executive coach），每個月和各公司的企業高層見面，指導他們各種談判策略、管理最佳實務，以及專業關係的種種技巧。要說有誰懂得如何在商業情境下互動，帕吉特肯定是其中之一。

然而就連帕吉特也發現，社會規範之複雜實在難以掌握。幾個月前，他和一位高階主管身分的新客戶碰面，一般人會先和他握手寒暄，但對方直接坐下、切入正題。帕吉特詫異，心想：「也太怪。可能他就是忘了吧。」

那次開會成果豐碩，雙方都對結果感到滿意。談完起身，那位客戶看著帕吉特，露出笑容，然後居然伸出了拳頭？帕吉特回憶當時：「我呆了一下，通常這個階級的人比較正式客套，但眼前那位大概五十多歲的人，態度就像是『我才不來那套』。」最後雙方擊拳。帕吉特與高層客戶的會談就在擊拳禮下完美收尾。

這讓帕吉特深受啟發。回想過去幾次見面開會的場合，他注意到許多其他備受尊敬的高層人士也放棄了老派的握手，改採更時髦、更能避免細菌傳染的擊拳。握手是一種行之有年的商業傳統，為什麼會被擊拳取代？就連帕吉特這種商務禮儀專家也始料未及。但他現在可得好好想想了，明天還有另一位新客戶，到時候他該怎麼打招呼？

不只是帕吉特遇上這個問題。各地高層主管採用擊拳形式來打招呼的比例愈來愈高，風潮意外席捲全球，在二〇一二和二〇一三年，《紐約時報》與《芝加哥論壇報》

等頂尖新聞媒體都曾行文討論握手是否將永遠被擊拳所取代。時至二〇一四年，《廣告週刊》（*Adweek*）、《商務內幕》、《快速企業》（*Fast Company*）與《富比士》（*Forbes*）也都報導了這場禮儀危機，為那些搞不懂該握手還是該擊拳的高層主管提供建議。

對帕吉特來說，這就像是瑞典H日那天路上的混亂。他不知道別人會怎麼做，沒人知道，而且沒有任何專業期刊能告訴他怎麼解決這場協調困境。他碰上新客戶的時候，並不知道他們讀過或沒讀過什麼文章、知道或不知道什麼趨勢。他們會覺得擊拳太新潮嗎？還是會覺得握手太老氣？對帕吉特來說，他其實不在意到底要握手還是擊拳，只是希望新客戶覺得自在，讓雙方能夠建立良好的關係。雖然要握手或擊拳似乎只是一個小小的協調困境，但影響重大。對商務人士而言，打招呼的方式就是你留下的第一印象，做錯了可不行。

獵巫的力量

二十世紀的著名哲學家大衛·路易斯（David Lewis）曾寫道：「哲學家這個專業，就是要質疑別人想都沒想就接受的老生常談。」事實上，路易斯所謂的「老生常談」指的是社會規範（像是靠右行駛、握手打招呼），是這些規範讓我們覺得世界秩序井然、一如既往，而我們卻常常忘記了這些規範有多重要，只有在規範崩潰或改變的時候，才會感受到規範的價值。

下面舉個簡單的例子。有兩個人坐在河中的一條小船上，手中各執一支槳，試圖搞清楚怎樣才能划回岸邊。可能只有一個人努力在划，另一個人在做日光浴偷懶，這樣船只會在河裡打轉，兩個人都回不了岸。也有另一種可能，雖然兩個人都很努力划，但沒談好該往哪個方向划，結果兩個人的動作剛好相反，哪裡都去不成。

想要成功，就得通力合作。最重要的一點，在於他們必須預測到對方會怎麼做，並且相信另一方也會預測到**自己**會怎麼做。要解決協調困境，就必須讓雙方對於什麼叫作「正常」有著同樣的想法。

這個簡單的划船比喻，歷史能上溯到一七四〇年，哲學家大衛．休謨（David Hume）用它來說明運作良好的民主。這兩個人都無法獨自划船，但如果能夠達到共識、齊心協力，就都能達成想要的目標。

社會規範有這樣的光明面；然而，也有黑暗的一面。

一九五六年六月二十一日，美國劇作家亞瑟．米勒（Arthur Miller）來到非美活動調查委員會（House Committee on Un-American Activities）的聽證會上作證，當時距離他與影星瑪麗蓮．夢露的婚禮只剩不到一個月，但他心上還得掛著別的事。米勒收到聯邦傳票，被迫前往華盛頓特區，在聽證會上回答問題。聽證會長達數個小時，但到頭來，真正重要的問題只有一個：「你現在是否知道，而且是否願意提供任何共產主義支持者的姓名？」

當時，任何人如果被視為不支持主流的「反共規範」，就會在社交與專業上受到排擠；要想避免這種狀況，最好的辦法就是親手來執行這套規範，讓自己從被告變成原告。每次，只要多一個人為了保護自己而指控另一個人是共產主義者，就在不經意間繼續提升這套反共規範的正當性。

無論是產業領袖、好萊塢明星，甚至杜魯門總統，都得臣服於當時高漲的反共情緒。非美活動調查委員會這套策略的巧妙之處，在於瞄準的對象不是個人，而是他們的社群網路。原本人和人之間能夠透過人際網路互相信任、為彼此帶來力量，但委員會的策略讓人與人間變得互相猜忌對抗，瓦解了人際網路的力量。眾人的互相猜疑，使得美國各個社群之間的社會連結被削弱，朋友之間沒了信任，原本能共同形成反抗力量的基礎架構也被搗毀。

在米勒出席聽證會的前幾年，曾經寫過一齣劇，後來獲譽為二十世紀美國戲劇最偉大的作品之一：《熔爐》（*The Crucible*）。這齣劇講述的是一個關於審判的故事，和他即將面臨的聽證會再相似不過。

《熔爐》取材於一六九二年的塞勒姆審巫案（Salem Witch Trials），情節極度類似當時的麥卡錫主義，以及對於所謂「非美活動」赤裸裸的獵捕迫害。米勒回憶道：「《熔爐》講的是一種絕望下的行為……我當時的動機，有很大一部分來自於看見許多自由主義者的茫然失措。雖然他們對於調查員侵犯公民權利的行為感到不安，但他們太過恐懼，害怕如果自己抗議得太強烈，就會被認定為共產黨員，而且這實在不能怪他們……我讀了愈多關於塞勒姆恐慌的情形，就愈觸發我在一九五〇年代共同經驗的對應影像：被列進黑名單的人，他的老朋友一見他就躲，不想被人看到與他交談；原本的左派人士，一夜之間彷彿重生成了愛國分子；此般種種不勝枚舉。」

這種例子在二十世紀不勝枚數，我們從中看到社會規範如何形成壓迫。在納粹德國，反對納粹的人非但沒有在猶太鄰居被捕時提出抗議，還自願抖出其他藏匿猶太人的鄰居。他們之所以這麼做，並不是因為支持這個政權，而是如米勒所言：「最能證明你的自白出於真心的，就是把你看到的魔鬼同路人一一點名出來。」在戰後的俄羅斯，史達林政權暴虐無道、不得人心，但正是因為有些人民心生恐懼，決定驅逐身邊所有異議分子，無意間成了史達林的幫凶。類似的故事，也出現在皮諾榭（Augusto Pinochet）領導下的智利，以及毛澤東領導下的中國。在世界的各個角落，都能看到某些社會規範雖然會造成諸多破壞，但就是能夠自行獲得力量，席捲整個社會。

獵巫之所以能從社會得到力量，是因為公民如果想保護自己，就只能在這種社會規範風起雲湧時掩飾自己的不認同，結果就是大家失去了瞭解彼此想法的能力。在猜測別人會對自己有何期許、自己又該對別人有何期許的時候，所根據的是一種人人都支持這種社會規範的假象。大家愈隱瞞自己真正的信念，就讓每個人都更有理由服從這套社會規範，免得成為不合群的人。

這些故事如今聽來仍讓人毛骨悚然，讓人回憶起那段危險的過往。可是，一切真的都已經過去了嗎？美國法律多年來早已明文規定，警方執法不得存在種族歧視，職場或校園不得存在性別歧視，醫療也必須一視同仁。但在過去十年間，社群媒體上頻頻爆發 #BlackLivesMatter 和 #MeToo 等抗議活動，顯見美國的社會規範仍然隱藏著普遍的種族與性別歧視，雖然法律走向進步，但規範仍然持續長達數十年之久。

社會規範五花八門，有的會帶來巨大的傷害，像是反共獵巫、種種根深柢固的歧視；也有的比較無傷大雅，像是陌生人彼此握手打招呼，但究竟是為什麼，這些社會規範似乎永世長存、難以改變？

哥白尼革命：典範的轉移

想要推翻社會規範，一大難處在於我們常常是無意識地遵循這些規範，也就很少會思考有什麼替代方案。讓我們先舉個簡單的例子。請回想你上次搭電梯（要是你讀到這段的時候還在疫情期間，搞不好上次搭電梯已是遙遠的記憶）。我相信大家都一樣，進了電梯之後想都不用想，就是面朝電梯門站著。為什麼你不會想要背對著門？又或想想你上次買票的時候，看著大排長龍的隊伍，你是直接擠開人群走到售票窗前，還是乖乖走到隊伍後面排隊？

一般而言，我們「決定」在電梯裡怎麼站、或是排隊怎麼排，其實算不上是真正的「決定」，更像是反射動作，一切再自然不過。我們不但會遵守這些慣例，也認為如果不這麼做，會讓別人覺得不舒服，而且就連**我們自己**也會覺得不舒服！雖然就理性而言，我們或許清楚這些規範都只是人訂的，不同社群或國家就會有不同的做法。往往是我們到了有著不同規範的新地方，才會赫然發現原來自己心中有著規範。像是在義大利某些地方，可沒什麼排隊的習慣，大家都直接擠向前。而在非洲與中東，牽手是異性戀男子之間常見的友誼表現。

然而，規範有個重要的目的：讓人覺得生活秩序井井有條、一切「正常」。也正因如此，在全球疫情初起的時候，許多規範突然被打破、許多最基本行為忽然受到質疑的生活，也就令人格外不安。光是一起搭電梯、一起排隊買票、在人行道上與陌生人錯身而過，現在都可能讓人焦慮莫名。該站在哪裡、該如何與他人互動，不再是件自然而然的事。原本能夠不假思索的行為，突然就成了協調困境，面對起來辛苦萬分。

幸好，日常生活並非全都是如此。要是真的所有日常行為都得想了又想才能動作，日子肯定過不下去，大腦也很可能會短路停止運作。所以，人類在心理上本來就會走捷徑。

但重點來了：這些心理捷徑很快就會造成問題。人們所選的，是自己「覺得對」的行為，正如美國人買票的時候「覺得」就是該排隊，也「覺得」不該直接插到最前面。但在二十世紀中葉，美國人也「覺得」不同種族的人本來就該用不同的飲水機。#MeToo運動就讓我們看到，在許多職場男性看來，對女性員工講些跟性有關的評語、甚至有些毛手毛腳的動作，也都「感覺沒什麼」、「再正常不過」。近年來，一些在倫理與政治領域吵得最兇、最難解決的議題，就在於該怎樣面對那些過去曾經認為「正常」，現在卻普遍認為無法接受的事情。光是「覺得」某件事沒什麼，並不代表這件事就真的是對的。

我們之所以難以改變社會規範，和難以學習新語言有著一樣的原因：得先打破一些原本運作得好好的模式，把原本覺得熟悉、自然的東西，用一些新的、陌生的東西來取代。在社會改變的過渡期，就像是我們忽然不知道該怎麼講話，不知道該怎樣一起划船。突然之間就從專家變成了菜鳥，不知道如何相互溝通，也不清楚該怎樣瞭解對方在想些什麼。

對於社會改變的過程讓人感到迷惘的情形，發明「典範轉移」（paradigm shift）一詞的物理學家湯瑪斯．孔恩（Thomas Kuhn）解釋得再清楚不過。孔恩成名於一九六〇年代，他指出無論在物理、化學或生物學，每次科學有了重大突破，都會讓社會陷入困惑一段時間。而這些困惑的時期，正反映出社會規範有所改變。孔恩談到典範轉移時，重點並不在於對社會規範有何影響，但也正是這方面的影響令人最始料未及。在典範轉移的期間，原本被視為世界領導者的科學家，會突然覺得自己變得無能為力、無足輕重。在孔恩看來，這種科學改變的過程就是一種「革命」。

在各個科學領域，都曾出現至少幾十次這種革命的例子，最著名的大概就屬哥白尼革命，它讓人清楚看到，社會規範的改變簡直會讓人覺得自己在世界上失去了立足點。每當典範轉移出現，就連專業科學家也會頓失信心、不知道自己究竟懂什麼。而這一切都只是因為「出現了某個新的想法」而已。

在哥白尼的時代，物理學家相信是太陽繞著地球轉。會這麼想也很正常，因為看起來就是這個樣子，無論太陽或月亮，都以同樣的方式劃過我們的天際。所以，顯然兩者都是繞著地球轉吧？這認知再合理不過。

但天上的行星讓我們產生質疑。

如果你長期觀察星空的變化，會發現火星每天晚上都會向左移動一點，夜復一夜地向左行進。雖然移動速度遠遠不及太陽和月亮，移動方式卻基本相同。再繼續觀察下去，又會發現其他奇怪的現象。某天晚上，完全沒有任何預警，火星就突然不再向左移動。又過了幾晚，竟然開始向右移動了。到了第二天晚上，又再向右移了一點。

這看起來可太不正常了。但你繼續觀察下去，再過幾晚，又會看到火星再次開始向左移動，於是你鬆了一口氣，覺得宇宙再次回歸正軌。

這一切究竟是怎麼了？

你絕不是第一個問這問題的人。這種火星逆行的狀況，就是一筆麻煩的資料，科學家稱為「異常」（anomaly），它不符合大家已接受的宇宙理論。要是所有天體（太陽、月亮、恆星與行星）都以同樣的方式繞著地球轉，火星怎麼可以忽然向後跑？

天文學家花了一千多年嘗試回答這個問題，想出無數理論、不斷補充修正。但理論修得愈精密，反而碰上愈多異常。等到文藝復興時期，天文學已經叫人不忍卒睹，集結了各種極其複雜的理論，卻無法好好整合。

接著哥白尼登場。在他那篇驚天動地的論文裡，他在引言抱怨著：「那些篤信（宇宙以地球為中心）的人，大致上解決了（行星）視動的問題，同時卻帶來許多顯然與均速運動基本原理相矛盾的論點。（這）就像是有人從各個地方各自拿來了手、腳、頭和其他器官，每個器官都很精美，但就是湊不成一個完整的人，拼起來只會是個怪物。」

哥白尼有個點子，能夠立刻解決所有異常，只不過也會讓人們對宇宙的理解天翻地覆。在所有人都挖空心思，希望為宇宙的地球中心論想出另一套奇談妙論的時候，哥白尼輕輕鬆鬆地把地球擺到了一邊，讓太陽成為宇宙的中心，而地球就像其他的行星一樣，繞著太陽轉。宛如魔杖一揮，他就這麼輕易解決了天文學上的所有問題。

這就是哥白尼革命。一個小小的想法，撼動了整個世界。

要說過去沒人看到過這一點，實在不太可能。但科學能否進展，除了概念是否正確，常常還得看民眾是否願意接受。哥白尼這套簡單的解決方案也遭受過巨大的阻力。反對他的除了礙於抵觸神學教義而堅決不接受哥白尼理論的天主教會，其他科學家的反對聲浪也很猛烈。他這套巧妙的解決方案，足足要到一百多年後才被廣泛接受。

哥白尼的這套新理論並沒有用上什麼複雜的數學，甚至比當時許多現存的理論來得更簡單。

然而，妨礙了天文學進步的阻礙並不在於數學，而在於社會。假設哥白尼是對的，以前為了解釋行星為何亂跑所發展出來的科學理論與概念都會驟然變得毫無意義。哥白尼所做的，並不只是為現有的科學對話再加進一個新的想法，而是改變了整場對話。事實上，是改變了整場對話所用的語言，使得整套專業能力體系直接崩潰。

典範轉移的時候，就是會出現這樣的場景。原本熟悉的談話與思考方式瞬間遭到淘汰；多年來的工作成果，眨眼失去所有價值。資深而認真的研究人員，突然感覺像是小學生，再也無法在自己的專業領域自信滿滿地呼風喚雨。這對很多人來說，絕對都是無比難受。正因如此，偉大的物理學家普朗克（Max Planck）才承認了黑暗的事實：「新的科學真理得以勝出，不是因為說服了反對者、讓他們見到光明；而是因為反對者終將死去，熟悉新科學真理的一代終將成長茁壯。」

談到社會改變，情況則稍有不同。對於種種社會規範，我們確實能讓一大群人改變想法，而且相對迅速許多。想想近幾十年來關於職場女性、同性婚姻等等話題，輿論已有了多大的轉變。然而，過去阻礙了科學改變的那股阻力，也可能給任何想要改變社會的人帶來挑戰。每當社會規範受到顛覆，人們原本對於自己日常社交能力與專業知識的自信就會受到干擾，感到焦慮與困惑。

還記得前面提過的帕吉特嗎？他遇上了一個看來再小不過的職場困境：不知道究竟該不該用擊拳來打招呼。

雖然在這個領域有多年專業經驗，但帕吉特一下子就不知道自己的舉動會被對方如何解讀。用擊拳的方式來打招呼，究竟會讓對方覺得是跟得上流行、還是覺得沒禮貌？如果握手，是會讓對方覺得受到尊重、還是覺得過於拘謹？帕吉特本來是個能把這套專業語言講得像是母語一般流暢的人，現在卻忽然連一次簡單的專業互動都做不到，彷彿得了失語症，再也無法像以前那樣讀懂客戶的心。

想要成功推動社會改變，就得帶領大家穿越這些未知的領域，取得新的期許、感受新的能力。

而成功的祕訣，就在於瞭解這種語言如何運作，並從中瞭解社會規範究竟是如何形成。

幼兒園裡的維根斯坦

哲學家維根斯坦（Ludwig Wittgenstein）是在他三十三歲那年秋天聲名大噪。他是個骨瘦如柴、脾氣暴躁的奧地利知識分子，原本沒沒無名，直到他發表了一篇簡短而艱澀到難以理解的論文，改變了整個哲學領域的進程，就這麼躍上了世界舞台。維根斯坦的導師是英國哲學家羅素（Bertrand Russell），而維根斯坦也跟著羅素的腳步，發展出一套嚴謹而縝密的理論，講述著語言如何運作。在他看來，語言就是一套邏輯系統，能夠揭示整個世界的奧祕。對維根斯坦而言，語言就是一切。理解了語言，也就理解了世界。

維根斯坦的思想，成了一整個世代哲學、語言學、數學、甚至社會學的基礎。至於他在第一次世界大戰期間的民族英雄角色，也讓他的光芒更顯耀眼。傳說中，他就是在大戰最後一年被俘的期間，寫下了論文的最終定稿，等到回國後發表，一夜成名。

但這還不是故事最精彩的部分。

維根斯坦成名之後神祕地失蹤，拋下了哲學研究，隱居鄉間。十年後，維根斯坦才又帶著一個新的重大發現重回劍橋大學。中斷的這些年，對他來說就像是個人的典範轉移，又再次改變了哲學的走向——而且這次是一百八十度的迴轉。維根斯坦的新研究主張，讓他在十年前一舉登上世界舞台的那套理論，一夜間變成一派謬論、純粹是浪費時間。據說，他宣稱如果有人還在做相關研究，都該立刻辭職，去做些更有用的事。

直到今天，哲學界都還沒能從這場震驚中恢復過來。普林斯頓大學知名哲學家索爾．克里普契（Saul Kripke）對於維根斯坦的第二篇論文表示，它仍然是「哲學界至今所見最為激進、也最為原創性的問題。」一九九九年曾有一項調查，詢問幾千位哲學教授，請他們提出心中認定，二十世紀最重要、最具影響力的研究。遙遙領先的最大贏家，正是維根斯坦的第二篇論文。

在這篇論文中，維根斯坦依舊相信語言是理解世界的關鍵，但他不再認為**邏輯**是理解語言的關鍵，改稱**社會**才是關鍵。要理解語言，祕訣就在於理解人們彼此是怎麼玩這場互相協調配合的「遊戲」。

一個人的想法，怎麼會就這樣從智識光譜的一端完全跳到另一端？維根斯坦隱居鄉間遠離哲學的那幾年，究竟發生了什麼事？

答案是，他跑去當了幼兒園的老師。

謠傳他姐姐曾說：「這就像是把一具精密儀器拿去當鐵撬。」但維根斯坦並非在逃避什麼，也不是虛擲光陰，而是在實驗一種研究哲學的新方法。

原來，維根斯坦是把幼兒園當成一種哲學實驗室，觀察幼兒如何玩耍、學習、建構意義，以及如何遵循社會規範。幼兒園就是他的實驗室，能讓他研究觀察協調困境是怎麼一回事，也瞭解人們如何解決這些困境。

維根斯坦的新理論認為，我們可以把社會生活簡化成一連串的協調配合遊戲，其中最主要的「遊戲」就是語言，語言定義了我們的所有思考方式與社會運作方式的樣貌。

以下略舉數例：

1. 你和我第一次見面。

我伸出手，想和你握手。你對我微笑，但並未和我握手。

下次我遇到陌生人，會伸出手來嗎？

下次你遇到陌生人，**你**又會伸出手來嗎？

要等到我試著握手失敗幾次，才會不再向每個新的陌生人伸手？決定不握手之後，我又會怎麼做？

2. 你和我成了新同事。

我們在茶水間聊得很愉快。

你說自己的薪水比想像的低，問我覺得老闆給薪到底公不公平。

我先是沉默半晌，接著尷尬地轉移話題。

下次你和另一位新同事在茶水間的時候，你還會談到你覺得給薪不公嗎？

下次我和另一位新同事在茶水間的時候，如果他們問我覺得給薪是否公平，我會尷尬地轉移話題嗎？

要等到我遇上多少新同事問我給薪是否公平的問題，我才會不再形同思想審查般地逃避這個問題？

3. 你和我成了新同事。

你到辦公室的時候，我告訴你，我覺得你很迷人，你穿的襯衫很好看。

我的話讓你不太自在，於是你打了個哈哈，說只要把工作做好，穿什麼都沒差吧。

下次我再看到某個同事穿著有型的時候，我還會告訴他們，說我覺得他們很迷人、衣服很好看嗎？

下次有其他同事說你很迷人、衣服很好看的時候，你還會那麼不自在、開玩笑說衣服哪有那麼重要嗎？

要等到多少新同事在我面前表露出不自在、說衣服與工作無關，我才會不再對他們的外表做出評論？

這些都是協調配合的遊戲。

維根斯坦對這些語言遊戲的深刻見解，儼然已經成為一種科學模型，得以用來理解從握手到獵巫的種種社會規範。

如今，無論在心理學、社會學、哲學或資工領域，研究社會規範的時候，都是以維根斯坦這套想法作為核心原則，將社會生活視為一系列的協調配合遊戲。也是維根斯坦的概念，讓我得以在多年後發展出一套研究方法，研究新的社會規範如何成形。

我的想法是：每種協調配合遊戲都有一個**引爆點**；也就是某種新行為流行到了某個

程度，就足以讓眾人對於什麼叫作「可接受」的概念一夕翻轉。這個想法令我覺得眼界大開，因為這代表只要能觸動一定數量的早期採用者，就能有效讓整個族群從某種社會規範轉移到另一種社會規範。若果真如此，我們就可能準確預測是否將會發生社會改變，也能預料到哪些社會規範將流行起來，包括說話的用語、打招呼的手勢，以及工作時的行為舉止。

第9章
維根斯坦、#MeToo與文化變遷的祕密

如今，羅莎貝絲．肯特（Rosabeth Moss Kanter）已是哈佛商學院的明星教授，也是全球知名的職場生產力專家。一九七七年，她從一個初出茅廬的年輕學者一躍成為學術巨星，靠的是這篇深具開創性的研究：性別不平等如何影響企業績效。如果公司給薪更為公平，是否會提升生產力？如果讓女性擔任各種領導者的角色、有更多發聲機會，是否能提升公司的創新能力？肯特為了回答這些問題，進行了一項仔細的民族誌研究，檢視某大實業公司裡，男女員工之間細微的動態關係。在過程中，她發現了社會改變的一項關鍵。

肯特注意到，如果女性只占公司極少數，肯定會受到歧視、薪資不平等、性騷擾等等文化壓迫。在這些公司裡，就算想提高女性地位、改善工作條件，似乎也找不出什麼好辦法。但肯特的民族誌研究仍找出了改善的方式：如果組織中的女性主管達到一定比

例（大約在二〇%到三五%之間），就可能足以讓公司文化產生巨大變化。換句話說，這個百分比就是引爆點。

你可能曾經透過葛拉威爾的暢銷書籍《引爆趨勢》（*The Tipping Point*），瞭解了引爆點的大致概念。但我對這個詞的用法不太一樣，有一套科學理論認為，只要在組織或族群中達到某個可測量的臨界值，就能讓人們的行為出現徹底的變化。像是肯特就相信，只要企業組織的女性高層主管達到某個臨界值，她們就能打破過去容許歧視的性別規範，並且建立新的規範、推動性別平等。

在一些女性高層比例**低於**引爆點的企業組織中，肯特則發現一些跡象透露著玄機。最值得一提的是，女性在這種企業中的象徵意義大於實質意義。她們在各種會議上十分醒目，也被男同事視為女性的代表樣貌。她們的行為，彷彿代表著所有女性的行為，告訴大家女性可以做到什麼、該怎麼做。

但另一方面，這些女性同時又被要求遵守一系列高度儀式化的社會規範：要對男性同僚展現敬意、要依不同情境表現得極度男性化或女性化，而且大家期許她們參與各種非正式社交活動的頻率會遠高於對男同事期許的頻率。女性就是得要遵循這些社會規範、符合同儕對於她們作為「女性代表」的期許，才能避免協調失敗的結果。

這些社會規範，對女性職涯的影響相當可觀。女性如果沒有表現出對男同事的尊敬，會受到各種非正式刁難，使得女性的離職率高於男性。此外，由於女性人數較少，相對比較難得到適當的指導。男性導師告訴她們爭取晉升的策略（對她們的男同事都十分有用），往往和組織期望女性員工遵守的行為規範不符，於是出現「角色衝突」。衝突難以解決，致使女性得到晉升的比例不如男性。而如果發現組織的薪資不平等、性騷擾與性侵事件頻傳，眾人卻見怪不怪，幾乎就能肯定該組織的女性比例必然低於假定的引爆點。

在肯特之後，其他學者也將這些發現延伸到政治領域。由對北歐各個國會女性比例變化的詳細研究中發現，女性人數若低於假定的引爆點，要推動新的政治目標、解決女性關注議題的能力便會大大受限。

對於這些徒具象徵意義的少數派女性政治人物而言，最大的問題在於不被當一回事，不被期待能發揮什麼政治影響力。缺乏正當性，讓她們難以擺脫過去的政治文化及言談風格，亦即不相信女性能在國會殿堂的言辭交鋒上有所貢獻。這些女性議員雖然成功進入國會，但難以發揮實質效果，常常在推動自身政治目標的時候寸步難行。心灰意冷之下，女性議員往往不願再競選連任，退出政壇的比例因而遠高於男性。

無論在商界或政界，徒具象徵意義的少數群體會面臨一項基本問題：無法達到足夠的臨界值，也就無法為自己關心的議題創造正當性。因此，對於各種影響自身的關鍵議題，諸如育兒、性騷擾問題等，女性政商人物也無力去扭轉局面。丹麥國會的報告就指出，「多數政治人物並不熟悉有哪些詞彙能用來討論女性地位、歧視、不平等、女性疾病、無酬勞動、兩性分工、性騷擾，以及對女性的性暴力。」於是在討論相關議程的時候，國會的男議員會感到坐立難安；如果有女議員明確提出這些議題，甚至會遭受強烈反對。因為一旦談到這些議題，男議員不知道怎樣才能把話說得權威可信，索性認定這些議題難登大雅之堂。本質上而言，政治人物的性別自然就會影響政治的語言，進而影響政治的實質。

肯特的理想推測是，只要女性比例能達到引爆點，就能讓一切改觀。這論點無論在當時或今天，都是個驚人的假設，而且對於 #MeToo 或其他社會改變運動究竟能實現怎樣的目標，也可謂意味深長：只要能有一定比例的人站出來，表達自己絕不容忍職場上性方面的不當舉止，就算還達不到絕大多數，也可能已經足以引發重大的文化轉變。

這樣的前景自然令人嚮往，但真的做得到嗎？

我第一次聽說這概念的時候，思考到這能怎樣解釋社會改變的發生，心中便大為震撼。要找出一個社會改變明確的引爆點，簡直就像是尋找社會科學的聖杯。相信有「閾值」、或說引爆點的存在，這種想法已經將近一世紀之久。至少自一九五〇年代以來，科學家與哲學家就對此爭辯不休；又過了許久，肯特關於性別動態關係的開創性研究才讓這個議題又有了新生命。在較實際的層面上，活動分子、企業家、政策制定者已經花了好幾個世代苦苦追尋，希望找出究竟那個促成改變的臨界值在哪裡。大家都想知道：社會改變真的有那麼一個引爆點嗎？如果有，比例是多少？

在我看來，一切應歸結到兩個基本問題。第一，我們要怎樣才能證明引爆點確實存在？畢竟，社會發生改變的可能因素太多，像是人口組成變化、新法規通過、失業率下降、職場相關科技出現創新、房價波動，以及許許多多其他力量，都可能引發改變。我們要怎樣才能確定，真的是因為活動分子的比例到了引爆點，才讓社會規範出現改變？

第二，如果確定有引爆點存在，能不能用數學算出來？所需的社會增強，要達到什麼程度？真的能確定到了某個點之後，社會改變就必然成真嗎？

我在維根斯坦的研究裡，找出了這些挑戰的答案。乍看之下，可能覺得維根斯坦和這個問題毫不相干：一位二十世紀上半葉的奧地利哲學家，為人嚴肅且一絲不苟，他跟二十世紀下半葉肯特研究的企業性別議題、又或如今的 #MeToo 運動成功，真的會有關係嗎？

結果發現，關係還真不少！

我們在第八章已經談過，維根斯坦相信，人們理解世界的方式（也就是我們會做些什麼、相信什麼），基本上就是在玩一種協調配合遊戲。我認為這代表著，所謂的引爆點，指的就是大家發現到了這個程度，要是再不改變行為，就再也無法互相協調。像是擊拳這件事的引爆點，就是到了某個程度的時候，如果某個人再不把專業上打招呼的方式從握手切換成擊拳，就會讓人覺得你不夠專業。雖然在美國的商業文化中，握手是個悠久、受人尊敬的傳統，但我相信如果講到社會規範，我們對於**社會協調配合**的需求就會超越對傳統的熱愛，而這正是推動社會改變的關鍵。

為了驗證這項假說，我需要設計一套現實世界的協調配合遊戲，研究人的行為會如何變化。維根斯坦就曾經以一個幼兒園班級作為「哲學實驗室」來研究社會行為。而我能不能找到、或設計出一個「社會學實驗室」，驗證我的引爆點理論？這裡我要研究的，並不同於維根斯坦想瞭解孩子如何學習規範，而是想研究那些**已經**在運用著各種社會規範的成人，看看是不是只要活動分子超過某個臨界值，就能迫使群眾改變他們所遵循的規範？

我的想法是建立一個線上社群，讓大家在其中玩著我們日常生活中的社會協調配合遊戲，遵守各種語言與文明規範。就像是我們在社交生活的不同領域（工作上、親密關係中、和朋友相處，或是認識陌生人），最後都會找出各自適當的行為方式，所以我覺得可以在網際網路上創出一個社群，以便觀察這個社群裡的社會協調配合過程。這就像是個社交培養皿，讓我得以見到人們如何互動進而產生「文化」。等到所有人建立起一套互相溝通的行為規範之後，我就會試看看我能不能成功顛覆這套規範：靠著將一組「活動分子」加入社群，讓所有人改用另一套新的行為規範。這樣一來，最後就能幫我釐清那個最重要的問題：究竟需要多少人來推動，才能讓改變成真？

命名遊戲

肯特在一九七〇年代研究組織的時候，她和愈來愈多的社會學家與經濟學家已經開始相信，就算大多數人抗拒改變，但靠著一小部分人，還是可能成功促成改變。根據肯特的民族誌研究所導出的假設，想要「傾覆」社會規範，臨界值大概只需要整個族群的二〇%至三五%。多年後，我自己對於人際網路的研究也是以這些想法為基礎，去證明某個社群網路當中有了足夠的社會增強，就可能讓社會改變開始廣泛傳開，最後傳到每一個人。我和同事相信，我們可以根據複雜傳播理論，精確推導出這個引爆點的數學預測值。

我們用的辦法，就是假設出一個像是帕吉特這樣的人。他需要碰上多少次像是擊拳這種新的行為，才會放棄自己過去所信賴的握手？雖然他採取握手已經很長一段時間，但如果是要決定未來如何應對新的情境，他有可能覺得最近碰到的情況更有參考價值。我們認為，等到某一天，帕吉特根據最近的記憶，確定最常碰到的打招呼方式是擊拳而不是握手，那麼他在下一次和人見面時，就會改變行為，以擊拳來打招呼。

所以，需要多少早期採用者才足以引發連鎖反應，進而「顛覆」整個族群？我們得出的預測值與肯特當初的研究結果完全吻合：引爆點就在二五%。只要整個族群有四分之一接受了新的信念或行為，其他人就會迅速效仿。

在我們研究的時期，這項預測還頗具爭議，時值不久前，有一群物理學家做出預測，可能只需要族群的一〇%，就足以引發社會改變。但同時間，也有許多社會科學家認真認為社會中或許根本沒有所謂的引爆點；他們相信社會規範的協調過程過於複雜，實在不能這樣衡量。在各方眾說紛紜之下，我們這個二五%的預測顯然還不能說是定論，但至少看起來是個很好的起點。

為了測試這套引爆點理論，我們在線上創建了十個社群，人數從二十到三十人不等，每個社群各自形成一個社群網路，讓裡面的參與者互相連結。

每個社群都玩了一項「語言遊戲」：隨機挑出一個人，再由大家為這個人取個適合的名字。我們收集了十位不知名人士的照片，每個社群都會拿到一張，可能是男性、也可能是女性。接著我們就問：你覺得這個人可能叫什麼名字？

每一回合開始，我們都會將某位社群成員和他們在人際網路上的鄰居隨機配對。因此，像是在有二十人的社群裡，每回合就會隨機配出十對。每對有二十秒的時間為照片裡的這張人臉命名。所有人都同步進行。

假設你是玩家之一，就會在回合一開始看到一張臉的照片，並且看到一個空格，讓你輸入你想到的名字。但你看不到自己的隊友、也看不到隊友輸入的內容。你只知道你們都有二十秒的時間可以命名，而且你們應該要努力互相協調彼此的答案。等到每回合結束，玩家就會看到隊友提議的名字，接著與社群的另一位成員配對，再玩一次。

要是你和隊友取了同一個名字，兩人都會得到獎金。然而，要是你們兩個取了不一樣的名字，就要罰錢。大家都不喜歡被罰錢，所以協調意願就會很高。

這場遊戲裡的玩家就如同帕吉特，試圖弄清楚自己打招呼的時候該握手、擊拳、還是要做出其他選擇。帕吉特希望能和自己的新客戶達成共識，而且更重要的是，可不能只是**自以為**有共識。帕吉特每次與新客戶見面打招呼，就等於是又一次觀察這個專業圈子裡的人會表現什麼行為；接著再根據經驗與資訊的累積，決定下一次和人打招呼的時候該怎麼做。

我們的這套語言遊戲也是如此。

這套遊戲有趣的地方在於沒有正確答案，大家愛取什麼名字就取什麼名字（有些還真的很誇張！）。但這也正是難處所在：你難以預料其他人會怎麼做。你只能看到上一回合的隊友輸入了什麼名字，而不知道社群裡其他人取了什麼，甚至也不知道這個社群究竟有多少人、後面還會跟多少人配對。就像帕吉特一樣，你並沒有全族群的資料可以推斷自己遇到的下一個人會怎麼做。

這套遊戲玩了五十回合，大家就這樣不斷嘗試著，看看什麼時候運氣夠好，會剛好取到一樣的名字。但就像帕吉特一樣，你每次和某個人協調之後，也無法知道下一回合的人會怎麼回應。在每一回合，你就只能盡量根據現有資訊去猜測隊友會怎麼做。

一開始，情況只能說是一片混亂。在最初幾個回合，以一個二十四人的社群而言，有可能會取出超過六十個名字，完全沒有共通點。

彷彿H日再次上演。

但總有一些偶然的狀況，恰巧某對玩家取了一樣的名字，假設叫作米婭好了。因為前面已經失敗了太多次，這時候兩位玩家都會非常興奮，而在下一回合與新的隊友配對時，也都會再試試「米婭」這個答案。即使在新的回合「米婭」沒能成功，他們也會再接再厲，繼續試上一兩回合。

而人際網路就會在這個時候發揮作用。如果當初取了「米婭」的兩位玩家都繼續用「米婭」來和新的隊友玩遊戲，這些新隊友就會看到這個名字在眼前出現。現在，假設這些新隊友又在後續的回合裡碰上了。

因為不久前才看過「米婭」這個名字，有可能兩個人都想說那就試試吧。

賓果！他們中獎了！

如此一來，上面提到的這些玩家都會想在接下來幾個回合繼續嘗試「米婭」。

你應該可以瞭解情況會怎樣了。「米婭」在整個社群網路裡得到增強的次數愈多，就可能會有愈多人開始試著取這個名字，大家成功的可能性也就愈高。而這一切都會讓「米婭」繼續傳播的可能性變得更高，直到最終所有人都持續使用這個名字。

在你看來，一個二十四人的社群要建立一套他們的社會規範，需要多長時間？十分鐘？二十分鐘？一般來說，其實是**不到五分鐘**，有時候甚至更快。

所有社群的最初都是一片混亂，但只要開始迸出一些協調的小火花，大家就會很快速地和同儕、同儕的同儕，以及同儕的同儕的同儕開始協調配合，表現出一樣的行為。等到第十五回合之後，就算遇上陌生人，彼此也已經有了協調的共識。

只要規範已經成立，所有人都會知道能對彼此有何期許。就像握手一樣。

我們曾經在幾章前談過節育措施如何在韓國逐漸為眾人接受，整件事裡最讓人驚訝的一點在於，雖然最後每個村莊都對節育這件事達到共識，做法卻是各有不同。有些村子是「子宮環村」、有些是「避孕藥村」、還有一些是「男性結紮村」。韓國推廣節育大獲成功，並不是因為哪種特定的節育方式特別好，而是因為各個村莊的社群內部達到了社會協調配合。真正重要的是建立社會規範，而不是採用某種特定手段。

同樣的事情，也發生在我們的命名遊戲實驗。每個社群都成功建立起了自己的社會規範，但每個社群的規範各有不同。就算我們將同樣的人臉照片提供給兩個不同的社群，這兩個社群最後取出的名字也不會相同，可能一個達到共識的是伊莉莎白、而另一個達到共識的是米婭。在某種程度上，可以說每個社群都建立出屬於自己的文化。

等到所有人都開始互相配合協調的時候，就會有充分理由要把大家建立起來的規範堅持下去。要是自己硬要試新的名字、造成協調失敗，就會賠錢。要是繼續用相同的名字，就能隨著每一回合過去而賺到更多獎金，直到遊戲結束。

你會怎麼選？

不難想像，規範一旦成立，就難以動搖。這些玩家在後面還有幾十回合要玩，要是堅守規範，就能荷包滿滿；偏離規範，就是和錢說拜拜。

接著，我們讓活動分子加入實驗。

我們在這十個社群各自放進一群「活動分子」，其實都是我們研究團隊的成員，他們只有一件事要做：推翻已經建立起的社會規範。這些人完全不受社會影響力的左右，不管在每一回合和誰互動，都只會堅持使用自己希望成為新規範的那個名字。假設某個社群已經達成共識、取了「米婭」這個名字，這時忽然出現了一群活動分子，開始在每一回合都用「英格麗」這個名字。這就像是努力想推動一場社會改變。

在我們研究的社群中，我們分別實驗了不同規模的活動團體。最小的活動團體只占社群總人數的一七％（遠低於我們預測的引爆點）；而最大的活動團體則占了三一％（遠高於引爆點）。我們把這群人稱為「忠誠的少數派」，不論如何就是對「英格麗」一片死忠。以下就是這十個社群的狀況：

社群一：忠誠的少數派占一七％。
社群二：忠誠的少數派占一九％。
社群三：忠誠的少數派占一九％。
社群四：忠誠的少數派占二〇％。
社群五：忠誠的少數派占二一％。
社群六：忠誠的少數派占二五％。
社群七：忠誠的少數派占二七％。
社群八：忠誠的少數派占二八％。
社群九：忠誠的少數派占二八％。
社群十：忠誠的少數派占三一％。

在社群一到五（占了一七％到二一％），這群忠誠的少數派發揮不了什麼作用。雖然不出所料，看著還是讓人失望，即便經過幾十回合努力不懈，還是無法對整體造成影響。縱然活動分子的比例已經高達二一%，對其他參與者仍幾乎沒什麼作用，眾人依舊遵循既定的社會規範，彷彿這群活動分子並不存在。不論活動人士如何高喊「英格麗」，熱愛「米婭」的多數派也置若罔聞。

到了社群六，我們把活動分子的比例稍微提高、剛好來到二五%……事情成功了。這就是引爆點。「英格麗」少數派擊敗了「米婭」多數派。

雖然我們也早就預見到這一點，但實際看著它上演，還是令人嘖嘖稱奇。

從「失敗」的社群五到「成功」的社群六，就只差了僅僅四個百分點而已。前幾個社群把活動分子的比例從一〇%增加到一四%，或從一七%增加到二一%，對整體仍然不會有任何影響。然而只要一達到二五%的引爆點，雖然活動團體的規模只是稍有提升，對整體的影響卻是天差地別。從社群六到十，這些忠誠的少數派每次都大獲成功。

從這一點，我們可以看出引爆點的神奇之處，也能瞭解為什麼社會改變往往顯得如此突如其來。因為只要還不到引爆點，無論活動分子人數怎樣大幅提升，也無法對族群裡的其他人造成影響。舉例來說，就算比例從一〇%大幅躍升到二〇%，也無法帶來顯著的不同。然而，如果是剛好把比例帶到引爆點以上，就算只是稍稍增加活動分子人數，所有人都會感受到這股影響。

在阿拉伯之春給世界帶來驚喜的十六年前，經濟學家提默爾．庫蘭（Timur Kuran）就曾預見未來，寫出〈意想不到的革命在未來無可避免〉一文。文中認為在活動分子的比例還不到引爆點時，社會表面看來一片安定，但這只是假象。就算活動分子已經來到推動社會革命的邊緣，大家也可能毫無感覺；但只要再多那麼一點，社會改變就會爆發，徹底出人意表。

二〇一一年的埃及正是如此。早在一九九五年，庫蘭那篇文章就讓社會科學家開始猜想，穆巴拉克（Hosni Mubarak）對埃及的殘暴統治是否會遭到推翻？可能會是什麼時候？

但就算到了二〇一〇年，也沒有人會想到事情就發生在隔年二〇一一。說到革命，總是沒想到的比想到的多。一九八九年柏林圍牆倒下；二〇一六年 #MeToo 運動興起；大麻的合法化。

這些社會變化之所以令人始料未及，是因為相關抗議、活動分子的努力早就已經進行了幾十年，卻都只是狗吠火車、收效甚微。然而一旦到了引爆點，浪潮突然就席捲了所有人。

引爆點之後

雖然引爆點威力強大，也有些規範根深柢固，看似不可能改變。舉例來說，政治界的性別偏見就是其中之一，政界女性所面臨的挑戰，曾經看來永遠無法克服。

前面曾經提過丹麥的例子，在國會女性比例低於引爆點的時候，大家在政治上並不把這些女議員當一回事。她們關心的議題一直無法真正進入政治討論；她們不再連任的比率較高、達成目標的比率較低，而且幾乎無法帶進新的語彙，來討論像是女性地位、性騷擾、家庭暴力這些她們的選民所關注的議題。假如女性比例能在政府裡達到引爆點，這些規範真的會改變嗎？

沒錯，真的會改變。而且事情就這樣發生了。

關於北歐國會女性的研究發現，只要女性比例超過引爆點、不再只是象徵意義大於實質意義的少數族群，對於女性參與政治的公開反對就會顯著減少。原因之一在於，只要有了更多女性公職人員，刻板印象就更難發揮作用。有更多女性浮上檯面，讓人見識到女性的更多面向，就更難大開嘲諷、一竿子打翻一船女性，而必須針對個人、就事論事。以丹麥為例，當更多女性進入國會之後，對女性政治人物的公開反對聲浪也全然消聲匿跡。當然，私下的性別歧視仍然可能存在，但大家已經不認為**公開**針對性別而批評某位候選人是件可以被接受的事了；這是一個明確的跡象，顯示出關於女性參與政治的社會規範已經有所改變。

忠誠的少數派想要成功，重點不在於人數，而在於是否**忠誠**。研究女性參與政治的學者有一項最大的隱憂：女性參與政治現象的增長，有可能只是她們在地位提升過程中被男性的政治文化所同化。要是女性政治人物也變得只重視那些男性政治人物關心的話題，就難以對女性生活、女性議題真正發揮影響力，而不過是一群女性扮演了男性的角色罷了。幸好，關於引爆點的研究顯示，事情並非如此。

在瑞典，女性在地方議會的比例達到二五％至三〇％的臨界值之後，都能有效相互協調，推動女性所關切的新議題。這不僅使得女性議員的效率更高，也讓她們更能掌握自己的政治生涯。過去女性政治人物中途退出政壇的比例相當高，但現在已經降到與男性相同。無論男女，只要資歷相等、連任的比率也就相似。女性也終於得以將育兒、婦女生殖健康（reproductive health）和同工同酬等議題帶上檯面。透過這些改變，顯著減少了女性議員在家庭與職業生涯之間的衝突，也讓她們在議員職位上更能大展身手。

女性比例達到引爆點之後，北歐國會的政治話語常態也產生了變化。在許多國家，所有政治人物（無論性別）都開始認定女性議題值得端上檯面共同討論，進而推動制度改變，在政府內成立平等地位委員會（Equal Status Council），以確保國會上下都能遵行平等政策。

引爆點的概念，讓我們看到社會改變的潛力，並深受鼓舞。但正如所有的社會科學概念一樣，我們也必須看到背後的隱憂。引爆點的操弄也可能形成反效果：非但無法讓群體得到解放，反而成為社會控制的工具。

扼殺引爆點

二〇一三年六月，中國新疆維吾爾自治區爆發暴力事件。在偏遠的魯克沁鎮，一群鎮民持著刀和火把，攻擊當地派出所與政府大樓，殺害十七名警察與官員。警方反擊，射殺十名暴徒。

新疆位處中國西北一隅，介於蒙古和哈薩克之間。比起中國其他地區，此地種族更為多元。當地的維吾爾族在文化上，其實與鄰近的穆斯林國家更為相似，而與在中國占主導地位的漢族較為不同。維吾爾族說的是突厥語系的維吾爾語（一種中亞語言，比起漢語，更近似土耳其語），並遵行伊斯蘭教的宗教和文化習俗。對中國來說，維吾爾族是對中國文化統一的威脅，因此整個新疆上下的警政措施異常嚴格。包括魯克沁鎮在內的大小城鎮，都有嚴格的經濟和社會禁令，禁止銷售伊斯蘭宗教服飾，非漢族的工作機會也相當有限。

中國政府很清楚，在中國往全球擴張、貌似勢不可擋的時候，唯一真正的威脅並非來自外部的競爭，而是來自內部的異聲。中國想在全球稱霸，就必須在內部取得團結。二〇一三年的魯克沁暴動，是新疆多年來最嚴重的一次民間暴力事件，對此中國領導人認為必須迅速採取行動，透過官方媒體管道《環球時報》與微博（中國版的臉書）等社群媒體，盡快做出回應。

中國政府釋放出的假訊息攻勢明確而猛烈。官方說法指稱，魯克沁暴動事件是來自敘利亞的穆斯林極端分子所發動的隨機恐怖攻擊。這也正是我們能夠想見極權政府會放出的假訊息。將責任歸咎於外國極端分子有幾種不同的作用，首先是促進民族團結，再者是進一步孤立、羞辱新疆其他的穆斯林人民，另外還能營造出遭受外部威脅的假象。

魯克沁暴動事件的真相，其實更叫人不安。根據新疆當地民眾的說法，早在攻擊事件前的幾個月間，警方就加大了巡查力道，連番拘捕，魯克沁當地許多維吾爾男性就此音訊全無。之所以在六月爆發衝突，是對警方壓迫愈演愈烈的反彈。

中國壓制內部歧見、粉飾太平的做法絕非新鮮事，但到了社群媒體時代，過去的社會控制策略早已過時。中國政府那套將近百年歷史的媒體操弄手法，已經難以再矇騙所有人。

然而，中國接著做了一件大家都意想不到的事。

隨著魯克沁的相關討論與報導開始在社群媒體升溫，中國政府官員開始假冒民眾在社群媒體上大量發文。這些發文的內容既非關於暴動事件的假訊息，也不是批評關於魯克沁鎮獨立的新聞報導，反而是在大肆讚揚某場地方遊行，或是開始針對中國的新經濟發展計畫，帶出激烈的政治辯論，又或者是故意撩弄其他「網民」同儕，詢問他們對習近平主席最近的「中國夢」演講有何看法。

這些事和魯克沁暴動事件有什麼關係？

就是沒有關係。

這是將「不合邏輯的推演」做了策略上的應用，是中國為了進行全國性的社會控制，經過巧妙設計並大規模部署的一項計畫。中國政府並沒有用社群媒體來打擊那些貶斥政府的觀點，也沒有去討論魯克沁暴動事件的本質，只是在社群媒體上放出夠多的隨機閘聊話題，分散公民對其政權正當性不滿的注意力。

這件事既荒唐不堪，又不得不說手段高明。讓我們想像一下，如果在弗格森抗議活動期間，在 #BlackLivesMatter 發文下方的回應是談自己的地方遊行，或是熱情評論共和黨高層最近的言論，這些人應該會被無視，更可能被臭罵一番。

但只有在這些人僅占少數時，才會是這種情形。

中國的新策略，正是利用了引爆點理論。中國安排了幾萬名行動一致的網路打手，藏身在假帳號背後，共同發表、轉貼各種故事與評論，分散民眾對魯克沁暴動事件的注意力。這些網軍被稱為「五毛黨」，用以諷刺他們每篇貼文能賺到五毛錢。

這種手段非常有效，時至今日，五毛黨仍然是中國主要的社會控制策略，每年在中國社群媒體上發布的文章估計有四．四八億篇。整個中國社群媒體每年約有八百億篇文章，也就是說大約每一百七十八篇真實貼文中，就會有一篇是五毛黨的假貼文；當政府要使用引爆點策略的時候，比例還會更高。

這四．四八億篇貼文並不是網軍在一年當中平均貼出，而是經過協調配合，策略性地大量放出訊息。像在魯克沁暴動事件後，五毛黨網軍立刻發出及轉貼了數千篇貼文，打散社群媒體上的輿論走向。這套戰術完全符合肯特的概念。只要你能協調夠多的人一起表現出某種行為，其他人會開始認為這是正當的行為，而其他行為就沒那麼正當了。

引爆點的概念要能有效應用在社群媒體上，在於大家必須是在同一個話題中，才能互相對話討論。如果有一群活動分子（或政府網軍）擔任了「忠誠的少數派」角色，共同努力轉移話題，其他人就很難抗拒與他們協調的傾向。畢竟，語言就是一種協調配合遊戲。

相較於二十世紀專制政權所使用的言論審查策略，五毛黨明顯有所不同，甚至可說與審查制度完全相反。中國的做法並不是去燒掉所有具煽動性的書籍，而是讓市場上充斥著吸引人目光的低俗小說。

二〇一四年四月，新疆再次發生一起攻擊事件，這次的地點在烏魯木齊火車站，造成三人死亡。這一次，中國政府沒有再浪費時間去指控穆斯林極端分子，而是直接放出五毛黨，貼出幾千則讚美中國新住房政策優點的文章。順著這個主題，五毛網軍又開了幾個話題，討論新疆的經濟發展機會，徹底淹沒了一般民眾關於攻擊事件的發文。

那一天最為詭異、也最明確達到分散注意力效果的一項發文策略，就是開啟了一場對於毛主義理論的學術討論。一群五毛網軍開始激辯，討論中國領導階層該如何將群眾意見納入政府決策架構，接著再對共產主義原則進行廣泛而周詳的討論。至於仍在大火烈焰中的烏魯木齊火車站，就這樣遭到遺忘。

中國五毛黨策略不同於納粹德國或史達林時期的俄羅斯，它不去阻止資訊的流動，而是去控制眾人接收與詮釋資訊的方式。表面雖然允許思想交流，暗地裡卻在同時間塑造管控這些思想價值的社會規範。

乍看之下，如果這套社會控制策略要能奏效，五毛網軍應該見不得光。但截至目前為止，關於五毛黨最奇怪的一點就在於這完全不是祕密。中國所有人都知道五毛黨的存在，甚至根本就是政府的公然坦誠。我在哈佛大學政治系的同事曾經發表一項研究，揭露中國五毛黨的情事，而中國政府的官方回應是讚揚五毛黨稱職發揮了「引導輿論」的效果，有功於中國。中國政府並未否認五毛黨進行社會操縱，反而是稱頌其美德！

要是人人都知道有五毛黨，為什麼這套策略還是能成功？

詭異的事實是，五毛黨之所以能夠成功，正因人人都知道他們的存在。

中國政府的策略，是巧妙地將獵巫手法加以改良。在獵巫行動中，民眾害怕自己被指控為女巫，因此被迫隱瞞自己的真實信念。等到大家再也無法瞭解彼此的想法，就算其實沒有人支持獵巫，大家還是會誤以為同儕都支持這種舉動。被指控使用巫術的憂慮揮之不去，於是就連最不支持的人，也會開始指控他人使用巫術。

對應在中國社群媒體上，想要表現自己有多麼坦蕩真誠，唯一的辦法就是指控別人都是政府的五毛網軍。五毛黨正是反過來利用了這種策略，看到民眾發表親政府的觀點，他們便加以指控。五毛黨會創造多重身分，對辯論的兩方論點都發表意見，並和自己與其他五毛黨員激烈爭辯。甚至有時候，他們還會在指控他人帶風向的討論串裡繼續發文帶風向。在那些指控當中有些是真的，是故意挑出其他五毛黨的風向文來批評。當然，大部分的指控都屬不實。

整件事的結果就和獵巫一樣。如果你再也分不清誰是真心、誰是假意，就再也無法瞭解他人的心思。到頭來，所有人都會配合表現出同儕顯然最能接受的行為——即使那是政府所虛構的假象。

這項策略最高超的一點是，相對於五毛黨的徹底**透明**，反而人民的真正心意顯得特別隱晦。在中國社群媒體上，種種陰謀論變得老掉牙，引不起眾人目光，結果就是大家再也無法證明自己的一片真心。

自從中國在二〇〇四年開始試行這種策略，已經有幾十位學術研究者與媒體嘗試與五毛黨的成員聯繫，請他們談談這種社會控制的策略，但從沒有人能夠得到訪談的機會。直到二〇一一年，中國著名藝術家兼活動人士艾未未才終於達成這件事。他在中國被關押期間，設法聯絡並訪談了一位五毛黨成員。

其中最精彩的一刻，就是艾未未向這位五毛詢問關於真誠與社會操縱的議題。

「你認為政府有權干涉輿論導向嗎？」

這位五毛認為，在中國，政府「絕對有必要干涉和引導……中國的大部分網民……太沒有自己的思想了。所以中國網民太容易被一些虛假消息所矇騙和煽動。」

而等到發現自己的說法根本自相矛盾之後，這位五毛冷靜承認，自己就是故意散布假消息。

「你需要相信你說的觀點嗎？」

五毛：「我不需要相信。有些時候你明明知道自己說的是假話或者違心話，但是你還是要這樣說，因為你的工作就是這樣的。」

活動分子想要觸發引爆點，甚至不需要出於真心誠意，只要肯認真做就行了。在中國與其他地方，特定人士只要能夠互相協調配合，就能在充滿不透明性的社群媒體上散布假消息，在眾人不知不覺的情況下顛覆社會協調，過程輕鬆到令人頭皮發麻。

第10章
腦中那個「我」的盲點：引爆點的意外觸發關鍵

二〇〇六年春天，普林斯頓大學請來校內四十四位大學生，調查他們對於普林斯頓一系列新政策提案的想法。這些提案將大大影響普林斯頓，特別是在招生方面，例如其中一項是建議普林斯頓的「提前申請」（Early Decision）入學方式不應對學生有強制性，這樣雖然能讓學生在申請獎學金上彈性更大，但也會使申請人數大為增加，結果可能導致學校更難確保招收到最優秀的學生。像這種很難說究竟是好是壞的提案，會得到學生的支持、還是反對？

事實上，這次調查的重點並不只是想知道這群學長姐的想法，同時也是在進行一項控制對照實驗，即類似前面提過各種要測試受試者是否會遵照規範的研究。學生評估每項提案的時候，都會看到其他學生的意見。表面上，這項研究想看的是學生會不會做出與同儕一致的選擇，但裡面還加入了兩項設計。

第一，你大概已經猜想得到，結果顯示，如果是其他學生已經支持的選項，後續學生表達支持的可能性就會遠遠高出一截，但這項研究並不只是想知道學生會不會遵從社會規範，也想知道學生有沒有「認知到」自己在遵從社會規範。所以研究接下來就會詢問學生，是出於什麼原因而支持或反對各項提案。

他們的選擇受到同儕的影響嗎？是因為提案的某項優點嗎？還是因為他們覺得這對大學（或以後身為校友的自己）有利？

幾乎所有的學生都表示，自己的選擇是因為提案具備某項優點，或是對大學可能有利。很少會說同儕的影響是主要因素。

第二項設計更有意思。研究者接著挑出做了同樣選擇的學生檔案，提供給受試者參考，問受試者認為這些學生為什麼會做這樣的決定，是因為同儕影響、提案本身的優點，或是預期對自己或大學可能有利？

這次得到的答案就明顯不同了。受試者解釋別人的動機時，認為是受到同儕影響的機率明顯高出一截。而許多其他研究也顯示同樣的結果。我們常常覺得別人的選擇是受了社會規範的影響，但講到自己做的選擇，大多數人都會認為是出於審慎的推論和個人的偏好。這種情況，稱為「內省錯覺」（introspection illusion）。

另一個例子出自二〇〇四年的《紐約時報》。文章內容談到美國中產階級日益奢侈放縱，例如紐澤西就有一位婦女買了要價七千美元的爐子，「她說，自己之所以想要Viking Range 的高檔廚具，絕不是為了和別人比較，而是因為自己對烹飪很要求，又希望能讓吃飯的人都開心，這套廚具擁有她需要的功能。」

大多時候，我們都看不見社會對我們的行為有何影響，這些影響都處於我們的盲點之中。過去幾十年間，社會科學實驗已經愈來愈擅長找出這些盲點，進而評估它們對人們的行為有多大影響。關於內省錯覺的理論，就能讓我們清楚瞭解這種盲點：大家解釋自己行為的時候，常常是根據自己內心的感覺，而不是根據外在實際發生的事。這只是個簡單的觀察，但對於社會規範的科學卻具有重大意義，它讓我們知道，我們「以為」自己改變的原因，往往並不是真正讓我們改變的理由。事實上，如果想找出某個人的行為動機，「直接問他們的想法」可能是最不可靠的方式了。

在二〇〇七年有一項分成兩部分的研究，設計十分巧妙，能夠顯示內省錯覺會如何為公共政策造成陷阱、又能如何躲開陷阱。在研究的第一部分，調查了將近千名加州居民是否願意在家中採行節能策略。當時各方為了加強節能，正在制定許多計畫，包括對屋主宣傳各項節能獎勵措拖、宣導全球暖化的危險，以及宣揚人類對後世子孫的道德責任。接著再問加州居民，哪一項要素最有可能讓他們採行更多節能措施：(1)他們的環境價值觀與對社會的責任感；(2)省錢機會；(3)同儕形成的社會規範。

你現在可能已經預想得到：所有人都表示，自己之所以想在家裡採用永續做法，是為了想拯救環境或是想省錢。就像那群普林斯頓的學生一樣，這群加州居民也沒想到社會規範會對自己有什麼影響——大家都認為只有**別人**才會受影響。

接著，研究來到第二部分：找來與第一組受試者類似的加州家庭，進行一項分成三個步驟的實驗。第一，研究者記錄了每個家庭的實際能源使用量。第二，在接下來幾週內，他們向每個家庭提供方便掛在門把上的宣導小冊，介紹各種節能措施（像是不用的燈就關掉、縮短淋浴時間、用電風扇代替冷氣等等）。所有的家庭分成三組。第一組另外得到的資訊，是談到這些建議的節能措施對社會與環境有何利益。第二組另外得到的資訊，則是談到這些措施能省下多少錢。至於最後的第三組，則是得知有多少鄰居採用了這些措施來節能減碳。

一個月後，研究者再進行後續追蹤，訪談所有受試者，並且檢查每一家的電表，記錄他們的家庭用電量是否改變。這樣一來，研究者就得以比較每種行為改變策略各有多大的影響，看看大家所認為的與實際上有多大差異。

在後續訪談中，屋主被問到自己認為哪種說服策略最有效：第一是得到可信的訊息，指出節能措施會對環境與社會有怎樣的影響；第二是得知節能措施能為自己省下多少錢；第三則是讓他們瞭解街坊鄰居都在用哪些措施。

這一次大家仍然表示，想要影響自己的居家行為，最好的辦法就是讓他們知道這些做法（例如縮短淋浴時間、關掉不用的燈）對社會與環境有什麼好處，或是讓他們知道這樣一個月可以省下多少錢。所有人都認為，「關於同儕行為的資訊」是最不可能影響自己居家行為的因素。

但研究的實際發現怎麼說？

事實上，**唯一**能讓家庭顯著節能的做法，就是提供同儕的資訊。值得注意的是，就算是第三組這個「社會規範組」（就是確實受到同儕資訊影響的那一組），也仍然像其他組一樣，深信其他的做法會更有效。

如果你還是覺得這實在太難以相信，可以想想看，如果是你被問到怎樣會影響你的節能措施，你的回答會是如何？你會說最大的考量是為了保護環境嗎？還是省錢？還是你會說，雖然你不知道為什麼，但覺得自己會隨波逐流跟著別人的腳步？

這項研究發現的重點，一方面在於不該直接由大家自以為的理由來推測行為的動機

（我想，至少在講到別人的時候，大家都很能接受這種說法），而驚人的另一方面，則在於大家以為**最不可能**影響自己的策略，反而是要改變行為時**最有效**的做法。

多年來，就是這些盲點使得美國的許多再生能源計畫成效不彰。創新者想把美國推向更永續的方向，卻總是力不從心，特別是各項資料都顯示美國人明明就願意支持永續措施，於是更令人百思不解。而同樣讓人摸不透的一點是，有些國家看來似乎面臨著一樣的挑戰，為什麼卻能成功？

這些國家可以提供什麼建議？從那些成功打破社會規範、走向永續發展的政府，我們可以學到什麼策略上的教訓？

觀察你的鄰居

一九九〇年代初期，歐洲正要轉型發展太陽能。當時瑞士、德國、法國、義大利與其他歐洲國家已經獨步全球，制定了一些最先進的法律，但講到家用的屋頂太陽能裝置，各種社會規範仍然守舊，沒人願意做出轉變。

這正是引爆點理論的矛盾之處：如果所有人都在等別人帶頭，要怎樣才點得起那株最早的引爆火花？

這種時候，最常見的策略就是砸錢作為激勵。自從二〇〇八年以來，瑞士政府就提供大筆獎勵，鼓勵屋主在屋頂安裝太陽能板。這本該是美事一件，屋主在屋頂安裝太陽能板，連接一個小型變流器，就能將產出的電力直接輸送到當地電網。瑞士政府會以高於市價的價格向屋主購買這些電，不但能供應社區與屋主本身所需，還能為屋主帶來豐厚的獲利。根本就是雙贏！

為了推行這項計畫，瑞士政府展開大規模宣導活動，告訴國人太陽能對環境的重要性，還在全國打廣告，宣傳家庭太陽能系統節省成本的效益。靠著這種策略，瑞士成功在一小群早期採用者當中，推動一波安裝的浪潮，但隨著浪潮漸漸消退，最終沒能達到引爆點。

正如研究者後來的發現，問題在於瑞士人選擇要不要裝太陽能板的時候，不是因為有多少獎勵、有沒有環保意識，而是先看當地社區安裝的人有多少。街坊鄰居有愈多人裝，大家就愈會覺得自己**應該**裝。在一開始響應的安裝率就很低的社群中，後來再有人跟進的比率始終低落，甚至是完全沒有。

德國在一九八〇年代末也曾面臨同樣的挑戰。當時，環保分子與產業創新人士花了將近十年推動立法、制定財政獎勵措施，希望刺激德國的太陽能電池製造。但同樣地，問題是出在消費者端：政府要怎麼樣才能在民眾之間打破社會規範，讓大家廣為接受太陽能？

在德國的理想中，希望太陽能可以像是電視、錄影機、智慧型手機、個人電腦、電子郵件、網際網路與社群媒體一樣，變成人人都在使用的科技。從這些成功科技的歷史，可以發現一個明顯的模式：一方面，每種科技的傳播顯然都受到價格、取得是否便利、民眾是否認識等因素的影響；而另一方面，每種科技傳播的時候，也都看到民眾是一群接著一群地接受。只要看到自己的朋友、鄰居和同事開始使用某種科技，大家就會跟進。再生能源科技也是如此。

散彈槍、銀子彈、滾雪球

還記得前面提過韓國向各個村莊宣導節育措施的故事嗎？假設我們讓時光倒流，回到宣導剛要起跑的那一刻。

想像你是負責這件事的政府人員，要提出策略來打破過去的社會規範，讓人民願意節育。

現在再想像一下，在每個人口為一千人的韓國村莊裡，你有一張人際網路圖，可以清楚看出村民之間的人脈連結。而你要負責的，就是用這張圖找出該鎖定誰，才能讓宣導活動發揮推動社會改變的最大影響力。

但政府預算有限：你在每個村子只有十美元的預算，你可以自由選擇，既可以集中將十美元都給某個人，也可以分散到整個網路，讓十個人各拿到一美元。做好決定之後，又要面對第二個選擇：你該把錢給哪一位或哪十位村民？

我和同事近十年來不斷試著找出這兩個問題的最佳解答，從病毒式行銷到網紅行銷，我們共提過幾十種策略，但經過去蕪存菁，最後只剩下三種核心策略：散彈槍、銀子彈、滾雪球。

想打破規範的時候，最容易實施的就是**散彈槍策略**。這種策略基於病毒式行銷原則，就是要像射出一發散彈一樣，把資源廣泛投到許多不同的地方。也就是說，你在每個村莊挑選十個「改變推動者」，給每個人一美元來採用節育手段並加以宣傳。這項策略的關鍵在於，在村莊的社群網路中，這十位推動者所處的位置應該愈遠愈好，才能讓你想推廣的創新得到最大的曝光率。

如果是想傳播麻疹，散彈槍策略會非常有效。假設你挑了十位在村莊社群網路裡、位置散得很開的人，再讓每位都感染上麻疹病毒，這些人接著傳染給他們的直接接觸者，於是整個村子裡就會有十次獨立的麻疹爆發事件，各自迅速擴大，傳向村子的每個角落，結果就是全村疫情大流行。

病毒式行銷的背後也是這種想法。散彈槍策略能讓傳染的暴露達到最大，理論上就能在最短的時間內傳染給最多人。

然而，散彈槍策略的根本問題在於，選定的每位推動者身邊都被一大群非推動者包圍。在發起改變的時候，雖然這樣能讓推動者短時間內**觸及**最多人，但在這些推動者的人際網路中，要推動改變所需的**冗餘**卻大大不足。

如果是麻疹的傳播，這種情況就再理想不過。對麻疹帶原者來說，散彈槍策略能讓他們有最豐饒的疾病傳播環境。

但如果今天要傳播的不是病原體，而是社會規範，散彈槍策略就會因為人類抵制改變的本能而難以發揮作用。

如果在韓國推廣節育的時候採用散彈槍策略，很快就會遇上幾個障礙。第一是缺乏社會增強。改變推動者在社群網路當中相距甚遠，意思是他們都會是自己社交圈裡唯一採用創新的人。要是改變推動者的同儕都不覺得應該要節育，光靠一個改變推動者實在無力回天。同樣道理，如果改變者勢單力孤，就很難證明節育措施可信或安全；尤其如果這位改變者有支持改變的個人動機，在同儕眼中的可信度還會更低。此外，如果村裡其他人都對維持目前家庭生育的狀況有共識，光是社交圈裡有一個人打算節育，並無法讓人認為做這件事能夠提升自己的社交行情。

等到德國想推廣太陽能的時候，遇上的同樣是這些問題。如果整個社區只有一家接受了太陽能，想在這裡得到輿論支持簡直難如登天。光靠這位屋主，絕對無法在這個街坊為這項創新帶來正當性、可信度或社交行情。

散彈槍策略的第二個問題在於，不論改變推動者有多麼充足的理由動機，還是難免感受到同儕壓力。重點不在於理由動機本身，而在於是否善加發揮其效用。如果使用得當，確實有助於推動社會規範的改變。但如果將改變推動者各自孤立在社群網路的不同部分，等於是讓每位推動者個別接受節育的動機，獨自對抗同儕的社會規範，結果非但難以推動節育，很有可能反而是推動者自己被迫放棄。

第三個問題在於，如果起身對抗規範，但最後失敗告結，就會在大家心裡留下固有印象。還記得 Google+ 的故事嗎？Google+ 曾經無人不知，有那麼一個時間點，大家都肯定有一兩個朋友在用。但 Google+ 就是無法得到足夠的社會增強，讓大家從臉書這個既定規範當中跳脫出來。所以，大家不只是知道 Google+，還**知道幾乎沒人在用**。

這種情況可說再糟不過。如果讓大家都知道這個創新，但大家都沒在用，就很有可能出現反效果。Google+ 的結果就是市占率大跌，只能黯然收場。

這會是散彈槍策略的一大問題。要是你想推廣的社會創新知名度迅速傳開，卻一直難以爭取到更多採用者，就會在大眾的腦海留下壞印象，覺得這項創新是個失敗品，對此需要得到一個解釋。一旦大家認為某項創新有問題（太貴、太難用、太沒人氣），一方面會覺得自己先前沒採用有其道理，另一方面會覺得自己未來也不該採用。相關疑慮揮之不去，未來的其他推廣活動也就難以收效。

幸好，我們還有另外兩種推廣策略。

我們很常用**銀子彈策略**來取代散彈槍策略，這種策略將所有資源集中在單一的目標上，因此解決了資源遭到稀釋的問題。

這其實也就是使用名人／網紅的策略。如果用韓國推廣節育來打比方，也就是要在社群網路裡找出最有魅力、人脈連結最廣的人，把十美元全都給這個人，請他將節育措施介紹給他認識的所有人。這項策略相信，每個村子都會有一個這種人脈關係超廣、影響力超大的人，掌握這個人，就能引發連鎖反應，進而改變整個社群的社會規範。

我們在本書一開始就談過這種名人迷思。銀子彈策略的一項主要問題在於，比起一般人，這些人的連結數量愈高，就愈容易感受到抗衡力量。在韓國的村莊裡，一般人可能只會連結大概十個人，這十人叢集在整個社交網路中的一處，至於名人則可能是連結到五十個對象、廣泛分布在全村人際網路的各個部分。對這位名人來說，他連結的這些人都遵守著社會上既有的生育規範，要他站出來登高一呼、公開反對，實在不太容易。

但讓我們假設看看，如果這十美元真的發揮了作用，促使某個人脈連結數量高的名人願意站出來，採用並且推廣節育措施。接著，他連結的五十個人也都跟進採用並推廣節育措施。再來呢？

此時，銀子彈策略已經變得和散彈槍策略非常類似，只不過現在不再是有十位分布廣泛的改變推動者，而是五十位。如果只是像麻疹這樣的簡單傳播，銀子彈策略就能帶來一場成效驚人的「病毒式」的大流行，這也是網紅行銷變得如此流行的原因。

但如果我們要傳染的是一套新的社會規範呢？這位名人所認識的五十個人，仍會面臨與散彈槍策略那十位改變推動者同樣的局面：身邊圍繞著重重阻礙，而且他們現在手上連一美元也沒有。

正如散彈槍策略的狀況，銀子彈策略有利於傳播麻疹的因素，也正是不利於推廣節育的原因。首先，名人連結的這些對象分布廣泛、彼此距離遙遠，難以從彼此取得社會增強來推動傳播創新。第二，由於其他人都還是遵守著現有社會規範，所以對於名人連結的這些對象來說，還是得面對同儕強大的抗衡力量。

但我們還是試著故意唱唱反調。

畢竟，這些是在名人的連結對象分布廣泛的時候才會出現的問題，如果這群對象彼此都很熟呢？要是這位名人改變方向，不追求把創新廣傳出去，而是集中傳給少數幾小群人、讓這些人去影響身邊的人呢？

這個點子並不差，只不過違反了銀子彈策略的本意。銀子彈策略之所以願意砸重金請名人出馬，就是因為這些人有能力將創新推廣到整個族群。如果花了這麼多錢，還是只能將改變推廣到少數幾群人，就失去了意義。我馬上就會提到，像這種「以小型社群叢集為目標」的概念，確實是成功的關鍵。但要做到這點有另一種辦法，會比找上名人來得更容易、更便宜，而且最後也會更有效！

在完全推翻銀子彈策略之前，讓我們再想像一下另一種可能讓它成功的狀況。假設某位名人的連結數量遠高於我們的想像：如果單靠這位名人個人的連結數量，就已經足以達到引爆點，情況又會如何？如果是個有一千名村民的村莊，或許某位名人自己認識而能夠影響的對象就超過兩百五十人。又或者是某個有六千萬選民的國家，假設某位名人有一千五百萬個跟隨者，都能直接受到他的影響（當然這實在有點誇張），就很容易看出這時的簡單傳播會極具威力。然而在韓國推廣節育的計畫中，名人的連結對象身邊都仍然是那些遵守傳統生育規範的民眾。在社群網路裡沒人節育的時候，就算是名人也很難讓連結對象相信節育是件可信、有正當性、有社交行情的選擇。名人要在這情況下成功，讓所有連結對象都無視親友街坊的社會規範，這種可能性實在小之又小。

關於銀子彈策略的最後一點，要講的不是如何成功，而是可能有怎樣的反效果。要是銀子彈策略成功讓所有人都知道了這項創新，但實際採用的人卻不多，就可能引來與散彈槍策略同樣的反效果，而且情況還可能會更糟。名人網紅行銷一旦失敗，不但會讓人無視創新的優勢，還可能引發積極的反制。

還記得谷歌眼鏡嗎？

谷歌眼鏡當時就是用了銀子彈策略，請來一小群地位崇高的名人，推廣谷歌這款充滿未來感的眼鏡。但谷歌眼鏡忽略了一個盲點：那些還沒接受谷歌眼鏡的人，心中遵守的社會規範是如何？

谷歌找來一群地位不凡的名人做代言，卻嚴重觸犯了未採用者的社會規範；於是，原本潛藏在大眾心裡的面對面互動、抗拒社會監控等社交期待，因受到觸怒而全面爆發出來，演變成一場文化戰爭。於是，谷歌眼鏡的科技遭到污名化，沒人想惹上一點關係。這場推廣活動非但沒能推動谷歌眼鏡的銷量，還讓人對谷歌印象惡劣。

計畫一場改變活動的時候，徒勞無功已經夠慘，如果還讓企業聲譽下滑，更非人們樂見的結局。所以，採用銀子彈策略的時候別忘記：要是你想推動的社會創新將挑戰既定的社會規範（像是推廣節育或替代能源），就該先取得局部的支持，接著再提升民眾對這項創新的意識，急著打破規範只會引發反效果。

幸好，我們的第三種、也是最後一種打破規範的策略，正好能夠解決這種問題。這裡說的就是**滾雪球策略**。

如果說到接觸的範圍或規模，滾雪球策略看來似乎不及散彈槍或銀子彈策略。只不過，雖然這項策略貌不驚人，卻算得上腳踏實地。

滾雪球策略並非鎖定「特殊的人」來廣泛傳播創新，而是鎖定社群網路當中能夠讓創新站穩腳步的「特殊地點」。這項策略的目標，不是要讓所有人一聽就願意採用，而是要準備一個適當的環境，培育對這項創新的支持。換言之，就是要讓一切成長到超越臨界值。

假設要使用滾雪球策略在韓國推廣節育措施，會先選出十位改變推動者，各給他們一美元來採用並推廣節育措施，到這裡的步驟都還和散彈槍策略一樣。接著不同的是，你選的這十個人並不是分散在社群網路的不同地方，而是同屬於某個社群叢集裡的人。滾雪球策略的關鍵，就在於你挑的這些人應該要彼此認識。

如果是要傳播麻疹，這種策略再糟糕不過。對簡單傳播而言，滾雪球策略就是浪費資源，似乎是讓所有的改變推動者互相推銷這款創新，看來實在沒有意義。

然而，如果是要推廣某種社會規範，這種冗餘就能發揮驚人的效益。使用滾雪球策略，這些改變推動者就不用擔心要面對排山倒海的抗衡力量，反而能夠互相取暖、談論為什麼大家都願意採取節育措施，他們得以彼此分享經驗，並且重新確認大家都決心投入節育。因此大家放棄這項創新的可能性就變低了。

滾雪球策略不只能讓改變推動者堅持這項創新，還能協助推動者傳播這項創新。原因就在於，這些改變推動者都屬於同一個社群叢集，也會連結到同一群尚未採用這項創新的人。這樣一來，改變推動者就能協調彼此的努力，在共同的朋友與街坊鄰居之間提升節育措施的正當性與可信度。此外，認識他們的同儕社群也會看到他們在節育上有著共識，於是讓節育措施的社交行情水漲船高。運用滾雪球策略，就能讓節育措施在社群網路裡穩住陣腳。

等到新的社會規範在改變推動者的社群叢集裡站穩腳步，發展就會開始加速。接下來的關鍵，就在於具備傳播的基礎架構：透過寬橋結構而形成社會增強，就能讓新的社會規範不斷從一個社群叢集溢出到另一個社群叢集，如此傳播出去。滾雪球策略就是這樣成功的：原本只有一小群早期採用者願意投入某場社會運動，接著像雪球般愈滾愈大，最後足以讓整個社群打破過去的社會規範。

事實上，韓國的節育計畫正是這樣達成的。每個村子裡都有一群又一群關係親密的姐妹淘，她們相互協調，共同研究節育這回事。等到某一群人做了節育的決定，接著就是傳播基礎架構的事了：新的行為開始傳播（或說雪球開始滾動），從早期採用者傳到其他姐妹團體，直到每個村莊都完全接受了節育的概念。

丹麥物理學家蘇恩．利曼等人在推特部署三十九個程式機器人的時候，也用了相同的策略，讓這些程式機器人連結成一個叢集，共同支持他們想推廣的主題標籤，最後成功讓成千上萬的人都接受了 #Getyourflushot 和 #highfiveastranger 這些社會創新。第一次世界大戰的「夥伴營」也是以此成功動員民眾。整個招募過程就是透過一群又一群互相認識的朋友，他們彼此的連結有互相增強的效果，於是讓募兵的熱情傳向各個街坊城鎮，促使人們紛紛投身軍旅。

阿拉伯之春因此席捲埃及；臉書因此在大學校園累積人氣；推特使用者也是這樣在全美國不斷增加。從創新科技到革命運動，各種新的社會規範都是靠著在社群叢集內部得到動力、不斷擴大，最後達到引爆點，於是終於傳開。

但這對永續工作來說有什麼意義？滾雪球策略能不能真的改變某個國家對於永續科技的社會規範？

二〇一〇年，馬拉威政府與一群美國經濟學家決定要找出答案。

馬拉威實驗

非洲小國馬拉威，東接高原地、草原景色迷人的坦尚尼亞，西鄰尚比亞，往南則是有著熱帶內陸森林的莫三比克。從北到南，鄉間景色漸趨和緩，從北部崎嶇多山的地形逐漸變成綿延起伏的丘陵，到了南部則是一片低地。馬拉威湖形狀蜿蜒，囊括了該國近三分之二的邊界，形成肥沃的內陸湖岸，耕地豐饒、作物繁盛。

然而如同整個非洲大陸的狀況，糧食供給仍然是個問題。自一九九〇年代以來，馬拉威政府一直希望能夠推廣環保農作方式。世世代代以來，馬拉威始終沿用傳統的農耕技術，例如壟作，將農地整成一排一排高凸的壟台和低凹的壟溝，壟台用於種植，壟溝則利於排水。這種農耕技術的短期效果頗佳，但在降雨量較少的年分難以涵養水分，而且會導致土壤侵蝕，產量逐年下降。眼見情況日益緊急，馬拉威政府努力說服農民採用新的耕作方式，但事情並不容易。對馬拉威來說，能否改變農民所採行的社會規範、讓耕作方式更為永續，便成了經濟與社會上的重大挑戰。

而且這不只是馬拉威的問題。有好幾個非洲國家，糧食產量都與農地的最大生產力存有相當大的差距。二〇〇八年時，馬拉威的生產力差距最為懸殊，使用傳統耕作技術所得到的產量，大約只發揮了農地五分之一的生產力。這個問題的解方之一就是穴植（pit planting），不用將農地整成壟谷壟溝，只要幫每株作物挖一個更大的洞就行了。洞裡除了種下作物，還會填入肥料，不但能夠更有效利用雨水，還能為土壤添加養分。靠著這個極為簡單的解決方案，就能幫助馬拉威解決糧食問題。

但所有的社會創新都一樣：難的不是找出解決方案，而是說服民眾接受這套解決方案。在馬拉威的農村裡，新的穴植技術並不受歡迎。

政府想要推廣這套更能永續、產量也更高的穴植技術，但這卻牴觸了農民從他們父母、甚至祖父母那裡世代相傳下來的農作技術。雖然政府與非政府組織多年來努力推廣、深入各個農村，但截至二〇〇九年，採用穴植的馬拉威農民仍然不到百分之一。

這就像是在德國希望屋主裝設太陽能板、在加州希望居民改變家庭用電方式，光靠宣傳與政府推廣並不夠，難以說服民眾表現出那些「身邊的人都沒在做」的行為。

二〇一〇年，西北大學經濟學者蘿瑞．比曼（Lori Beaman）帶領著一群雄心壯志的科學家，決定嘗試用**社會引爆點**（social tipping point）的方式來解決這項問題。這就像是要實驗我們在前幾頁做過的假設，只不過他們是在現實生活中玩真的——而對象是馬拉威各地的兩百個村莊。他們與馬拉威農業與食品安全部合作，開展了一項為期四年的全國性社會引爆策略實驗。

第一年，比曼等人挨家挨戶進行調查與訪談，請大家列出自己在村子裡認識誰、信任誰、會和誰談到農作的事。他們收集了足夠的同儕關係資料，足以分析這兩百個村莊裡各自的人脈社群網路（每個村莊約兩百人）。這項任務的規模極為龐大，但有了這些人脈網路圖，就能讓他們知道該在哪個位置選出適當的改變推動者。

第二年，他們與馬拉威政府合作培訓了一小群農民，成為每個村莊的「改變推動者」，提供採用最新穴植技術所需的資源與訓練，並鼓勵他們回到村子裡推廣這項技術。

比曼等人將這兩百個村莊隨機平分為四組各五十個村莊，各自採用不用的引爆策略。分別是散彈槍策略、滾雪球策略、由滾雪球衍生出的「街坊雪球」（snowball-neighborhood）策略，以及馬拉威政府當時所採用的銀子彈策略。

在第一組，五十個村莊都使用散彈槍策略。改變推動者採隨機選出，因此會廣泛散布在村莊人脈網路的各個地方。

在第二組，五十個村莊都使用滾雪球策略。比曼等人會挑選同屬於某個社群叢集的人擔任改變推動者，這些人互相認識、擁有共同的朋友。

在第三組，五十個村莊都使用街坊雪球策略。科學家挑選改變推動者的時候，並不是根據社群網路的資料，而是先鎖定某個街坊，再從中隨機選出改變推動者。這些村莊裡的街坊有著一定規模，隨機選出的人選原本就互相熟識的機率並不大。但至少，相較於散彈槍策略，這種街坊雪球策略更有可能剛好挑出一群同屬某個社群叢集的改變推動者。況且如果這種策略奏效，未來要採用滾雪球策略會容易得多，不用花費寶貴的時間來調查、收集社群網路資料，只要鎖定某個街坊來挑選改變推動者就行了。

至於最後第四組的五十個村莊，比曼等人則是採用銀子彈策略，根據的是馬拉威政府原本就在使用的宣導方式，在每個村莊找出最有名的「名人」，鼓勵他們成為改變推動者來推廣穴植。由於這正是馬拉威政府在其他地方已經使用的策略，所以第四組也就成為整個實驗的控制組，作為基準來評估其他三組的表現如何。

在二〇一一到二〇一三這三年間，比曼等人實際拜訪這兩百個村莊，評估農民對穴植的接受程度。他們想要回答的問題有兩個。第一，有沒有哪個引爆策略真的改變了農民對穴植的認識？第二，有沒有哪個引爆策略真的讓農民決定採用穴植？

這裡得先弄清楚的一點，在於穴植這件事究竟屬於簡單傳播還是複雜傳播？換句話說，要促成改變的時候，農民只需要從一位改變推動者那裡聽到這件事就夠了，還是得要與好幾位改變推動者接觸才行？

等到第一年結束，已能確認這種新的農作方式顯然屬於複雜傳播。如果沒有得到一定的社會增強，農民可能連聽都懶得聽。於是，相較於只認識一位改變推動者的農民，如果農民認識的改變推動者在**二位以上**，他會瞭解什麼是穴植、如何實施穴植的可能性會超出兩倍以上！

等到第二年結束，這些知識又轉化成了行為。相較於只認識一位改變推動者的農民，如果農民認識的改變推動者在**二位以上**，**實際採用**穴植的可能性就會超出兩倍以上。

這對於每種引爆策略有何意義？

等到研究結束的時候，這四組村莊的結果已經出現了明顯的高下之別，特別是那些以前從未接觸穴植的村莊。

其中墊底的第四名，就是馬拉威政府過去預設的「名人」銀子彈策略。不論是穴植知識的推廣，或是實際穴植農作方式的採用，這項策略之於農民對這項創新的接受程度幾乎沒有影響。

第三名是散彈槍策略。相較於使用銀子彈策略的控制組，這一組村莊的表現只是稍微好一點而已。

第二名是街坊雪球策略，比起使用散彈槍策略的村莊，實際的採用率提升了百分之五十。雖然情況確實有改善，但如果說要打破現有社會規範，實在還差得太遠。

至於第一名則是滾雪球策略，這個方法著重的不是實際住得近不近、而是人脈網路架構上的位置近不近；這個第一名把二、三、四名遠遠甩在後頭，相較於散彈槍策略的村莊，採用率足足提升了將近百分之三百。而且，滾雪球策略也更有利於穴植知識的傳播，不只影響了那些實際採用穴植的農民，也有更多農民瞭解穴植、知道如何實施穴植，效果超越其他任何組別。

關於馬拉威實驗，或許最值得注意的一點在於改變推動者的數量。在你猜想之中，他們在每個村莊有幾位改變推動者？前面以韓國節育為例的時候，是假設每個村子有十位改變推動者。

在馬拉威，每個村子只有兩位！

為什麼在改變推動者人數這麼少的時候，對各組村莊的影響卻如此天差地別？

答案就在於社會冗餘。

同樣的情況，在先前我們的「米婭」命名遊戲實驗就曾出現過。在這場馬拉威的實驗裡，滾雪球策略鎖定的兩位改變推動者擁有共同的連結對象；對這些連結對象來說，就會看到自己的同儕中有兩個人都採用了穴植，於是更願意學習這項新技術。等到他們看過這兩個人的農地，實際見到穴植的現場，採用穴植的可能性還會進一步提升。接下來的情況，正如當初「米婭」命名遊戲的情形：在改變推動者帶領下，後續其他農民接受穴植後，就會在各自的社群叢集當中提升這項新技術的可信度與正當性。而受其影響的其他農民，之後也會更有意願參觀這些同業的穴植農地、更想瞭解這項新技術，進而提升最後採用穴植的可能。

這就是滾雪球的力量。靠著一點點的社會增強，就能帶來強大的成效。而如果得到更多增強，還能讓它加快腳步。

採用滾雪球策略時，「兩位」改變推動者是創造社會冗餘的絕對最低要求。就這點而言，在馬拉威這項為期四年的實驗可說是對滾雪球策略做了最嚴格的測試，看看它是否真的能夠有助於一項永續技術的傳播。事實也證明確實如此。然而，如果能夠增加改變推動者的人數，還能進一步提升滾雪球策略的效果，使社會增強的威力不斷疊升。

散彈槍或銀子彈策略就做不到這一點。

散彈槍和銀子彈策略，兩者都抱持著「觸及」比「冗餘」更重要的想法，因此在選擇改變推動者的時候，都會希望這些推動者彼此離得愈遠愈好。但如果面對的是複雜傳播，結果就會缺少社會增強，還得持續面對抗衡力量進逼，於是不論改變推動者人數是兩人或十人，都難以讓這些引爆策略成功。

相較之下，改變推動者的人數多寡，對於街坊雪球策略來說影響最大。雖然是隨機挑選，但如果能在同一個地理區域挑選出更多改變推動者，就會顯著提升這些人屬於同一社群叢集的機率。這樣一來，就能在我們鎖定的街坊內達成社會增強，進而傳播到其他街坊。

無論是滾雪球策略或街坊雪球策略，人數愈多，就代表社會增強愈強。讓我們假設，如果在每個村莊選出四位改變推動者，而不是只有兩位。有了兩倍的人數，也就能讓這些改變推動者在村莊人脈網路裡的整體影響力指數上升。如果人數達到六人、甚至十人的時候呢？不只是能創造出更大的改變推動者叢集，甚至已經可以在每個村莊創造出許多個叢集。就算只有一小群改變推動者，使用正確的引爆策略，就能達到如此有效的結果，這件事光是想就令人無比興奮。

馬拉威實驗的意義，絕不僅止於馬拉威一地。我們可以想像這些概念有多少應用方式，例如引進歐洲或美國，用以推廣各種永續科技。

然而，從馬拉威農村得到的發現，真的適用於現代工業化的社會情境嗎？在美國的各個社群，不但擁有進步的大眾媒體，各種政府與企業的宣傳計畫也都經過精心設計、有著充足的資金。既然有這種種差異，如果要推廣永續科技，是不是就代表應該有一些更好的策略？

令人意外地，答案是否定的。如果回顧美國推廣永續農業的歷史，會發現事實上與馬拉威的情況驚人相像。講到美國永續農業技術史上最偉大的一項改變，從中就能看出即使是在現代工業化情境，社會引爆策略也能發揮無比的效果。

這裡要說的，就是雜交玉米的故事。

玉米革命

一九二〇年代，美國投入數百萬美元研發及推廣雜交玉米。然而，雖然這確實是科學的一大成就，行銷力道也十分強勁，而且農民確實有著迫切需求，但雜交玉米在一開始可說是完全失敗。

但到了最後，原本接近災難式的失敗卻搖身一變，成了二十世紀最成功的一場創新改變。跟很多時候一樣，雜交玉米最後能夠成功，其實是誤打誤撞。那是出於社群網路的一次僥倖，一方面讓我們看到，社會創新就算得到一流行銷也可能失敗，另一方面卻也讓我們看到邁向成功的關鍵為何。

事情要從經濟大蕭條說起。一九二九年市場崩盤後，美國經濟有整整兩年一片混亂。等到一九三一年，各行各業已經徹底崩盤。在紐約或芝加哥等城市，隨處可見市場明顯陷入停滯。而在中西部的鄉村，農民與他們的子女還承受著另一項苦難：一場看不到終點、彷彿聖經末日降臨的旱災，讓整個中西部的農場苦不堪言。

約翰・史坦貝克（John Steinbeck）的著名小說《憤怒的葡萄》（*The Grapes of Wrath*），一開場就描述一場環境災難如何降臨某個毫無防備的美國農村：「太陽日復一日熾灼著還在生長的玉米，直到每片尖刀般的綠葉都有了一條棕色的邊線……地表結起了殼，薄而堅硬，而且隨著天色變得蒼白，地表也變得蒼白，曾經是紅土的原野成了粉紅，曾經是灰土的原野顯得雪白。」

接著就來了狂風——無情的風沙掃平農場、毀壞家園，粉碎了偉大的繁榮美國夢。

接下來幾年，數百萬人無家可歸，餓得奄奄一息。整個沙碗地帶（Dust Bowl，由於乾旱、強風與作物輪耕不當，造成的土壤大規模侵蝕）不斷擴大，從德州和奧克拉荷馬州一路向北蔓延到堪薩斯州和內布拉斯加州。農田的土地就這樣被強風帶走，塵埃成了致命的微粒，無論是牲畜、農民或嬰兒，吸入就會造成肺部感染。

這場災難最後又繼續從內布拉斯加州向東蔓延。到了一九三〇年代中期，空氣傳播的這場枯萎病隱約來到愛荷華州的地平線上。但早在一九三〇年代初期，塵埃還未到來，愛荷華州的玉米農就已經遇上另一個問題：玉米本身的缺憾。

農民幾十年來種的玉米都採授粉的方式近親繁殖，一代又一代的玉米種子都是從同胞植物產出。到了一九二〇年代中期，問題已經明顯到無法忽略。玉米稈長到一定程度就會倒下，使得玉米難以收成。而且這些玉米非常容易染病，也無法適應氣候變化或度過乾旱。對於許多農民來說，每年的收成都有超過一半報銷。而隨著經濟大蕭條的陰影進逼，鄰州的乾旱與土壤侵蝕不斷擴大，農民的玉米產量也已經低到堪稱災難。

早在十年前，科學家就已經預見玉米可能出現這些問題，並且經過多年研發、透過異花授粉與施肥技術，得到一種新的玉米：雜交玉米。靠著人工擇種（artificial selection）跨家系育種之後，新一代玉米不但抗旱、產量高，而且玉米稈又高又挺、容易收成。在一九二七年，經過多年試驗的雜交玉米準備上市，而愛荷華的農民也迫切需要拯救他們的方案。雜交玉米正是解答。

雜交玉米的推廣活動從一九二九年起跑，遵照一切傳統媒體廣告與病毒式行銷的原則，既有頻繁的廣播廣告，也有親自上門的業務代表，走訪每個農莊，解釋新的玉米種子有何價值，也讓農民有機會試種。這一切就是為了拚高市場滲透率，無論在當時或現在，普遍都認為曝光度愈高、採用率也會愈高，如果行銷能撒出愈大的網，也就愈可能讓創新帶起風潮。

一九三一年時，愛荷華的農民已經有超過百分之六十曾經從媒體廣告或地方業務那裡聽說過雜交玉米。到了一九三三年，比例上升到將近百分之七十。這場宣傳活動可說非常成功。

然而問題來了：就是沒人買。一九三三年，種植雜交玉米的農民比例還不到百分之一。

顯然有什麼事情錯得離譜。不論怎麼看，雜交玉米都該大受歡迎。在玉米種子的生產者看來，這項創新顯然解決了農民迫切的問題，這些農民應該是需要雜交玉米的。而且行銷部門也是投入全力，砸下大筆資源與時間，做家訪、發小冊、投廣告，向市場全面進攻。

但一切都是徒勞。究竟為什麼農民不買帳？

第一，雜交玉米的成本昂貴。如果要種一般玉米，只要從前一批作物裡收集就能得到種子，但要種雜交玉米就得另外掏錢買，而且還不便宜。農民都已經在勒緊褲帶過日子了，每年光是要收支平衡就十分辛苦，如果再借貸去買雜交玉米會是個很大的風險。

第二，當然就是對未知的恐懼。要讓農民覺得購買雜交玉米的成本合理，就得向他們證明，雜交玉米的表現明顯比他們或鄰居以前看過的玉米都好。但這件事看來實在不太容易。

此時，沙碗地帶已經擴大到就在眼前。想到未來情況可能更加嚴峻，只會讓農民更不敢改用某種未知的玉米種子。諷刺的是，其實雜交玉米比一般玉米更能抵抗沙碗地形環境的影響。在乾旱不斷擴大的時候，農民本來應該要更願意接受雜交玉米才對。但社會規範這件事常常就是這樣，明明就有很直接的科學理由，證明應該採用某項有價值的創新，這項創新卻還是可能因為種種複雜的社會因素而遭到抗拒。

「不確定性」這件事的本質就是如此。人害怕的時候，就會想緊抓著已知不放。在瀕臨破產的農民看來，乾旱日益加劇，反而讓他們堅守既定的耕種方式，不想冒險嘗試未知的新玉米。

農民除了出於經濟因素而抵制雜交玉米這項創新，也因為對新玉米的不熟悉，而產生了另一種抵抗心理。

農民不願接受雜交玉米的第三個原因，是覺得新玉米看起來很奇怪。雜交玉米的顏色長得和一般玉米不同，玉米粒的排列也不整齊，不巧就違反了過去定義「好玉米」的標準。社會學者研究當時雜交玉米的推廣情形，最後的結論簡潔明瞭：「從實際的外表看起來，（雜交玉米）就是沒辦法讓農民覺得『這是**真的**玉米！』。」

這批社會學者也實際訪談農民，瞭解他們為何不想使用這些創新的玉米種子。一位農民就說：「我的玉米種子很好啊，為什麼要換？」另一位則說：「男人可不能見了新的東西就想試試。」

不願意接受雜交玉米的理由五花八門，各種經典理由盡出；有的覺得業務說的話哪能信、也有的就是抵制嘗試新事物。當然還有一項原因，就是要等待社會認同的跡象。最常見的說法就是：「先等鄰居試試看再說啦。」

但問題就在於沒有哪個鄰居想試試看。這正是終極的阻礙。這件事我們已經提過很多次，就是抗衡力量的問題：在宣傳活動愈成功的時候，要是都沒有人採用，反而就會看起來愈可疑。

農民會擔心同儕怎麼看自己——做的決定聰不聰明、投資妥不妥當。特別是在大環境不好的時候，大家日子都不好過，必須在銀行、商店和農民同儕眼中維持信譽，才能撐得過去。如果在其他人都拒絕採用某項創新的時候，自己冒著不必要的風險、做了不當的投資，就不能用「運氣不好」當成藉口了，會因而讓人覺得你又笨、又好騙、又無能。在整個產業環境已經很差的時候，名聲掃地可不只是丟臉，更可能對財務造成致命打擊，影響未來的貸款與信貸額度，最後影響整體業績。玉米產量可能每季不同，但打壞名聲可是長長久久的事。

這些影響落在農民的盲點裡，他們感覺不到，但總要找點理由來合理化自己的決定。於是，就像加州屋主會給自己的家庭用電找理由、瑞士與德國公民覺得自己不裝太陽能板一切合理，愛荷華的農民也列出了一系列貌似正當的理由，說明自己為什麼不想改種雜交玉米。農民間的傳言認為，這批新種子肯定有問題，有的說雜交玉米的大小或形狀太差、賣不出去，也有的說它品質波動太大，不能拿來當飼料。農民都覺得，這種玉米有可能會傷害土壤，又或者說它太硬，不符合一般玉米的用途。雜交玉米的推廣活動鎖定用口碑網路來行銷，但現在口碑網路裡卻是這些謠言在迅速流傳。

到頭來，這套行銷策略想透過簡單傳播得到成功，最後卻也是敗在簡單傳播的手上。行銷人員努力提出新的科學證據駁斥謠言，卻只讓農民更加肯定有鬼。雖然雜交玉米成功打響名聲，但負面謠言的聲量同樣高漲。

時至一九三四年，原本想推廣雜交玉米的公司幾乎已經放棄希望，行銷預算也已幾乎見底，但農民對雜交玉米的接受度卻幾近於零。各家企業已經準備打包離開愛荷華。

接著就發生了意想不到的事。

愛荷華有一小群勇於冒險的早期採用者，組成一個創新的社群叢集。當時觀察這個社群叢集的社會學家，就稱這是個「社群實驗室」，農民在這裡既能試驗新種玉米，也能互相支持，在一定程度上避免受到非採用者的抗衡力量。這些率先採用新種玉米的農民，也就成為社群網路中的改變推動者，等於是傳播創新的「種子」。

等到雜交玉米在這一小群愛荷華農民之間奠下基礎，其他農民原本強力抵制這項創新的原因，立刻轉為強力支持這項創新的理由。因為這個時候，農民能看到有鄰居種了雜交玉米、並且大獲成功，於是這項創新變得更為可信。透過這種社會認同，看起來改種雜交玉米的成本風險也就不那麼高了。隨著愈來愈多鄰居在種雜交玉米，雜交玉米的正當性也就日益鞏固。於是不管是這種外表古怪的玉米、或是願意接受這種玉米的農民，現在都比較不會再受到各種謠言與臆測的影響。原本的社會規範開始漸漸被打破。對於努力抗旱的農民來說，雜交玉米愈來愈是一個能夠接受的選擇。

這就是一場社會轉型。真正讓雜交玉米鹹魚翻身的祕密，既不在於價格、也不在於行銷活動，而在於早期採用者的人脈網路達到了打破原本社會規範的引爆點。短短十年，雜交玉米就從谷底（一九三三年只有百分之一的愛荷華農民種植）躍上雲端，成了百分之九十八愛荷華農民的選擇。

而且還不是到此為止而已。雜交玉米在愛荷華站穩基礎之後，開始傳向全美，最後在全國搶下百分之百的市場。

雜交玉米成了新的社會規範。

「千屋計畫」的策略

讓我們回到德國，談談當時的太陽能推廣運動。請別忘了當時尚是一九九〇年，德國距離再生能源的目標還遠遠落後。領導者必須找出方法繞過民眾的盲點，讓全國性的太陽能方案得以起跑。

然而，當時德國正受困於經典的引爆點問題：大家都在等待改變到來，但人數似乎永遠都到不了臨界值。

接著德國政府設計了一個巧妙的方案來打破僵局，稱為「千屋計畫」（1,000 roofs）。短短幾年內，政府在德國各地超過兩千個連上電網的家戶屋頂裝上太陽能板。全德國的家戶數量超過四千萬，兩千戶似乎只是滄海一粟。但你現在已經可以猜到，要在德國推動再生能源，關鍵並不在於這些戶數的數量，而在於是否形成社群叢集。

在德州、康乃狄克州與加州對於裝設太陽能板的研究都發現，同儕的影響力有著明顯的地區性。民眾在所居當地街坊得到的社會增強愈高，太陽能科技就愈可能逐漸風行，一條街一條街地向外傳開。德國政府制定千屋計畫的時候並非刻意應用滾雪球策略，卻意外符合這種精神。只要有夠多社區街坊裝上了太陽能板，或許就足以引發巨大的轉變，讓民眾開始接受太陽能。

一項二〇一六年關於德國太陽能推廣的研究中，就能看到千屋計畫的成績。在某些地區，早期採用者的戶數達到臨界值，整個地區便也發展成為太陽能裝置的密集集中地。當地街坊的社會期許互相加成之下，採用者的鄰居，再加上鄰居的鄰居，就這樣一個接著一個開始安裝太陽能板。重點在於，這些社會增強影響的對象還不限於當初所鎖定的社群。整個社會協調配合的過程會從一個社群再外溢蔓延到另一個社群，透過的就是各個社區之間的寬橋，其影響足以跨越邦界、甚至跨越國界。讓太陽能得以發展推廣的關鍵，並不在於是哪個特定的省或邦，而是在社群之間是否有足夠的社會增強，能提升民眾對太陽能的認同，從一個街坊擴散到周遭的下一個街坊。

從一九九二到二〇〇九年，德國家庭裝有太陽能裝置的戶數就從兩千戶增加到超過五十七萬六千戶。二〇一六年，德國的人均太陽能發電量已經是全球首屈一指。德國政府努力宣導太陽能的優勢，設計各種獎勵措施，鼓勵產業研發新型太陽能科技，也鼓勵家庭購置太陽能設備。

然而，德國的成功並不只是因為這些獎勵措施與宣導活動。二〇一六年的相關分析發現，德國能源轉型之所以能有這樣的速度與規模，關鍵在於街坊層級的社會影響。隨著社會增強以人們居住的街區、街道為單位，區域性地傳播出去，形成關鍵的影響，足以打破德國原有的社會規範，於是讓全國往太陽能轉型。

過去幾年，其他國家成功推廣替代能源的調查也發現，其中都有著同樣的滾雪球動力在推動。在英國，太陽能的普及有一大部分正是來自街坊效應（neighborhood effect），像這樣由一個街坊外溢到下一個街坊，不但提升安裝數，更提升了安裝率。日本也追隨德國的腳步，推出「七萬屋」計畫。二〇一四年一項對於日本太陽能推廣的分析也同樣發現了街坊效應：想預測某區日本住家是否會裝設太陽能板，最有力的預測因素並不在於住家能得到多少獎勵，而是該區街坊已經安裝太陽能板的人數。

這些成功的方案，絕不只是讓我們看到社會得以向永續轉型，也讓人知道如何以社會政策推動其他事項，包括疫苗接種、選民投票、經濟發展等等；街坊間根深柢固的規範，能夠對這些事項造成全國規模的影響。

從德國的案例可知，街坊雪球策略確實能夠有效推動轉型改變，但需要有兩項關鍵因素的配合。

第一，必須先在街坊的一小部分（某條街道或街區）出現夠多的採用者，好讓這些採用者的鄰居感到壓力，覺得應該配合做出這種新的行為。第二，這些行為必須能夠讓

太陽能板普及的傳播

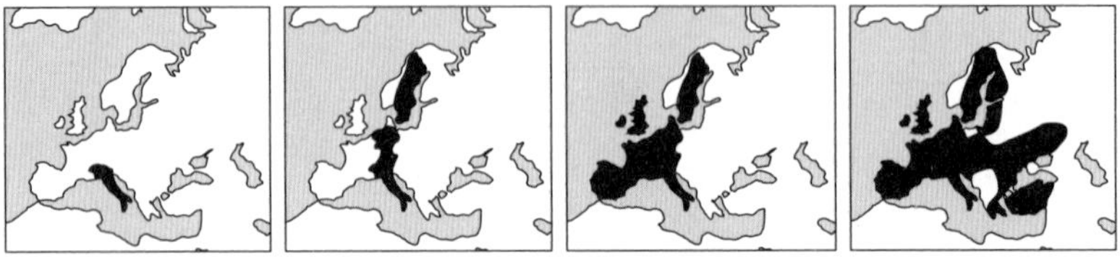

人看見；就像約莫兩個世代之前，大家開始看到鄰居屋頂出現電視天線，最近則是在西方世界開始看到街上有藍色回收桶。想讓策略奏效，就得在有人採用新的規範時，讓鄰居都能**看見**。

想推廣家用太陽能裝置的時候，街坊雪球策略是個理想的選擇。在社區裡，屋頂上裝了太陽能板的人愈多，就愈會讓人覺得不裝似乎是件奇怪的事。而在每個街區的安裝數量不斷增加之後，那些沒裝的居民也會愈來愈感覺到，自己這個社區似乎有了不同的社會期許。

太陽能就是靠著這種模式，不但成功傳遍德國、甚至是成功傳遍歐洲。（下圖顯示的是在一九九二年到二〇一四年間，每人平均太陽能發電量至少〇・一瓦的國家當中，太陽能發電量的成長情形。）

如果現在再回頭看一下第五四頁的地圖，你會十分驚訝，太陽能板裝置在歐洲的普及狀況，竟然與六個世紀前黑死病的傳播有著驚人的相似。我們或許不會想到，黑死病的傳播方式如今居然還會再現。當時黑死病只會一區一區蔓延，因為當時並沒有任何遠距的弱連結存在。但新冠肺炎就沒有受到這項限制，於是能夠以驚人的速度傳遍世界。

然而，黑死病和新冠肺炎都只是簡單傳播。

如果今天要談的是複雜傳播，即使已經邁進二十一世紀，仍然需要在人類密切的社群網路裡得到增強，才能讓創新得以取得正當性、可信度與社交行情，進而成功傳播。歐洲國家已經努力制定能夠推廣太陽能的政策，但光靠政策本身還不夠，特別是家用太陽能這類科技，想要引發民眾普遍採用，在各個住宅社區傳播新的社會規範才會是最有效的方式。

第四部

衝突、顛覆、發現

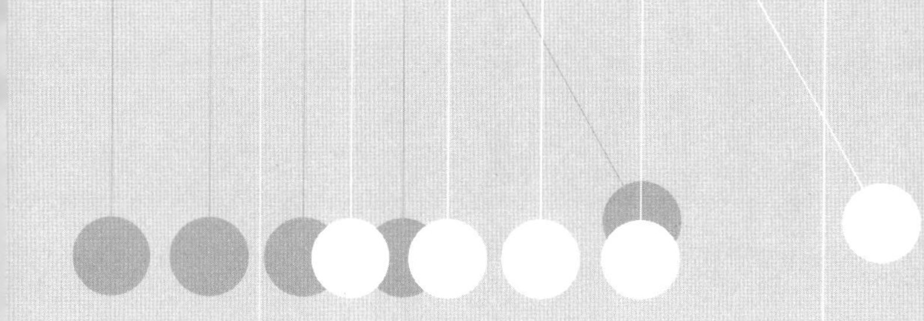

第11章
改善創新：用社群網路發現新點子

瞭解了關於複雜傳播的科學，對於打造出更優秀、更有創意的工作團隊，會有什麼幫助？該怎樣架構企業組織，才能加速發現下一項偉大的創新？

近年來，社會學習（social learning）的網路動力學（network dynamics）成了一門新科學，不斷發展與傳播，各個領域的從業人員與領導者也都希望有所借鏡，推動新形態的創新。工程師想找出技術上的解決方案、醫學研究者與從業人員希望找出突破性的療法、音樂家努力想創造席捲下個世代的音樂、企業想開發出新的產品，而這一切都需要靠著由同事與合作者所構成的網路，來發現創新的方法和機會。本章會解釋怎樣運用我在前幾章描述的概念（橋梁寬度、攸關性、增強、社群叢集），激發各種組織的創造力和創新。

漢密爾頓的魔法

音樂劇《漢密爾頓》（*Hamilton*）在二〇一五年登上百老匯，短短幾週內，大家就說它重新定義了整個世代的藝術形式。就連歐巴馬總統、外國元首、業界領袖或是歐洲皇室成員，都紛紛前往理查・羅傑斯劇院（Richard Rodgers Theater），見證新時代的歷史在眼前展開。看過的人沒有一個感到失望。

《漢密爾頓》的背後有一個近乎天方夜譚的理想，企圖以饒舌形式呈現美國開國元勛的歷史，並且以常常受到忽略的亞歷山大・漢密爾頓（Alexander Hamilton）為主要人物。全劇從他的愛情生活，一路談到他對美國財政部的概念構想。整齣主要角色都由有色人種出演，就連喬治・華盛頓（George Washington）、湯瑪士・傑佛遜（Thomas Jefferson）這些著名的奴隸主也不例外。原本廣受尊敬的美國英雄傑佛遜，在劇裡成了一個無所事事的花花公子，陪襯著情感誠摯而行事英勇的漢密爾頓。這可惹惱了一票歷史學家與學者。簡而言之，就是大不敬。

尤其是某些著名歷史辯論在《漢密爾頓》的呈現方式，特別令人感到褻瀆。美國在中學與大學的歷史課都會談到這些知名場景，傑佛遜、華盛頓、漢密爾頓、麥迪遜等人，針對聯邦制度、稅收與金融管理等議題滔滔雄辯。

這種老掉牙的故事，哪能有什麼新意或趣味？

還真的可以。攸關美國民主命運的辯論，在《漢密爾頓》裡竟然成了這些開國元勛之間的饒舌對決。大概就像是看著肯伊・威斯特（Kanye West）和阿姆（Eminem）站在台上，用饒舌激辯怎樣對抗英格蘭的新稅。難以想像吧？每個政治人物都還會顯露獨有的魅力與智慧，不論是傑佛遜、華盛頓、漢密爾頓或麥迪遜，各自都有獨到的語言風格與自己的一套節奏。

當傑佛遜槓上漢密爾頓，節奏也隨之加快。群眾圍著這些偉大歷史名人，或喝采、或嘲弄，攻防之間的感受彷彿倍數放大。傑佛遜先攻，丟出簡單的押韻與標準的四／四拍（就像Run DMC這個團體的風格）。漢密爾頓做出回應，頭韻和雙關語讓眾人大樂，炒熱了氣氛，三／十六拍精湛到堪稱凶狠。原本在戲弄嘲諷的一圈人，這下全都陷入敬畏的沉默。

《紐約時報》劇評家班・布蘭特利（Ben Brantley）就曾寫道：「到現在，我幾乎是鬆了口氣，終於可以說《漢密爾頓》的熱潮已過。」

但他接著就毫不猶豫地承認：「是真的，這齣劇就是那麼優秀傑出。」

《漢密爾頓》百老匯首演期間票房完售，獲得創紀錄的十六項東尼獎提名，甚至還贏了一座普立茲獎。

大家都想問：「這種創新究竟哪來的？**怎樣才能再來一次？**」

百老匯的運作祕密

百老匯登上國際舞台的故事，講的其實就是「創新」要如何科學運作，而這一切都要從音樂劇《奧克拉荷馬！》（*Oklahoma!*）說起。

一九四三年，理查・羅傑斯（Richard Rodgers）與奧斯卡・漢默斯坦二世（Oscar Hammerstein II）的《奧克拉荷馬！》一炮而紅，將音樂劇帶入現代，也成了當時史上最成功的音樂劇。而且，這還只是羅傑斯與漢默斯坦的初試啼聲。

他們的下一齣劇《旋轉木馬》（*Carousel*，又譯《天上人間》）再次重塑音樂劇，情節、歌曲與敘事的交織令人耳目一新，成績甚至更勝於《奧克拉荷馬！》，獲《時代雜誌》評為「本世紀最佳音樂劇」。

這對音樂二人組的腳步並未停止。接著推出的《真善美》（*The Sound of Music*）、《南太平洋》（*South Pacific*），影響力已經遠遠跨出百老匯，贏下一九五〇年普立茲戲劇獎，首演年賺進三百萬美元（在一九五〇年可謂鉅款）。

百老匯音樂劇成功的標準有兩種。第一種標準，在於評論上是否「叫好」：歌曲夠創新嗎？情節扣人心弦嗎？這項作品是否讓音樂劇有所演進，或者對重要的社會或存在議題產生新的見解？判斷評論是否「叫好」的標準在於得到幾項東尼獎提名或獲獎，極少數時候也會參考普立茲獎的提名與得獎狀況。

第二種標準，在於商業上是否「叫座」。簡單來說，也就是這齣劇是否賺錢？

顯然，這兩項成功標準並不一定能夠共存，然而如果哪齣百老匯音樂劇要真正成為公認的熱門大作，兩者缺一不可。無論是在紐約百老匯或是企業董事會，在創新發揮真正力量的時候，就是要能夠創造出真正嶄新的事物，並且在商業上也能取得成功。

在百老匯音樂劇的世界，確實有幾齣熱門大劇家喻戶曉，但也有幾百齣作品沒沒無名。很多人都聽過《漢密爾頓》、《獅子王》、《芝加哥》、《歌舞線上》等等，至於失敗的作品，我們多半是聽都沒聽過，但事實上這些作品的數量遠超過熱門大作。雖然這些作品失敗收場，但能在百老匯登場的劇，必然也都有著頂尖的人才、強大的金主、夠有趣的歌曲與情節。

光是要把一齣劇送進百老匯，就得先有許多人一心相信它必然成功。事實上，一齣劇在百老匯開演的時候，實在難以判斷是會爆紅還是失敗，每齣劇看起來都具備了成功所需的所有關鍵因素。

有鑑於此，看到成敗結果的落差如此之大，實在令人觸目驚心。百老匯數一數二的熱門作品《獅子王》已經連續上演二十多年，票房收入超過十五億美元。相較之下，雖然我們會說是羅傑斯和漢默斯坦這對傳奇搭檔發明了現代音樂劇，但他們在《南太平洋》之後推出的《白日夢》（*Pipe Dream*），演出不到兩百五十場就慘賠結束，連製作成本都無法回收。

行銷人員與學者幾十年來努力研究，想知道究竟是哪些關鍵因素讓某些人成功，又讓無數其他人失敗收場。有很長一段時間，這項問題似乎無解。

但時代不同了。

二〇〇〇年代初，社會學家布萊恩．烏濟（Brian Uzzi）與賈瑞特．斯皮羅（Jarrett Spiro）花了幾年時間調整對網路科學的分析策略，希望找出在百老匯得以創新成功的關鍵特徵。他們的突破，讓我們對於「創意」的科學有了一些全新的見解。

他們的主要發現在於，真正決定劇作能否在百老匯大紅大紫的因素，並不在於個別的藝術家，也不是某首歌、某個色調、服裝設計，甚至不是劇中的主題。到頭來，能否成為熱門大作，要看的是表演背後的協作團隊之間是否具備某種特定的動力。要成功製作一齣劇，需要有一群才華洋溢的人，汲取過去合作所得到的共同經驗，再與這次創作的新點子之間達到平衡。創新想要成功，需要具備「能夠在合作與創意之間達成平衡」的社群網路。

從百老匯音樂劇奇特的歷史，就能讓我們窺探這些成功的社群網路究竟是什麼樣貌。紐約證交所的股票價格有詳細的紀錄，而百老匯的成功創新劇作也都有鉅細靡遺的資料。

在羅傑斯與漢默斯坦於一九四三年有所突破之前，百老匯音樂劇雖然劇目眾多，但創意有限。音樂劇這種類型的演出在叫好或叫座兩方面都表現平平。《奧克拉荷馬！》扭轉了一切，不但帶來一波藝術與經濟的成功，也催生了合作的新時代。從一九四〇、一九五〇，一路到一九六〇年代，百老匯音樂劇一派風光，熱門大作接二連三。

這波成長浪潮在一九六〇年代末消退，接下來的音樂劇熱門大作確實鳳毛麟角。看起來百老匯音樂劇已成明日黃花，整個產業死氣沉沉。但接著，這個產業卻又意外復甦，出現新的生機。從一九七〇年代末到一九八〇年代，《歌舞線上》、《安妮》

（*Annie*）、《貓》、《悲慘世界》、《歌劇魅影》等超強大作又讓音樂劇改頭換面，《歌劇魅影》創下史上最受歡迎百老匯音樂劇紀錄（演出超過一萬三千場，至今仍在繼續）。

但究竟是為什麼？百老匯史上的這些起起伏伏，背後有什麼故事？這個問題的解答，藏在一個難以想像的地方：整個產業的社群網路結構變化。

創新這件事，在科學或工程領域需要靠著團隊合作，藝術領域同樣如此，需要各種技能互補的人所組成的團隊。很多人都知道音樂劇創作的基本組成：要有作曲家寫樂譜，作詞家寫歌詞，編劇寫故事情節，編舞家編製舞蹈，導演將團隊的願景傳達給演員瞭解，最後還要有製片負責支付各種款項。多數團隊都是每個職位各一個人，依團隊大小可能有所不同。要製作百老匯音樂劇，一般的團隊大小是由五到九人不等。而使用討論社群網路的用語，每個製作團隊也就是一個「社群叢集」。

最明顯的一個問題是：成功的團隊有什麼固定特徵嗎？是團隊的規模嗎？並不是。是團隊裡有某個特定的個人嗎？也不是；分開來看，每位作曲、導演或編舞都有許多熱門大作、也有許多失敗作品。只有一項特徵，才能真正預測劇作是否成功：製作團隊與整個百老匯創意專業人士網路之間的連結結構。

在百老匯創新的巔峰期，整個產業先是有著許多內部結合緊密的團隊，各個團隊之間又會有寬橋相連，形成整體的合作網路。而類似的網路模型，也可見於人類基因體計畫（Human Genome Project）的各個國際研究機構之間、或是開放創新鼎盛期的矽谷企業之間。以上這些環境所具備的傳播基礎架構，都能夠推動跨團隊的知識傳遞，使創意得以延續，進而引領出爆炸式的創新。

但更早以前的百老匯並非如此。在一九四〇年代巔峰期之前，百老匯的人際網路結構就是許多密集的煙火網路，每個人都會與所有其他人合作，沒有清楚的社群叢集，也沒有太多的多元性。每支團隊做出來的音樂劇，就是那幾種重要角色、那幾種強勢主題，多半遵循一套標準公式：有著大家熟悉的「男孩遇上女孩」情節，而在節目中段，則會有一首宏大的情歌。當時百老匯人才濟濟，羅傑斯、漢默斯坦、蓋希文（George Gershwin）、柯爾．波特（Cole Porter）都十分努力耕耘，但像《畫舫璇宮》（*Show Boat*）這樣的成功大作卻少之又少，劇目有九成都是失敗作收。

一九三〇年代的百老匯之所以難有創新，與同年代在愛荷華州的雜交玉米難以推廣有著同樣的原因：原本的標準公式，過去有著良好的成功記錄；所有人身邊都包圍著反創新、支持維持現狀的抗衡力量；於是提出新想法的人通常會遭到排擠或被迫順從。

到了一九四〇年代，情況開始有所不同。經濟快速成長、社會流動性增加，讓百老匯的觀眾群擴大。與此同時，二戰期間百老匯許多人才流失，形成真空，於是眾多新血湧入紐約創意界，讓百老匯的社群網路開始變得多元，開始出現種種各具特色的叢集，也帶出新的藝術風格。百老匯已經發展出一個傳播基礎架構。社群叢集能夠保留創意多元性，而跨團隊的連結也能讓老手與新人互相協調配合，共同創新。新出現的寬橋結構，讓過去未曾合作的人得以結合彼此的想法。百老匯的新社群網路就像是一個創意的大鍋，全新的方法與傳統的技術能在此互相融合，於是讓百老匯在創意與協調配合之間達到神奇的平衡，這正是成功創新所需的祕訣。

羅傑斯和漢默斯坦取得成功之後，百老匯開始出現一齣又一齣的熱門音樂劇。一九五七年的大作《西城故事》，是屢獲獎項肯定的作曲兼作詞家史蒂芬．桑坦（Stephen Sondheim）與編劇亞瑟．勞倫斯（Arthur Laurents）的首次合作。《時代雜誌》將這齣劇作稱為「音樂劇史上的里程碑」，它首次將編舞作為主要的敘事元素之一，也改變了百老匯音樂劇的製作方式。桑坦與勞倫斯在一九五九年再度合作，推出熱門大作《星夢淚痕》（*Gypsy*）。《星夢淚痕》創意的成功，一方面出於桑坦與勞倫斯在《西城故事》發展出的作詞與敘事元素，另一方面也是結合了新的編舞與導演風格。知名劇評家克里夫．巴恩斯（Clive Barnes）將《星夢淚痕》稱為「史上最佳音樂劇之一。」而《星夢淚痕》的成功，也促成導演傑羅姆．羅賓斯（Jerome Robbins）與勞倫斯的再次合作，於一九六七年推出《屋頂上的提琴手》（*Fiddler on the Roof*）。這齣劇將羅賓斯與勞倫斯在《星夢淚痕》發展出的導演風格與敘事元素，結合薛爾登．哈尼克（Sheldon Harnick）與傑瑞．巴克（Jerry Bock）的作詞與譜曲方式。《屋頂上的提琴手》成了當時最成功的百老匯音樂劇，演出超過三千場。

這個新的動態合作網路，讓百老匯開始探索激進的全新領域，容許藝術家碰觸種族主義、政治壓迫、性別關係與同性戀等前瞻議題。工作團隊開始重塑業界規範，大刀闊斧、新意十足。起源於《西區故事》的編舞理念，後來在《星夢淚痕》延伸，再擴展到其他熱門大作。

戰後那些年間，百老匯的創意與成功似乎就是取之不盡、用之不竭。為什麼後來會崩潰？

答案是：電視與好萊塢。

一九六〇年代後期，電視大受歡迎、好萊塢「錢」景可期，百老匯人才紛紛跳槽。短短幾年，整個產業的社群網路就遭到摧毀。詞曲、導演與製作離開紐約，投入其他商業市場，團隊支離破碎，每次製作之間的知識轉移也就此崩解，失去了以往的協調配合，創新也變得不那麼常見。雖然偶爾還是會有一、兩齣個別大作，但產業的低迷逐年加深。

光從街道上就能看出這種頹勢。百老匯曾是燈火璀璨、宛如白晝的「不夜街」（Great White Way），但此時盜取扒竊成了家常便飯，嚇跑了遊客、也趕走了人才。每個新問題又會再引出其他新問題。熱門大作減少，於是觀眾人數下滑，也就更難有荷包滿滿的製作人願意投資；這樣一來，整個工作環境光環褪色，難以吸引新的優秀人才。

當時，百老匯的榮景似乎已成過去。事實上，要不是後來為了振興紐約、特別是振興百老匯而推出一系列政策，百老匯可能真的這樣一蹶不振。

一九八〇年代初期，政府大張旗鼓，希望讓百老匯氣象一新，並推出大型造勢活動，吸引大批國際遊客來紐約。（還記得「I❤NY」（我愛紐約）這個行銷活動嗎？）紐約強攻國際旅遊，為百老匯表演引來新的投資者，這些新資源又引來新一批才華洋溢的作詞作曲家、演員與導演重回百老匯。幾年內，百老匯的協調配合網路開始重新形成，重返一九四〇與一九五〇年代那種有效支持創新的網路連結模型。

這個創意產業內部，重新架起一座一座的寬橋，讓不同團隊之間得以協調配合，並且能夠推動人才重新組合，建立新的合作。各個團隊之間能夠知識轉移，於是新人與老手藝術家之間開始放膽合作，迸出新一波的創作火花。此時製作出了《歌舞線上》、《貓》、《悲慘世界》、《歌劇魅影》等熱門大作，幾年後又有《獅子王》橫空出世，為百老匯音樂劇帶來全新元素，躍居音樂劇史上最高票房。

團隊運作：一門新的科學

關於「傳播基礎架構」的概念，講的是該如何組織整個產業或公司，才能促進創意和創新。但如果只是個小規模的團隊呢？基層領導者很少能控制整個產業的網路結構，甚至就連自己企業組織的網路結構都已經難以掌握。但如果面對自己手下的團隊，總有些可以做的事。

不管是設計火星探測器的科學家、參與百老匯製作的藝術家，又或是研發新型個人電腦的工程師，這些人在團隊之中該如何互相連結，才能徹底發揮自己的創新能力？關於這點，網路科學能告訴我們什麼？

傳統觀點認為，當團隊的溝通網路愈有利於資訊傳播（也就是有愈多弱連結），應該就愈有利於協調配合。傳統觀念甚至也認為，如果團隊想解決的問題愈困難，弱連結對創新而言就愈重要。如果團隊成員之間的連結類似於煙火結構，應該能最有效分享資訊，使眾人腳步一致，加速團隊探索解法的過程。

由於煙火結構有利於分享資訊，不難想見為何傳統觀念會認為這種結構是上上之選。只要團隊中有任何一名成員發現某個好點子，都能迅速傳給團隊的其他成員，讓整個團隊聚焦於這個新點子、再進一步創新。

一切看來再理所當然不過。理所當然到讓幾十年來的管理實務都遵循著這個想法，不論是每週的週會、定期的查核、各種高接觸（high-contact）的辦公空間設計，各種管理常規，都是希望能讓資訊快速交流，讓所有人都能跟上整個團隊當中最新、最棒的突破進展。

然而，解決簡單問題時能夠奏效的策略，在團隊要解決複雜問題時，真的也能派上用場嗎？

如果是要領導一組生化科學家團隊，研究治療癌症的新藥，該怎麼做？或者要領導亞馬遜或塔吉特（Target）的資料科學家，研究出一套更好的演算法來預測顧客對產品的興趣，該怎麼做？又或者，要領導一組醫師團隊，為某種新的鴉片類替代藥物訂出最佳使用規則，又該怎麼做？這些都是複雜的問題。該如何組織手下團隊，才能完整發揮團隊創新的潛力？

這正是我想回答的問題。

為此，我需要找出一個方法，瞭解研究團隊的結構會如何影響其創意與生產力。有沒有什麼辦法能夠重新複製創新的過程，方便對這項過程進行科學研究？

大約在二〇一四年，我有幸與一名才華洋溢的研究生戴文．布萊克比爾（Devon Brackbill）合作，他也對這個問題很感興趣。我們開始天馬行空構思各種做法，希望能夠打造出像是我過去研究引爆點的那種「社會學實驗室」。我們能不能打造出一個實驗室，讓我們能夠研究創新與科學發現的過程？

布萊克比爾還真的找到了辦法。他借用 Netflix 在二〇〇〇年代初期用過的方式；當時這種策略不但讓 Netflix 解決了核心業務問題，還在不經意間，協助打造了現代的資料科學領域。

漁網結構團隊的力量

二〇〇五年時，Netflix 會根據使用者自身過去租借的影片紀錄，定期向使用者推薦新的電影。但這種推薦方式效果並不好。Netflix 想做到的這點非常重要，如果能夠推薦對的電影，就能留住使用者繼續使用 Netflix；推薦錯了，就會讓使用者覺得無聊，最後默默離去。公司的資料分析師根據數千萬條內部記錄（多年來的使用者觀看與評分資料），研發出稱為「Cinematch」的內部推薦系統。然而，Cinematch 的成長速度跟不上 Netflix 本身的成長速度，市場持續出現各種新的內容、消費者口味也不斷改變，結果就是 Netflix 發現顧客參與度大幅下滑。當時彷彿已經死到臨頭：再不來點大刀闊斧的改變，訂閱收入就會如跳水般崩潰。

Netflix 決定把這個內部的企業問題，轉成大眾的科學問題，透過群眾外包（crowdsource）來找出答案。早在幾十年前，波音和奇異等工程公司就用過舉辦公開競賽的方式，為困難的工程問題尋求解決方案，但 Netflix 的做法有所不同，不是只單純公布問題、看看誰會提出最好的解決方案，而是公開自己最珍貴的資料（使用者的影片觀看行為與評分紀錄），邀請資料科學家團隊來破解其奧祕，提出能夠推薦適當影片的有效演算法。

二〇〇六年十月二日，Netflix Prize（Netflix 百萬獎金大賽）正式開跑，懸賞百萬美元，向各方團隊徵求最佳的影片預測演算法。這項大賽進行了三年，全球有上萬名專業程式設計師參與，不但有大學生投入一整個暑假的時間研究、教授開設相關課程，還有創業者直接成立公司，致力於解決這項問題。這成了電腦科學界眾口爭傳的大事；上次有這種熱度，已經是一九九〇年代的搜尋引擎問題了（大家都知道，谷歌解決了這個問題，最後稱霸搜尋引擎市場）。

二〇一五年，布萊克比爾和我正想試著找出推動創新的祕訣，他於是建議可以從 Netflix 大賽來找靈感。我們真正有興趣想瞭解的，與其說是 Netflix 那項如何推薦電影的問題，還不如說是各方尋求解決方案的策略。Netflix 大賽在二〇〇九年終於出現贏家，而接下來幾年，資料科學領域中仿效這項大賽的競賽多如過江之鯽，像是 Kaggle、Crowd-ANALYTIX、Innocentive、TunedIT 等網站都提供了相關的數位布告欄功能，無論企業、政府或個人，都可以上布告欄宣傳自己的資料分析公開競賽，獎金一般從五萬到五十萬美元不等。

對布萊克比爾和我來說，這個新的社交空間（尋找解決方案的公開競賽）提供了一個寶貴的機會，能一睹幕後運作方式，瞭解這些高報酬的創意協作如何進行、各個團隊的連結情形又會如何影響創新能力。究竟有沒有可能，只要為資料科學家團隊設計出正確的連結社群網路，就能有「管理創新」的功能？如果在協作團隊之中打造傳播基礎架構，是否就能加速讓人找到更好的解決方案？

在美國國家科學基金會（National Science Foundation）的慷慨資助下，布萊克比爾與我也模仿 Netflix 大賽，舉辦了安納伯格資料科學大賽（Annenberg Data Science Competition）。這項大賽與 Netflix 大賽類似的部分在於，我們同樣邀請全球各地的研究人員組成問題解決團隊，希望看到他們在機器學習、人工智慧、統計與計算分析等方面加速取得突破。至於與 Netflix 大賽不同的部分則在於，我們的重點不是找出更棒的影片推薦演算法，而是透過大賽，讓我們瞭解如果改變研究人員之間的連結網路結構，是否會影響研究人員的創新能力。如果根據複雜傳播的原則、讓研究人員之間以漁網結構來連結，是不是更能帶來創新？還是該著重在迅速分享資訊，讓研究人員之間以煙火結構來連結，團隊才會表現得更好？

我們從大學校園與就業網站上招募了一百八十位資料科學家，將他們隨機分成十六個團隊，八個團隊採用煙火結構、另外八個則採用漁網結構。在八支煙火結構的團隊中，研究人員（或說「參賽者」）與所有隊友都有連結關係，資訊流達到最大。這時的團隊連結網路就像是密集的煙火爆炸，只要哪個人提出更好的解決方案，所有人都會立刻知道。

相較之下，在八支漁網結構的團隊中，每位參賽者只會和自己團隊的其中幾位成員有連結，也只會直接看到這幾位隊友的解決方案。如果想知道遠距隊友（也就是在網路中還得經過幾次連結）的發現，就得等著相關資訊透過寬橋傳播，經過幾手才到達自己手上。

一如 Netflix 大賽，我們比賽的參賽者也是為了獎金而戰。研究者最後得到的獎金多寡，是依據最終解決方案的品質來決定。最好的解決方案，就能得到最高的獎金。但我們又多加了一項設計：每個團隊只有十五分鐘能解決問題。

競賽的一開始，就是我們取得《財星》五百大企業的公開績效紀錄，將詳細的銷售與產品資料提供給參賽者。接著，我們請參賽者提出預測模型，看看哪隊最能解釋公司的產品為何成功。

什麼因素能夠預測鞋子的銷量？是價格、款式、名人代言，還是某種未知的因素組合？又是什麼因素會決定啤酒的銷量？是廣告、口味、酒精濃度、鎖定區域、氣泡強度，還是其他因素的組合？各項因素似乎都會互相影響；乍看之下價格愈低就愈會推高銷量，但如果加進名人代言這項因素，反而是價格愈高才愈會推動銷量。整個資料裡有超過一萬五千種可能的解決方案。

對於任何在快節奏產業的研究團隊來說，應該都會覺得這場競賽就如同他們的日常。參賽者都是聰明、訓練有素、動機極高的資料科學家，也都在這個深具挑戰性的技術問題跟前，面臨著巨大的時間壓力。

所以，情況如何？

一開始，由八支煙火結構的團隊迅速領先。只要出現了良好的解決方案，短短幾分鐘就能讓每個隊友都知道，而全隊也能夠迅速就某項策略達成共識。問題在於，雖然這些最早出現的解決方案肯定都是**良好**的解決方案，但離**最好**還有一段距離。而在團隊的所有人都接受了某項良好的解決方案之後，每個人的進一步探索都大同小異，對這個問題開始只有類似的觀點，創新停止了。

布萊克比爾與我發現，煙火結構的問題在於大家會**太快**就得知良好的解決方案，於是不再探索那些極為另類、可能非常創新的問題解決方式。

於是我們知道，新事物的發現也像事物的傳播一樣，都需要**社群叢集**的結構。

原因就是，叢集能夠保留多元性。這裡講的並不是人口的多元，而是資訊的多元。

漁網結構傳播資訊的效率比較低，也就不會讓團隊的所有人太快得知那些早期所發現、「還算不錯」的解決方案。漁網結構讓資訊傳播的速度變慢，反而形成保護，讓研究人員不會因為接觸到其他解決方案而分心，於是得以繼續想出某些眾人意想不到、令人耳目一新的解法。

對於**資訊傳播**而言效率比較低的網路，對於**創新探索**而言卻能有比較高的效率。

這個結果一開始讓我們百思不解，但後來愈想愈有道理。我們意識到，創新的一項最大障礙，其實就在於常見的解決方案屬於**簡單傳播**，好懂、容易傳開，符合我們對世界運作先入為主的概念。於是，在團隊成員之間以煙火結構連結的時候，這些大家都想得到的解決方案就會迅速傳開。

我們安排這項競賽的時候，讓每個團隊的情況盡量相同，各隊資料科學家的技術水準、專業經驗與贏錢動機都相去不遠，要解決的也是同一個問題。然而等到競賽結束，八支漁網結構的團隊都找出了比八支煙火結構團隊更好的解決方案。而且事實上，漁網結構團隊所提出的最差解決方案，也比煙火結構團隊所提出的**最好**解決方案來得更好。

在每個團隊中，研究人員都全力探索各個變項的各種大型組合，一路把時間用到只剩下競賽時限的最後幾秒，希望能找出最佳的預測模型。然而，煙火結構的團隊很快就會在早期找出某種稱得上良好的方法，大家就此達成共識，後續也就很難再突破改進。

至於漁網結構的團隊，一開始的情況也相同，各種早期的發現會開始在團隊的網路間流傳，但在緩慢傳開的期間，還沒收到消息的隊友會繼續努力探索其他的解法，也就有可能找到**更好**的解法。再等到新的解法又開始緩慢傳開，網路上又有其他部分的研究者可能找到還要更好的解決方案。漁網結構雖然會讓資訊流傳的速度減緩，反而會使團隊得以更高效率找出新的想法。

事實上，漁網結構團隊的表現好到驚人，讓布萊克比爾與我開始思考，不知道他們解決這些複雜問題的表現和電腦比起來又如何？在工程與醫學等領域，有著許多複雜、具時間壓力的問題，人工智慧（AI）如同大受歡迎的救星降臨。但對於我們大賽中的這些問題來說也是如此嗎？

為了找出解答，我們又請來另一位參賽者：賓州大學的超級電腦叢集，用來執行綜合AI演算法，處理與人類團隊手中相同的資料問題。

AI演算法的表現通常比人類團隊更優秀，這件事並不令人意外。我們意外的是：AI只會打敗煙火結構的團隊，如果是漁網結構的團隊，反而通常能夠打敗電腦！

事實證明，演算法也遇上了我們在煙火結構裡同樣的問題：它們知道得太多了。

我們使用的各種AI演算法都非常有系統。一般來說，要評估每一種預測模型的時候，典型的演算法就是會一一測試每個變項。每次找出表現最佳的變項之後就加以鎖定，接著繼續尋找下一個加入的變項。演算法會有條不紊地加入或排除每個變項，直到得出最佳解決方案。

然而，這種方法卻可能讓電腦也落入煙火結構團隊所落入的陷阱：要是早早就發現了某個很能預測結果的變項，以後所有未來的解決方案都一定會列入這個變項，但這不一定就是正確的。或許所有變項間存在著某種奇怪的組合，單看其中的每個變項都沒什麼，結合起來卻會成為最好的解方。研究人員必須得到一點保護，不要太早就看到那些比較傳統、理所當然的想法，才會找出那些出人意外的解決方案。要先讓人有機會去翻看那些乍看不太可能成功的變項，才能在最後找出最佳的解決方案。而這卻是ＡＩ演算法或煙火結構團隊都不太會走的一條路。

說到所謂良好的團隊結構，有一項代表特徵，就是要在促進協調配合的同時保持人才智識多元。就像一九四〇年代晚期與一九五〇年代的百老匯，當時能在創意與協調配合方面達到完美平衡，靠的就是能在各個獨立創新的叢集之間以寬橋構成網路。如果團隊結構良好，一方面能讓成員得到足夠的**保護**，以維護資訊的多元，讓他們能夠探索足夠的未知領域，尋得原本不在期望中的事物；但一方面也讓成員彼此有足夠的**連結**，能在得到創新概念之後互相增強。

這對管理者而言的意義在於：想解決複雜問題的時候，或許團隊開會的陣仗不那麼大、不那麼頻繁，會比為了希望維持資訊流動而常常舉行大規模會議來得更好。亞馬遜執行長貝佐斯自創的「兩個披薩原則」（two-pizza rule），正是聰明運用了這個道理。他認為，會議的人數應該要少到只叫兩個披薩就足以把所有人餵飽。如果需要更多披薩，應該就是會議人數已經太多、網路變得連結太緊密，可能已經妨礙了資訊的多元、探索與創新。

中國的煙火結構問題

賈德．戴蒙（Jared Diamond）於一九九九年榮獲普立茲獎的文明史大作《槍砲、病菌與鋼鐵》中提出了一個問題：為什麼在過去這幾個世紀，歐洲文明能戰勝其他大陸的文明？其中一項關鍵因素，就在於社會有效發展與傳播創新的能力。而中國就成了格外奇特的矛盾案例。

在第一個千禧年間（西元元年到一〇〇〇年），中國研發並善用的發明已然包括火器用的火藥、領航用的羅盤、印刷術、紙張。等到西元一三〇〇年，中國學者已經詳細記載了各種火箭、火炮、火器、地雷、水雷、大砲和雙節火箭等等的軍事武器。而這時歐洲人還在拿著闊劍互砍。

中國不只在戰事方面領先一步。早在西元前八五〇〇年，中國已經開始大規模生產糧食。接下來幾個世紀，中國在政治上統一了前所未有的遼闊版圖，航海上也取得無與倫比的成功，成為全球海上霸主。

幅員遼闊的中國，可說擁有了文明成功所需的所有地理要素，土地穩定、肥沃，生態多樣，能發展各種作物與牲畜。在過去一萬年間，中國這個龐大的糧食生產系統一直非常穩定。

正如戴蒙所寫，「在公元前八五〇〇年到公元一四五〇年之間，任何歷史學者都不可能預見歐洲最後會脫穎而出、領袖群倫。」在這段漫長的創新發展與傳播史上，中國的表現一直壓制著歐洲。那又是為何，才不過幾個世紀後，原本落後的歐洲國家反而主宰了這個世界？

答案就和一項社群網路的驚人特徵有關。中國當時的資訊網路結構，就像是我們資料科學大賽那些煙火結構團隊的狀況，只要在中國發現任何好點子，就會立刻傳向首都，再傳播到全國。這種集中式的資訊流系統，會讓科技技術如風馳電掣般傳遍全國，於是中國得以在前期大幅領先，在軍火、農業與政府的發展快人一步。資訊快速傳播，能讓彼此連結緊密的族群在一開始發展迅速。然而這樣的緊密連結，長期而言可能反而不利。從中國歷史就可見一斑。

由於中國採中央集權，各種好點子能夠迅速集中。然而，這些網路雖然有利於資訊取得與政治控制，卻也代表中央政府得以控制、扼止各地獨立的創新。任何領導者想要減緩研發創新的腳步、保留特定科技或文化，都能單方面決定讓全國的進步為之停滯。在中國所發生的狀況正是如此。誠如戴蒙所說，「但是中國的大一統（connectedness）最後讓中國付出了代價——只要獨裁者一個決定，不但有可能、而且確實就是多次阻滯了創新。」

歐洲則是另一回事，由許多不同的國家組成，各自發明、各自探索。歐洲各國的組成更像是漁網結構，國界會讓創新的傳播速度減緩，就算某項創新在歐洲某國流行起來，也不會立刻在所有歐洲國家都形成主導地位。雖然各項創新最後終會傳遍歐洲，但肯定比在中國的速度慢得多。在那期間，各國仍可以繼續自由探索自己的想法。這種在資訊與文化上的多元，能讓人去探索更多的可能。雖然中國科技領先了數百、甚至是數千年，但等到中國的創新傳抵歐洲，歐洲各國不但能就此採用，更能以此為基礎繼續創新。而每個國家所實驗探索的方式，都可能是其他歐洲各國所無法想像、中國政府不允許國民所採取的方式。

中國的各項創新來到歐洲僅僅幾百年後，就因為歐洲的快速研究與創新而有了重要的新發展，也讓西方大幅拓展了疆域。歐洲人迅速入侵美洲，並準備向東進犯。

當然，中國也曾經有機會將疆域拓展到這些地區。像是十五世紀早期，比起哥倫布率領三艘船艦發現新世界的著名航程還早了幾十年，中國就已經有數百艘船艦組成艦隊越過印度洋，最遠到達非洲。要是中國有著如此巨大的領先優勢，為什麼最後不是他們先到達美洲？

從西元一四〇五到一四三三年，明朝發生黨爭，船員與港口分別由不同派系掌控，為了奪權，控制港口的派系便關閉全國港口，完全禁止航運。如果是在歐洲，這樣的爭端只會讓部分爭議地區（例如南義或斯堪地那維亞半島西側）的港口封閉起來，並不會影響其他國家的航運或海上探索腳步。但在中國，由於全國中央集權、連結四通八達，也就代表政治爭鬥的影響將擴及全國。所有船廠都遭到關閉，而明朝所有港口也就此封港，時間一過就是數十年。於是在十五世紀最後這幾十年，中國維繫海上霸權的機會也就此消失。又過了幾個世代，當中國重啟造船業，歐洲已經在新世界站穩腳步，並向中國投來探索的目光。

如果想要創新，能夠促進思想傳播的網路必不可少。正是因為有網路將中國的創新帶到歐洲，才促成了文藝復興，也讓歐洲最終走出中世紀繼而興起。但如果創新傳播得太快、連結太過緊密又或太集中，整體社會就會失去各自獨立探索的能力，也就難以在競爭的時間壓力下解決複雜的問題。我們從雜交玉米的歷史就看到，不論是要取得創新或傳播創新，社會改變成功的一項基本策略，就是在社群網路當中留下一塊淨土，讓創新得以在此萌芽培育。如果整個傳播基礎架構有著多樣的社群叢集，叢集之間再由寬橋互相連結，就能夠加速創新；因為這片淨土有助於新概念站穩腳步、接著發光發熱。

第12章
偏見、信念、改變的意願

伍迪．艾倫（Woody Allen）經典名片《安妮霍爾》（*Annie Hall*）有個著名場景：心理治療師詢問伍迪艾倫扮演的艾維．辛格（Alvy Singer）與女友安妮．霍爾（Annie Hall）發生性關係的頻率如何。辛格回答得很沮喪：「幾乎沒在做，一週可能只有三次。」但黛安．基頓（Diane Keaton）所扮演的霍爾被她的心理治療師問了同樣的問題，我們卻看到她在另一頭的分割畫面上說：「很常啊，我會說一週有三次吧。」

確實，這幕可以說是有趣，但也透露了許多訊息。對完全相同的一件事或資訊，兩個人有可能提出完全相反的看法。這裡講的可能是兩組不同的人，例如公司高層和基層員工，又或是兩個對立的政黨。社群網路會影響個人的信仰體系，讓大家對世界有不同觀點，難以在爭議議題上達成共識。

前一章已經談過，傳播的基礎架構會大大影響能否發現新的想法。而本章要談的，則是這些基礎架構也會大大影響眾人對新想法的**接受度**——特別是對特定族群來說已經先入為主的那些議題。

美國太空總署的氣候路障

美國太空總署（NASA）近期從北極海冰推算全球趨勢的發現，就是個很好的例子。評估全球氣候變遷的時候，北極海冰可能是最佳的指標。海冰面積減少得愈快，海平面上升、氣溫升高、海洋鹽度降低的危險就愈迫切。這些指標每一個都會威脅到世界各地海岸與深海海洋生態的存亡。如果這些生態系統崩潰，其他地方的生態系統也難以倖存。

過去三十年間，NASA都用軌道衛星來記錄北極海冰的融化趨勢，研究結果在二〇一三年對外公布。在NASA科學家看來，結果顯示科學明確證實北極海冰急速減少，必須果斷、迅速地開始行動回應。但奇特的是，雖然NASA的趨勢圖明確顯示北極海冰面積明顯減少，過去十五年更如跳水般急遽下滑，但大眾對趨勢圖的解讀卻是矛盾到十分驚人：某些團體認為這張趨勢圖「證實」氣候變遷只是誇大其詞。

為了更仔細研究這種現象，我和我所指導的道格拉斯・吉爾伯特（Douglas Guilbeault）與喬書亞・貝克（Joshua Becker）兩位研究生在二〇一七年進行一項研究，分別要求自由派和保守派人士根據ＮＡＳＡ的趨勢圖，預測二〇二五年的北極海冰面積。在大多數自由派人士看來，趨勢圖顯示北極海冰正在減少。但有將近一半的保守派人士則認為，圖表顯示的是北極海冰面積正在**增加**。在他們看來，二〇二五年北極海冰面積將會遠遠大於現在。若果真如此，表示目前因為相關資料所引起的各種焦慮都只是杞人憂天，絕對沒有必要制定什麼積極的科技與公共政策來處理（並希望得以減緩）迫在眉睫的氣候危機。

ＮＡＳＡ曾一心以為，自己的發現能夠證明氣候變遷的危險已經刻不容緩。但這項長達數十年的研究，又是怎麼讓這麼高百分比的民眾有了完全相反的理解？

網路如何影響偏見

世界知名心理學家里昂・費斯廷格（Leon Festinger）能為我們解答，他用「動機性推理」（motivated reasoning）這個詞，描述原本中性的資訊，會如何被個人的心理與政治偏見影響而大幅扭曲。他寫道：「你很難改變一個已有定見的人。你說你有不同的想法，他就會轉身離開。你給他看事實或數據，他就會質疑你的資訊來源。你訴諸邏輯推理，他也看不到你的邏輯重點。」

正是因為這種認知偏誤（cognitive bias），讓某些人無法理性對待關於氣候變遷的新科學資料。而更糟的是，社群網路還會讓偏誤更加嚴重。有太多資訊透過社群網路傳播，於是讓社群網路變得像是個篩選器，影響我們如何詮釋新的資訊（無論是面對面互動，或是在社群網路上）。許多爭議話題的命運，現在都受到社群網路這個資訊管道所掌控，其程度令人觸目驚心；即使相關資訊與鐵證如山的科學研究結果完全背道而馳也一樣。現在是一個政治上既同質化又兩極化的「同溫層」時代，種種偏頗的偏誤，經常因為和臭味相投的夥伴互動而得到增強。

我研究了對NASA研究發現的反應之後，才意識到所謂的「同溫層」正是組織學裡所謂的「孤島」（silo，又譯「穀倉」）。如果兩個團體之間沒有橋梁連結，就會形成孤島，重要資訊無法在兩者之間傳遞。而我們也在第六章提過，如果兩者之間有窄橋，雖然能夠傳遞「資訊」，但通常並不足真正傳遞「知識」。要傳遞知識，就需要寬廣的橋梁。

想解決同溫層問題（以及可能衍生出的錯誤信念）方法之一，就是在兩個水火不容的社群之間建起寬度更寬的橋梁。在雙方的文化與政治差異看來愈拉愈大的時候，或許只要讓雙方之間再多那麼一點的社會增強，就能拉近彼此的距離。這正是我們針對二〇一七年氣候變遷研究希望達成的目標。

我們發現保守派與自由派對ＮＡＳＡ海冰趨勢圖的詮釋竟如此不同之後，就把這兩群人拉到社群網路中，讓他們直接互動，討論他們對於氣候趨勢截然不同的看法。每個社群網路都有四十位成員（二十名共和黨、二十名民主黨），成員間以漁網結構連結。我們將研究重複十二次（總共有十二個獨立網路，共四百八十人）。而我們也從一開始就決定，必須看到所有十二個網路的偏誤都減少，才能認定寬橋有助於減輕民眾在政治上兩極化的問題。

所以，經過互動之後，真的解決問題了嗎？大家是不是就能夠互相學習，協調出對氣候趨勢的一套新理解？

答案是否定的。

在這十二次實驗中，無論民主黨和共和黨的參與者都並未得到新知、也沒有改變想法。兩極對立堅如磐石，雙方對ＮＡＳＡ氣候變遷資料的理解或詮釋能力都沒有顯著提升。就算已經設立了跨黨派的寬橋，也並未解決問題。

但我們後來注意到一件事。

我們的實驗介面設計很類似社群媒體網站（例如推特），螢幕左下角有共和黨標誌（紅白藍三色的大象）與民主黨標誌（紅白藍三色的驢）。這些標誌並不帶有任何用途，不會指出是誰在和誰互動，也不代表研究當中任何人的黨派資訊，放在那裡只是覺得有趣、引人注目而已。

這應該不會有什麼影響，對吧？

然而，我們接著去看了另一組的民主黨與共和黨組合。

關於氣候變遷的議題，這組人與前一組同樣呈現兩極化。而我們在這組所採取的連結方式也相同：將四百八十人分為十二個獨立網路，每個網路都有一半共和黨、一半民主黨，成員間以有著寬橋的漁網結構連結。

唯一不同的是，這次我們刪掉了螢幕上的政黨標誌。

而這一次，一切也因此不同了。

這些網路裡的跨黨派互動不但提高了群體的「智能」（成員閱讀趨勢圖的能力），更完全掃除了信念兩極化的情形。等到研究結束，無論自由派或保守派人士，預測的準確度都超乎我們的想像。而驚人的是，兩者對於NASA資料的詮釋準確率都達到將近九成！

十二次重複實驗都顯示了同樣的結果，政治兩極化的情況消失了。在網路中，我們以寬橋將民主黨人與共和黨人連結在一起之後，看到他們雙方詮釋氣候趨勢的能力都有顯著地提升。

但要是寬橋真的這麼有效，為什麼在第一次存在政黨標誌的時候完全失敗？只要你曾經試著調停兩家公司間的爭端、或是緩和長期死對頭之間的緊張關係，就會知道光是把兩方連結在一起並不夠。要是做得不對，這些社會干預措施甚至可能出現反效果，讓情況變得更糟。

當偏見存在的時候，搭起寬橋只是解決方案的第一步。另外還需要搭配兩項重要的因素；其一是「建立思考框架」（framing），並據以確立攸關性。

第七章提過，只要得到適當的社會增強，團體的團結感與歸屬感會極具傳染力。我們也提過，在奧克拉荷馬州的男孩夏令營，就曾用這套理論在一群美國青少年之間畫下虛擬的團隊界線。就算只是一些表面上的畫分（例如分成響尾蛇隊和老鷹隊），也能形成情緒感染、引發群體間的暴力。同樣地，在貝魯特對於基督教與穆斯林青少年的研究顯示，在藍鬼魂隊和紅精靈隊之間畫出虛擬的團隊界線，就能讓紅隊的穆斯林與基督教青少年團結起來，與藍隊的穆斯林、基督教青少年間出現暴力對抗。

在社群媒體的「現實世界」，我們也看到了同樣的效果。民主黨與共和黨在社群媒體上一直都有互動，結果往往不如人意。彼此的無禮與日益成長的惡意，讓雙方兩極化的情況加劇、敵意加深。

我們的研究結果顯示，雙方的敵意並非來自互動本身，而是來自於對這些互動的思考框架。社群媒體總有取之不盡的影片與圖像，提醒大家這是個兩極化的世界。整個推特星球（Twittersphere）充斥著各種政黨標誌、政治標誌、病毒式瘋傳的迷因，形成思考框架，影響大家對自己政黨認同的想法，也影響大家認定誰與自己更為攸關，訂出了內團體與外團體的界線，隱隱決定了社會影響力所及的範圍。

我們發現，社群媒體上那些看似無關緊要的功能（特別是會喚起政黨忠誠度的圖像），事實上會大大影響社群網路的運作方式。在群體之間有寬橋相連，確實能夠促進學習與相互理解，但必須有一項前提：即先設法讓各方都覺得彼此夠重要、與自身攸關。假如互動的思考框架刺激到政治忠誠度，就算小到只不過是放了個驢子或大象的圖像，也會降低各方聽取多元意見的能力，甚至讓人難以看清事實。

想推動任何社會改變，都必須設計出一套打動人心的說詞。但就算有了說詞，聽者究竟會聽到什麼，則是由框架效應（framing effect）來決定。就像是NASA的發現，比起資訊本身，框架效應有時對一個人最後相信什麼會有更大的影響。

想要討論偏見在社群網路中如何運作，第一項重點是寬橋，第二項重點是框架效應，至於第三、也是最後一項重點，則在於網路集中度（network centralization）。本書一開始已經提過，在社群網路「中心」會有一些連結數量極高的名人。相較於其他人，這些人的連結數量愈高，也就代表這個網路愈集中。集中的社群網路就像是一個煙火結構，有一個連結數量高的人（社群明星）位於談話的中心，對於資訊流動的影響比起其他人都高出一大截。至於來自邊緣的聲音，則十分容易被壓制。

相對的則是漁網結構。這種網路並非集中式，而是人人平等的平等式。在平等式的網路中，所有人的發言權平等，沒有誰高誰低。就本質而言，這就像是每個人都屬於一個龐大而相互連結的邊緣，人際一般是以小小的叢集形式互動，各種想法則透過叢集間的寬橋流通。平等式網路的主要特徵在於，新的想法與概念可能從整個社群任何地方湧現、傳遞給所有人，而不會受到位於網路中心的強大社群明星所阻擋。

先前的章節已經提過，集中式網路很適合傳遞簡單傳播，但對於傳遞複雜傳播卻不是很有效。現在我想介紹一下，為何正因如此，集中式網路更易使人產生偏見——以及你又有什麼應對方式。

前面談到關於民眾如何詮釋NASA氣候變遷趨勢圖的實驗，是將民主黨與共和黨的人員放進了漁網結構的網路之中。而為了想知道網路集中度會對結果有何影響，我們也做了一系列新的研究，測試如果再做一次不加進政黨圖像的第二項實驗，情況會如何？但這一次，我們將來自兩黨的成員都放在一個集中式的網路（就像是一個煙火結構），而不是漁網結構。我們試著隨機選擇不同的人放在網路中心，有時是民主黨的人，有時是共和黨的人。

這一次，我們並沒有看到兩極化的問題，卻看到了偏見的問題。要是中心人物有任何偏見，就會放大並傳向網路的其餘部分。網路集中度高，就會使得整個族群（無論民主黨或共和黨）都偏向中心人物的觀點。

集中度高也有一線光明。如果位於中心的是一位完全沒有偏見的人，就能減少整個族群的偏見。

但這線光明實在太細微。中心人物只要有著一點點的小偏見或錯誤，就會增加整個族群出現偏見的傾向。

我們發現，如果網路組成比較多元（例如既有民主黨人、也有共和黨人，而且大家觀點較為廣泛），這個問題也就不會那麼嚴重。眾人的觀點多元多樣，有助於抵消中心人物的偏見。

如果是一群心意相近的人聚在一起，集中度的問題就會嚴重得多。當整個社群充滿一群有著同樣政治、社會或文化信仰的人，那些呼應、增強現有信念的想法，就屬於簡單傳播：大家都覺得這些想法好懂，也容易傳播出去。在政治的同溫層裡，位於對話中心、連結數量高的名人可以輕鬆傳播符合群體偏見的錯誤資訊。

相對地，那些**挑戰**群體偏見的想法則屬於複雜傳播：面對強大的抵制，也就很難從一片如汪洋般的抗衡力量當中浮出水面。想挑戰現狀的新想法比較容易出現於網路邊緣；這裡的連結數量沒那麼高，人人的聲音都能被聽到，新的想法也能在同儕之間來回增強，而不會受到太多抗衡力量的打壓。

不論是大權在握的執行長、或是全國最弱勢的人民，都無法逃脫偏見問題的影響。名人善於傳播簡單傳播、卻不善於傳播複雜傳播，於是形成一種天然的不對稱性：那些符合群體偏見的錯誤資訊，傳播起來特別容易。例如美國針對所受照護不足的社群（特別是非裔美國人與拉丁裔女性）所做的研究發現，他們不信任主流醫療保健的程度高到不成比例，常是基於多年來在這些領域受到不良、歧視的對待。因此，在這些社群裡連結數量高的名人，能夠迅速傳播錯誤資訊、使得眾人更不信任當前各種預防性醫療保健措施（例如節育、疫苗接種、新冠肺炎預防措施等）。錯誤資訊得以輕易傳播，就會讓醫療不平等的狀況進一步加劇；這些社群本來就已經不信任主流醫療保健，現在又更容易落入那些本來可以預防的健康問題。

問題還不僅止於公共衛生方面。

以下幾頁就會提到，集中式的網路會增加偏見，平等式的網路則能減少偏見。這不但影響著企業經理、政治領袖、專業體育教練，甚至會影響其決定攸關生死的醫生。

根據我們所受的教養，很多人都認為所謂「偏見」是個人的問題：有些人有偏見、有些人沒有偏見。然而，真正最嚴重的偏見並非存在個人的腦海裡，而是存在社群網路之中。

一項（非常緩慢的）醫學突破

一九二九年，維納．福斯曼是個心懷壯志的二十五歲心臟專科醫師，在德國偏遠小鎮埃柏斯瓦德（Eberswalde）的一家小醫院工作。他心裡藏著一個將使得心臟學領域風雲變色的偉大想法：重點在於一種小小的塑膠管，也就是醫界所稱的**導管**（catheter）。十九世紀後期，泌尿外科等領域已經很常使用靜脈導管，將血液和尿液等液體排出體外。

福斯曼驚天動地的想法，則是把這種技術應用在心臟。如果可以把這些導管從患者的手臂一路推進他們的胸腔裡，會怎樣？這樣一來，就能讓醫生檢查心肌的狀況、辨識患病組織，甚至可以直接將拯救生命的藥物打進心包。

但**不**這麼做也有個很好的理由：當時整個醫學界一心認定，把一根塑膠管子戳進人的心臟裡，豈不是要了病人的性命？

除了福斯曼，整個醫學界都是這麼認為。

福斯曼曾讀過文獻，提到將這種程序應用在動物身上，他認為不能用在人身上實在沒道理。當時還沒有任何手術室或實驗室能夠處理這種程序。難道真有可能把一根長約一百五十公分的塑膠管插入患者的手臂或腿裡，一路帶到心臟，還能讓他們好好活著？你要怎樣才看得到導管是不是到了腔靜脈或右心房？就算真的讓導管到了這些地方，又要怎麼進行診斷或治療？

福斯曼有一些想法。

他努力說服了一位名叫格爾妲・狄森（Gerda Ditzen）的護理師當助手。福斯曼說自己打算親身試驗這套程序，狄森覺得這聽起來簡直是自殺，所以堅持要福斯用她來做試驗，這樣就算出了問題，他也能在手術危及生命之前及時中止程序。

福斯曼同意了。狄森帶他進了手術室，準備了麻醉、下刀、導管置入與拔除所需的所有無菌材料，接著福斯曼就用約束帶把她固定在手術台上。她準備好要開始了。

但她怎麼什麼都沒感覺到？

她一直等著劃刀的那一刻，等著感覺到塑膠管滑進手臂那種隱約的疼痛感。福斯曼俯著身子，似乎已經下刀並置入導管，但她就是一點感覺也沒有。沒過多久，她就發現自己被福斯曼騙了，他偷偷把自己的手臂放在她的手臂旁，切口不在她身上，而在福斯曼自己身上！

這位年輕的心臟專科醫師把塑膠管置入自己的前臂時，狄森就這樣被綁在手術台上，什麼都做不了。她只能驚恐地看著他不斷將導管推進自己的身體，愈來愈深，往胸腔前進。

她嚇壞了，覺得福斯曼可能會讓他自己小命不保。

然而，這位年輕的醫師早有計畫。

他請狄森和自己一起下樓到 X 光室。她同意了。他放開了她，兩人匆匆從手術室順著長長的走廊來到 X 光科，這時候還有幾十公分的塑膠管就從福斯曼的左臂伸出來盤繞在一起。福斯曼站在 X 光機前，一邊在螢幕上觀察自己的胸腔，一邊將導管繼續向上帶進胸腔、繞過心包腔，進到右心室。他請狄森拍了一張 X 光片，顯示導管從福斯曼的左前臂進入，向上進到肩窩、穿過胸腔，最後就靜靜放置在心臟內。福斯曼大膽的實驗成功了。

幾週前，福斯曼的上司、也就是醫院的外科主任，還曾經駁回他的這項手術申請。但主任現在怎麼想？

他一方面火冒三丈，一方面也樂見其成。火冒三丈是因為福斯曼這麼不珍惜自己的身體（也是因為他公然無視主任的指示），但畢竟這項成功的事實還是令主任高興不已，他知道埃柏斯瓦德這家小醫院就要在醫學史上留名了。

福斯曼和主任都已經預料到，醫學界對這件事應該會怒不可遏，所以決定要先證明心導管手術在醫學上的價值。他們使用福斯曼的心導管手術，將心臟藥物直接投送到心臟病晚期患者的右心室。事實證明，效果遠遠優於標準的靜脈注射。成功獲得證明之後，福斯曼已經做好心理準備，決定要讓全世界知道自己這套想法，讓一切從此改變。他將心導管手術投稿到德國著名的醫學期刊，不到幾週就被接受刊登。不論怎麼看，福斯曼應該都要名利雙收了。那一年，他從埃柏斯瓦德小醫院來到柏林著名的夏利特醫院（Charité Hospital），打算繼續心導管的開創性研究。

但接著，期刊文章刊登出來了。

發表了這些突破性的發現後，他的職涯卻也開始崩潰。對於這位後起之秀竟然如此魯莽，用一套自己給自己動的手術，就想挑戰心臟病學取得公認的傳統權威，醫界大老們的態度絕對說不上友善。

在一九二九年，醫界的社會規範已經行之有年，而福斯曼顯然有所違背。福斯曼這篇開創性的論文在國際媒體得到愈多關注，醫界同行對他的不滿也愈升高。他在夏利特醫院的新上司外科主任，則是下令立刻開除福斯曼，讓這位年輕的外科醫生丟了工作。

接下來三十年間，福斯曼開始像皮球般被踢來踢去，徘徊於心臟科、泌尿科與其他科別，一直沒有在哪個專科真正落腳。

你可能還記得本書開頭的情節，過了幾十年後，已經五十好幾的福斯曼來到了巴德克羅伊茲納赫（Bad Kreuznach）這個德國小鎮，擔任一家地方醫院的泌尿科醫生。

一九五六年一個寒冷的秋夜，在他唯一一篇重要論文發表了將近三十年後，福斯曼正在當地酒吧小酌。妻子打電話到酒吧，告知有記者在找他，要他趕快回家。但福斯曼沒什麼意願接受採訪，所以和朋友又喝了一輪。晚上十點左右，福斯曼終於回到他平凡樸素的鄉間小居，接到電話，得知自己得了一九五六年諾貝爾生醫獎。

如今，心導管已經是醫學界最常使用的手術之一，全球各大主要心臟科都用它來做診斷與治療。

然而，這條路走了很久。

幾章前，我提過社會規範如何運作，也解釋了為何社會規範如此難以撼動。你或許以為，醫生在做診斷的時候，應該不會受到社會規範的影響吧？畢竟，醫學就該是客觀、有實證根據的不是嗎？

但很遺憾，醫生就像一般人一樣，都會受到社會規範的影響，而且程度可能有過之而無不及。

第十章曾提過，農民之所以不願意接受雜交玉米，部分原因在於如果做了愚蠢的決定，名聲就可能受到影響。而隨著利害關係變得愈重大，一旦做出他人不喜歡的決定，需要承受的社會風險也會愈高。在某些不確定性高、利害關係也高的行業（例如金融和醫學），成功人士都很清楚自己這個專業社群裡的社會規範。利害關係與不確定性愈高，大家就愈會遵守社會規範。

二〇二〇年，哈佛醫學院的南西・奇汀（Nancy Keating）主持了一項關於這個現象的開創性研究，顯示醫生是否願意使用新的生物療法治療癌症病患，關鍵在於其醫學社群的社群網路。

奇汀等人檢視了八百多名醫生的診斷決定，這些醫生分別來自四百三十二家醫療院所，隸屬於四百多個不同醫療社群。從二〇〇五年開始，奇汀等人在為期四年的研究中，檢視醫師們為何決定將癌症病患的療法從傳統化療改為新的生物療法 Bevacizumab（貝伐單抗）。奇汀發現，不管是從病患的病情性質，或是醫師的背景與經驗，都無法解釋為什麼某些病患會得到新的療法、其他病患則無。而醫生所屬院所的規模似乎也不是影響的原因。臨床症狀完全相同的乳癌患者，由同樣訓練與教育背景、在同等規模院所的醫師來診治，卻會得到截然不同的治療方式。「錢」會是個理所當然的解釋。但令人驚訝的是，奇汀分析發現，沒有任何標準的經濟理論或醫療指南能夠解釋為什麼某些醫界社群採用了貝伐單抗、另一些社群卻沒有。

最後終於真相大白。

原因既不在於醫學因素，也不是出於經濟因素。

而是在於社會因素。

醫師是否決定採用貝伐單抗，端看他所屬社群網路的社會增強程度。如果某種療法得到的支持能在該社群超越臨界值，就能得到整個社群的社會認同。要是支持度總是不夠穩，整個社群通常就不會採用。

奇汀等人發現，腫瘤科醫師要不要採用貝伐單抗，並非出於他們對相關資訊的瞭解，而是得先確定這種療法在自己的社群網路當中有著正當性。他們得到愈多社會增強，就愈可能開出這項處方。

這不一定是件壞事。前面提過民主黨與共和黨人如何詮釋NASA氣候資料的研究，從中就能知道同儕社群網路形成的社會影響能夠顯著提升民眾的判斷力。如果能有合適的社群網路，要是對於新療法的想法還不夠肯定，依賴同行的智慧並不見得是個壞主意。

然而，如果是不適當的社群網路，就可能造成可怕的錯誤。

種族與導管治療的應用

時間來到一九九〇年代，福斯曼的諾貝爾生醫獎已經是人人津津樂道的傳奇。幾十年來，大家都用他的故事來鼓勵那些特立獨行的年輕醫師。心導管手術的程序至今已非常成熟。美國的醫療指南明訂何時該採取此類手術，各大醫院也都有專門為此設計的手術室。

但到了一九九七年，賓州大學、喬治城大學和蘭德公司（RAND Corporation）的一群社會科學家與醫師開始探究他們的一項疑慮。他們認為，心導管這種救命手術的實施情況在當時並不公平，似乎會因為種族、性別等因素而形成系統性歧視，讓醫師決定哪些人能得到心導管手術、哪些人無法取得。

根據先前的研究，我們已經知道美國醫療不平等所造成的傷害。醫療保健方面的偏見，常常是由於醫療統計數據上確實呈現差異，顯示健康狀況會因為不同財富水準、飲食方式、環境因素與種族區別而有著相當大的落差。這些因素經常是環環相扣的，但一旦醫界得知這些相關性，常常就會視為難以避免的事實。社會規範就此形成：醫師開始因為病患的種族而出現成見，其醫師同儕又往往在不知不覺中繼續增強這些成見。結果就是，看到黑人病患的健康狀況不佳，醫師常常會歸因於他們的生活方式或環境背景，而非醫療照護有所不足。雖然醫師也可能對白人病患有類似的判斷，但頻率較低，特別是白人男性，受到這種偏見影響的可能性最低。

這種偏見難以修正，原因是這種偏見經常是無意識的，或者說就是種**隱性偏見**（implicit bias）。隱性偏見的問題在於，這些偏見並不是存在於固執的醫師或護理師心中，而是存在於整個專業社會規範，以及不斷增強這些偏見的整個社群網路之中。過去幾十年間的數十項研究發現，全美各地的醫療診斷都普遍存在著隱性偏見。而研究一再發現，有色人種的女性受到這種偏見的影響最為嚴重。如果是有色人種的女性，即使生活富裕、受人敬重、教育水準高，得到的醫療照護水準仍不如白人男性。

因此，研究心導管手術的研究人員有充分的理由懷疑，醫師對於病患療法的決定並不公平。但這點該怎麼證明？美國的所有心臟專科醫師都不可能相信自己在診斷時存有種族或性別歧視，更不用說在訪談調查中主動承認。

學者想出了一個巧妙的辦法，能夠瞭解進行心導管手術的決定是否公平。在一九九七年美國醫師學會（American College of Physicians）與美國家庭醫學會（American Academy of Family Practice）的年會上，研究者設了幾座隱蔽的電腦小隔間。在醫師年會上常常會有這樣的研究調查攤位，參與者通常能得到小額金錢獎勵。這些隔間設計有其巧思，像是投票站一樣四周有厚厚的簾子阻隔，方便醫師匿名參與。

這項研究的每位參與者都會看到一部影片，是一名病患描述著自己的症狀，就像是在做遠距看診。接著，這項研究會請醫師回答一系列關於患者病情的問題，並在最後請醫師判斷病患是否應該接受心導管手術。

這種「虛擬看診」的場景是醫學訓練的基本日常，不論是在醫學院、住院醫師或研究醫師階段，醫師都常常會接觸到像這樣的標準化病人（standardized-patient），請他們以現場或是透過影片的方式，診斷那些假裝是病患的演員。這些演員會表現出患有某種疾病的典型症狀、肢體語言，甚至是講話口齒不清（例如要演出腦損傷病患的時候）。醫師則要判斷問題所在，做出正確診斷，並開出正確的檢驗或療法。這已經是個極為常見的做法，甚至某些演員光靠著在大醫院擔任全職的標準化病人，就能夠過著很不錯的生活。這裡面並沒有刻意欺瞞的成分，醫師都知道這些「病患」是由演員演出，但也知道自己的診斷表現將受到檢視，所以會認真以對。

參與這項研究的醫師所不知道的是，這裡的病患影片其實有數十種版本，症狀、病史與病歷都略有不同。由於差異如此巨大，就算任何兩位醫師在年會上相遇，看到的病例應該也都不一樣，因此兩人無法互相比較經驗。

醫師也不知道，各種版本變化並非研究的主要目的。實驗的真正重點，在於系統性改變了影片中病患的種族與性別，以瞭解這些特徵是否會影響醫師的診斷建議。

這篇文章登上了《新英格蘭醫學期刊》（New England Journal of Medicine），影響如同原子彈一般炸開。研究結果顯示，黑人女性會得到心導管手術的機率明顯低於白人男性。這是史上首次，以控制對照實驗證明了種族與性別偏見對臨床醫師診斷有著直接的影響，相關的新聞報導與評論多達數十篇，後續的研究引用數也高達數百。研究結果讓人更注意到醫療保健不平等的問題，而隱性偏見也成了大家談話的重心。

從這時候開始，問題就變成了「該如何處理這項偏見？」

用社群網路消弭偏見

前面已經提過，用平等式的社群網路能夠如何消除民主黨與共和黨人評估ＮＡＳＡ氣候資料時的偏見。而我相信，這對於醫師的診斷也同樣有效。

但問題在於該如何證實。

一個意想不到的答案，就來自《新英格蘭醫學期刊》。

事實上，醫師會花上大把的時間來做各種專業小測驗，有時候是為了錢（像是前面提過美國醫師學會年會上的測驗），也有些時候，參加測驗可以得到專業證書，證明自己有跟上最新的醫學進展。在每期《新英格蘭醫學期刊》的封底都會有這樣的測驗，醫師會寄回他們的答案，並渴望在下一期的週刊得知自己的答案是否正確。

在二〇一六年，我也打算設計類似的小測驗，測試醫師在醫學推論時的偏見。測驗預計會在全美展開，有數百個醫療院所參與。測驗的形式就像是二十年前的心導管手術研究，只不過這次不是在年會上設置小隔間來看演員演出心臟病患者的影片，而是透過網路來看影片，遠距做出診斷與處方。我召集了來自賓州大學和加州大學舊金山分校的一群學者，共同設計了這項實驗。

我們意識到的第一件事是，如果想找來正在執業的醫師，可得讓他們覺得參加測驗稱得上划算。最後的決定是，如果他們答對，我們就會付給他們幾百美元的獎金，但答錯就一毛也沒有。募集醫師的成效非常良好，全美有幾千名醫師踴躍註冊參與，並下載了我們的應用程式。

在為期兩個月的時間裡，我們總共做了七次實驗。每次實驗的第一步，就是寄送通知給每一位註冊的醫師。如果他們很忙，可以直接忽略通知，但如果剛好能配合，就只要點選連結便能參與。每次實驗通常都會有幾百名醫師參加。

每次實驗開始，醫師都會看到一部病患的影片（就像前面提過的心導管研究一樣），影片有兩個版本，演員劇本都相同，會抱怨胸悶、家族也有心臟病史。只不過一部影片的病患是黑人女性，另一部則是白人男性。接著，實驗會請醫師選擇最佳的治療方法，可能是請病患回家靜養、立即轉至急診進行評估，或是建議立即進行心臟手術。

每次實驗都會將參與者分成四組。前兩組是由醫師獨自診斷，就像一九九七年原版研究的狀況一樣。第一組是四十名獨立的醫師，觀看黑人女性病患的影片，並提出他們推薦的療法。第二組也是四十名獨立的醫師，觀看白人男性病患的影片，並提出他們推薦的療法。每位醫師都會有時間反思並修改決定，再提供最後答案。

我們預計，光是這兩組的結果，就已經能夠得到一些有用的資料，指出醫學上的隱性偏見。然而我真正想研究的，是網路動力將如何影響這些偏見。這就得看剩下的兩組能夠給我們怎樣的答案。其中，第三組觀看黑人女性影片，第四組則觀看白人男性影片，同樣都各有四十名醫師先獨自提出診斷建議。但接著，我們就將這兩組醫師各自連結成一個平等式的網路，能夠和網路中與自己連結的其他人匿名討論自己的診斷建議，瞭解彼此的決定，並據以修改答案。最後再請醫師提出其最終診斷建議。

無論哪一組，最初的答案都顯現令人難以卒睹的偏見。這裡正確的診斷建議，是立刻將病患轉至急診進行評估。但我們發現，白人男性能夠得到立即評估的可能性幾乎是黑人女性的兩倍，不平等的程度極為驚人，也意味著有許多應該要立刻做心臟監測的黑人女性竟會被請回家休養。

在控制組中（第一、二組），雖然醫師有機會反思自己的決定，但事情沒有任何改變，他們最終的決定仍然和一開始一樣帶著偏見。情況令人心碎。

但實驗組（第三、四組）的表現則令人讚賞。

這群醫師在平等式的網路裡交換意見之後，黑人女性會被轉至急診做立即評估的比率幾乎翻了一倍。在研究結束的時候，白人男性和黑人女性的轉診率已經沒有顯著差異。事實上，我們發現無論是對白人男性或黑人女性病患，第三、四組的醫師（在平等式的網路中互相討論）會將病患轉診的比率，都比第一、二組（獨自診斷）的醫師高出十一倍。就實務而言，也就代表著醫師原本可能誤將有心臟病風險的病患請回家，但他們現在做出正確診斷（將病患轉至急診）的可能性比原來高出百分之一千。一切就只是因為他們的社群網路。

除了心臟病研究之外，我們還用了不同的臨床案例（從鴉片類藥物處方到糖尿病治療），進行超過六個版本的實驗。總而言之，這項實驗我們做了超過一百次，而結果非常一致：只要醫師能在平等式的網路中比較彼此的結果，不只能減少最後診斷建議中的偏見，也能為所有不同種族、不同背景的病患都提供更好的治療建議。

位於外圈的專家

這些實驗最出人意料的其中一個發現是，在某些實驗得到高分的醫師，可能在其他實驗得分極低。每次實驗表現得最好的醫師各有不同。在漁網結構的網路中，就算個人表現有高有低，經過在網路中的互動後，大家的表現都會有所提升。然而，個人表現的起伏，就會點出集中式網路結構一項關鍵（且無法避免）的問題：位在中心的永遠都是同一個人。如果有一位高高在上的權威醫師，就算是在非其專業科別的議題，也可能發揮不成比例的高影響力。但如果他們搞錯某件事（確實有這種可能），他們錯誤的想法就會迅速傳開。

在現實生活中，該如何解決這種問題？我們能怎樣讓處在網路邊緣的人有更高的影響力？集中式的網路，真的能走向平等式嗎？

二〇一八年，美國前總統歐巴馬在麻省理工學院史隆管理學院（Sloan School of Management）的演講就解決了這個問題，當時他談的是領導者如何在不確定的情況下做出正確的決定。

歐巴馬談到有一次，他和內閣成員圍坐在一張桌子旁，面臨著艱難的政策決定。而他注意到那張櫟木桌又長又寬、打磨得閃閃發光，再加上內閣成員坐的皮椅又高又大，在在顯示著他們掌握權威。他打趣地說：「一切都看起來『很總統』。」

歐巴馬也還記得，當時有一群幕僚就這樣待在整個房間最邊緣那一圈，連燈光都十分昏暗。這群幕僚都是最基層的人員：資料分析師、政策專家和文膽，總帶著「活頁夾和筆記」，工作就是為內閣成員準備材料，讓他們參考後提出建議。歐巴馬一針見血，指出這些坐在桌邊的「大咖」人士其實沒空好好看資料，只會快速翻看由資深幕僚為他們準備的政策資訊；而歐巴馬也半開玩笑地說，接著就是他們會「解釋這些資訊，可能還解釋得並不精確。」

歐巴馬承認，現代世界確實太過複雜，需要像這樣將資料進行濃縮提煉，才能將幾百頁的研究精簡成為對總統有用的資訊。

但接著，歐巴馬就讓我們看到他對於決策如何成功或失敗的核心見解。一切的重點就在於網路邊緣。

「我有一招，就是會養成習慣去找那些外圍人士（也就是待在房間最邊緣那一圈的幕僚們），因為我知道，是他們在做所有的工作。」這些幕僚可嚇壞了，通常老闆都會要求他們閉嘴別多話。但既然是總統明確下令，他們也只能聽命，於是將他們那些原本處於網路邊緣的明智見解帶入了談話中心。

歐巴馬又補充：「如果你真心想要聽到多元的聲音，就一定聽得到。」這些聲音就處於邊緣、處於那些「外圍」。但他也強調，領導者必須是真的有心將這些聲音帶進談話當中。最後歐巴馬總結道：「在今天的文化，如果不刻意這樣做，就有可能會落居人後。不論政治或商業上都是如此。」

如何改變教練的想法

幾年前，我接到費城76人隊球隊表現研發總監的電話。他看了我對社群網路的研究，想瞭解能不能在NBA派上用場。

他表示，自己想解決的是關於球探挖掘球員的問題。

如果你讀過麥克·路易士（Michael Lewis）的《魔球》（*Moneyball*），或是看過布萊德·彼特和喬納·希爾（Jonah Hill）主演的同名電影，大概就能立刻瞭解問題所在：一如醫界的情形，專業的球探工作長久以來都是由資深男性大老把持。大多數職業球探都是前球員或經理，對於球員的評價也有著根深柢固的偏見。根據這些多年來的準則規範，可能偏好某些類型的球員（這些球員常常最後就會失敗），而忽略了其他類型的球員（這些球員常常能夠成功）。

《魔球》談的正是奧克蘭運動家隊如何打破傳統球探評估球員的方式，設計出一套全新的球隊打造方法。新的球探策略讓運動家隊打破了美聯史上最長的連勝紀錄。

費城76人隊問我的問題則是：「我們也可以這樣嗎？」

在NBA，有些職業球探出大糗的故事人盡皆知。二〇一一年，艾賽亞·湯瑪斯（Isaiah Thomas）一直到了選秀的最後一順位，才拿到了進入NBA的門票。很多人會覺得這個名字聽起來很熟悉，是因為他這個名字還真的跟一九八〇年代底特律活塞隊名人堂球員以賽亞·湯瑪斯（Isiah Thomas）有關係。以賽亞從大學時期就是個明星球員，但艾賽亞·湯瑪斯這位身高五呎九吋（一百七十五公分）吊車尾獲選的新秀則並非如此。事實上，他能登上沙加緬度國王隊的名單，已經可說是出於幸運，很多人認為他很快就會掉出名單。但他在NBA眾家球員當中一路攀升，最後在二〇一六年和二〇一七年兩個賽季兩度入選NBA全明星賽，更在二〇一六／一七賽季榮獲NBA最佳陣容殊榮。

相較之下，二〇一三年NBA選秀的第一順位，也就是所謂的「狀元」，則是安東尼．班奈特（Anthony Bennett）。這位來自內華達大學拉斯維加斯分校的大前鋒，身高六呎八吋（二〇三公分），許多人把他拿來和前籃球巨星「大鳥」柏德（Larry Bird）做比較，覺得班奈特絕對有望入選全明星賽。但來到四年後的二〇一七年，就在艾賽亞．湯瑪斯第二次入選NBA全明星賽之際，班奈特卻已經連續數個賽季表現不佳，被下放到小聯盟。

班奈特在二〇一七年效力於緬因紅爪隊（Maine Red Claws），二〇一八年被交易至阿瓜卡連特快艇隊（Agua Caliente Clippers of Ontario）；大多數人可能聽都沒聽過這兩支隊伍。

費城76人隊打電話給我的時候，心裡想的是要拿下一座NBA總冠軍，於是想知道怎樣才能提升球探的成效，找出下一個叫人眼睛一亮的艾賽亞．湯瑪斯，並避免下一個叫人跌破眼鏡的安東尼・班奈特。

當時甚至連電話都還沒掛，我已經很清楚他們該怎麼做，只是不知他們是否願意。

當時，費城76人隊已經有一大群資料科學家分析自家球員的一切數據，從每位球員每場比賽的總出場秒數，到每位球員跑動的總距離，再到各種表示球員在比賽中姿勢與肢體語言的數據，無所不包。有了手中這許許多多的資料，看似肯定能找出一套祕密的演算法，為他們帶來成功，就像是從滿堆的稻草裡，撈出一支能指向勝利的針。

但我的辦法有所不同。

在我看來，雖然資料科學是解開這個難題的重要方法，但因為我們實在難以判斷究竟哪些知識真正攸關、哪些又無關緊要，因此有太多隱性的人類知識仍然並未納入資料分析的過程。而如果這些知識未曾成為「資料」，就永遠不可能列入演算法的考量。

像我想知道關於費城76人隊的一點，就在於他們員工之間的人類社群網路，其中會不會藏著某些見解？在屬於76人隊「外圍」的那些教練裡，會不會有什麼尚未派上用場的知識，能夠讓球探評估球員時更準確？

這裡最大的挑戰在於，職業運動的組織網路高度集中。教練界就像是管理界、政治界和醫界一樣，是個階級森嚴的世界，就是有某些教練的地位更高，位於網路中心，其影響力就從他們（例如總教練或總經理）傳向其他所有人。而我的目標是希望試著改變網路的模式，看看能不能讓教練們對於球員表現的預測更為精準。

你或許已經在想，這真的可能嗎？一支專業的運動隊伍，每年牽動的金額高達數億美元，而指揮鏈也往往牢不可破。雖然美國總統能夠刻意讓網路邊緣的幕僚發出不同的聲音，但光靠個社會學者，又能怎樣讓費城76人隊的網路變得比較平等？

我所設想的方式，是採用先前醫學研究時曾經成功的辦法：把教練們擔任球探的任務設計成小測驗遊戲。

我和研究團隊研發了一套簡單的應用程式，教練用手機或筆電登入後，就會以漁網結構互相連結。接著，程式會針對76人隊正在考慮的球員選秀人選，詢問教練認為他們的表現如何。

當時選秀季節已經開始，76人隊也已經開始要決定將哪些人選視為優先目標。在本研究期間，我還得發誓保密。無論我或研究團隊，如果洩露任何祕密，都可能會讓76人隊的選秀名單受到媒體額外關注，引來其他球隊的興趣。

有幾週的時間，76人隊會請他們心中的選秀狀元們搭機前來他們的訓練中心，進行一系列的訓練，包括簡短的二對二和三對三比賽、罰球、衝刺、三分球等等。76人隊每週都會再請來幾位新的人選，而大家都想知道究竟誰會是最佳「射手」。

每天，我或我手下的一名研究生都會來到位於紐澤西州坎頓（Camden）的76人隊訓練基地，時間通常是接近中午，訓練與練習都已經在進行當中。我們準備好所有材料之後，就會由團隊聯絡人通知所有教練，請他們來參與研究。在這個時候，當天還會剩下一項訓練：三分球。

我們用了五天，分別完成五個梯次的研究。每次的流程都相同：教練得知研究將開始之後，就登入網站，瞭解當天人選的個人資料。小測驗會請他們根據當天先前所見的一切，輸入他們對最後一項，也就是三分球命中率的預測。

就像之前的醫學研究一樣，教練做出初步預測後，也能看到與自己連結的其他教練所做的匿名預測。這時可以選擇忽略這些資訊、堅持自己的直覺，也可以根據其他教練的意見來修正預測。接著再提交最後的答案。

事情就是這樣。

每次小測驗只需要大約十分鐘，教練們就可以回去工作了。幾個小時後，選秀球員結束了三分球訓練，就是核對教練預測的時候。訓練期間，教練會同時看到好幾名選秀球員，雖然能知道他們的出手姿勢，但並不知道準度如何。所以就算是教練，也一樣得等到最後才會知道結果。

第一週的研究並不順利。

大多數教練興趣缺缺，甚至有些是發自肺腑感到很生氣，他們會說的話，大家應該都猜得到。很多人就是想等著看好戲。

但在第一週之後，大家的態度就大為改變。事實上，這時候教練們反而變得**想要**參與了。經過第一週，有些事讓他們改變了心意。

第一，教練意識到這項測驗其實滿有意思。第二，教練群跟過去那些醫師一樣，本來就具有好勝心，等到他們瞭解了這項測驗的概念，發現自己可能會贏過或輸給同儕的時候，就變得更有動力。

然而，讓教練群更投入的主因，在於漁網結構的一個意外副作用：他們發現，這能讓自己的聲音被聽見！

教練群原本認為整個測驗的互動將會被那些高階教練主導，但他們並不知道，我用來連結他們的是平等式的網路。於是經過第一階段之後，開始有些低階教練（來自「外圍」）發現，原來自己對整個教練群是有影響力的。這讓他們覺得被賦能（empowerment）。

我在過去的研究從來沒有親自面對面訪談參與者，或許因此從來沒注意到這種賦能的概念。而另一個原因也許在於，這是一群人高馬大、身高接近兩公尺的前運動員，要說他們覺得缺乏賦能也有點奇怪。但顯然，有些教練一直覺得自己的聲音不一定有被聽見。在之後的訪談，幾位教練提到這項測驗令他們很高興的地方在於能看到自己影響了眾人的決定，讓大家都做出更好的預測。但最重要的一點在於，我訪談的每位教練都表示，很高興看到大家的意見並不會被那些通常主宰了會議的資深教練所主導。正是這一點，讓更多教練在剩下的幾週內對這項研究產生了認同。

等到五個梯次的資料數據加總起來後，結果令人大為驚豔。在短短十分鐘內，教練預測球員三分球命中率的能力便有著顯著提升，從百分之五十七躍升到百分之六十六。對教練群來說，這不過就是個有趣的結果，但對76人隊的管理階層來說，就是值得認真以對的事了。這次實驗讓他們瞭解應該怎樣發揮網路邊緣那些教練與和支援人員的力量，它不只能提升球探評估球員的能力，甚至可以用來判斷球員的上場時間、訓練時間長短、在兩次訓練之間該有多長的恢復時間。網路邊緣隱藏著大量的隱性知識，而平等式的網路就能加以收集運用。

偏見是個奇怪的東西，會讓我們選擇熟悉的答案、而不是正確的答案，即使錯誤的代價高昂。而集中式的網路往往會強化這些不良的思考習慣。一旦偏見站穩了基礎，與偏見互相呼應的想法就會形成簡單傳播：好懂、容易傳開。而真正的問題在於，由於這些偏見，以及這些會強化偏見的社群網路，會使得我們無法找出新的方法來解決難題，甚至連答案擺在眼前的時候都會視而不見。

值得慶幸的是，網路邊緣確實有能力擁護真正的社會改變。二〇〇一年，奧克蘭運動家隊還是美國職棒大聯盟倒數第二的隊伍，卻用上一套另闢蹊徑的古怪策略，試圖獲得優勢。沒人認為那能成功。

但如今，所有大聯盟球隊都用了那套原本看來古怪的策略，讓美國職棒大聯盟球探的社會規範為之徹底推翻。而這一切正是從網路邊緣而來。

第13章 改變所需要的七項基本策略

在本書開頭，我們談過由於各種常見迷思，如何使得改變難以成功。在沒有更好解釋的情況下，大家常常會認為這些失敗就是因為運氣不好。但現在你已經知道，其實講到某種行為能否流行、某項創新能否成功，運氣成分遠不如許多人所想的那麼重要。

無論是品牌行銷大師、政治策略家、諮詢顧問公司，或其他許多各種專家，常常聲稱自己掌握了「病毒式瘋傳」的祕訣。在某種程度上或許確實如此：他們知道過去曾有哪些資訊或產品確實風行一時；也可能瞭解如何選擇與衡量成功的媒體訊息。如果說的是簡單傳播如何傳開，現在我們已經所知甚詳。

但如果要講到複雜傳播如何傳開，過去所知的策略就行不通了。

所以，如果你心中有希望推動的改變，該怎麼做？或許你是一位執行長，管理著由各個團隊組成的社群網路；又或許，你就只是想在自己的社區、教會團體、當地議會、甚至是幾個人自己組的籃球隊裡推廣某項新的想法概念。根據我們在網路科學所得到的突破性結果，能讓你學到什麼、用來改變與你連結的人？以下提出七項實用的策略，能讓你應用本書的內容，推動你想要的改變：

策略一：不要光想依賴「傳染力／傳播力」。

社會改變的傳播並不像病毒。就算有了病毒式的廣告造勢，也無法讓新概念站穩腳步。光是引人目光非但不夠，還可能適得其反。要是人人都知道有某項創新，卻沒有人真正採用，反而會讓這項創新看來似乎有鬼。就像是Google+，鋪天蓋地的宣傳一旦效果不佳，反而可能形成負面的烙印，妨礙未來的進展。

想成功推動改變，請不要希望靠著資訊傳播來成功解決問題，而是要設法用策略來支持複雜傳播，因為這才是能夠改變行為的關鍵。

策略二：保護創新者。

那些尚未採用創新的人，常常會形成一股抗衡力量。任何的社會改變，如果需要取得正當性或需要社會上的協調配合，除了需要從採用了創新的人那裡得到增強的訊號，抑制非採用者那裡發出的懷疑訊號也同等重要，雜交玉米的例子便是。

在既有規範對創新形成抵制的時候，如果早期採用者對整個網路的接觸**少一點**，反而能讓創新得以更有效傳播。這是一個要在「受保護」與「有連結」之間達到平衡的問題。一方面，創新者與外界需要有足夠的寬橋，才能共同傳播新的想法；另一方面，也要讓他們彼此能夠提供足夠的社會增強，免得被抗衡力量給淹沒。一個很好的處理方式，就是鎖定網路邊緣的社群叢集。

策略三：運用網路邊緣。

連結數量高的名人，反而可能成為社會改變的阻礙。原因在於，這些名人會感受到大量的抗衡力量（也就是那些希望「維持現狀」的人）。所以，想推動社會改變，關鍵就是要鎖定網路邊緣。以阿拉伯之春為例，網路邊緣的成員不但更容易傳播活動分子的訊息，也更常出席抗議活動。

不要再想著要找到哪些「特殊的人」，而是要找出「特殊地點」。以韓國推廣節育為例，既然資源有限，就得用在影響力最大的地方。在網路邊緣的人既然連結較少，也就更容易為他們提供保護。想讓大家還不熟悉的創新站穩腳步、開始傳播，就要從網路的邊緣出發。

策略四：建起寬橋。

所謂的窄橋，通常指的是在兩個群體之間只有單一的弱連結。窄橋雖然有觸及，卻少了冗餘，這樣一來也就無法讓複雜傳播傳開來。如果真的想把某種新行為從A群體傳至B群體，就必須由寬橋連結，才能建立必要的信賴、可信度與正當性。「黑人的命也是命」（Black Lives Matter）這場活動的成長就是明證。

任何時候，只要是希望某個龐大而多樣的族群當中能夠互相協調配合，就該在各個子群體之間建起寬橋，像是企業的各部門之間、國家的各個社群與區域之間、各個不同的政治選區之間。

策略五：創造攸關性。

想創造攸關性，並沒有必定成功的辦法，也沒有哪種特質肯定具有影響力。然而靠著幾項大原則，有助於瞭解在各個情境如何建立起攸關性：

原則1：如果是需要得到社會證據，才能相信某項創新對自己有用，這時候就需要看到**與自己類似**的採用者，才能構成攸關性。

原則2：如果是需要讓人得到一定的情感刺激、或是感受歸屬與團結，才能成功改變行為，這時候同樣是需要讓**與他們類似**的人來提供正增強，才有助於推動改變。

原則3：如果是需要增加正當性（也就是認為許多人都會接受這種新的行為），才能改變某種行為，這時候情況就會剛好**相反**：需要由許多**很不同的人**來提供正增強，才有助於推動創新。像臉書上換大頭照的「等號運動」就是一例。

講到要建立攸關性，「情境」是最重要的因素。想知道關鍵因素是多元性還是相似性（以及是怎樣的相似性），需要看目前是什麼因素造成阻礙：你想促成的行為改變，最有可能遇到哪種阻力？問題是出在可信度、正當性、還是需要情感刺激？瞭解了阻力的類型，你就能知道如何打造攸關性。

策略六：運用滾雪球策略。

想要觸發引爆點，關鍵就在於要形成叢集。即必須運用策略在社群網路中鎖定適當地點，讓早期採用者能夠為彼此加油打氣，就像馬拉威推動穴植技術那樣。運用滾雪球策略，就能為創新在某個小地區形成穩定的正當性。

同樣地，這裡的重點並不是什麼「特殊的人」，而是「特殊地點」。培養出某個種子街坊來推動某種新行為，就能夠與既有的規範抗爭。雖然幾十年來對於簡單傳播的研究都認為應該要多多接觸非採用者，但事實證明，一下接觸太多非採用者並不利於推廣創新。先把改變推動者都聚在一起，才能降低要觸發社會改變所需的臨界值。

這裡有兩項原則，有助於滾雪球策略的應用：

原則1：瞭解該社群及其邊界。

你所鎖定的社群，究竟是愛荷華州的農民、德國的屋主、或是辛巴威的農村村民？你想接觸的是哪些人？他們相信什麼？你又想改變哪些社會規範？

想推翻社會規範，就得先確定所屬社群的邊界何在。究竟只是一個街區、一個州、還是一個國家？是線上聊天社團、還是政黨？是某間公司的部門、還是整間公司？

找出社群的邊界之後，下一步就是要在這個網路內鎖定特殊的位置地點。

原則2：鎖定橋接團體。

所謂橋接團體，指的是會在各個子團體之間搭起寬橋的社群叢集。這就像是在工程團隊、設計團隊和銷售團隊之間，還有一個團隊作為折衝。橋接團體的特別之處，就在於他們其實是社群網路最中心的團體。

如果只看個人，橋接團體的任何一位都和其他人沒有什麼不同，既不是連結數量高的「名人」或仲介，甚至也不知道自己就站在一個特殊的位置。他們之所以有影響力，是因為這群人所處的位置比起整個族群其他人都有著**更多的寬橋連結**。於是，從這些網路位置，就能更有效地開始滾雪球。

策略7：從團隊網路設計下手，以促進發現、減少偏見。

對創新來說，網路並非中立，若非成為助力、就是成為阻力，要不是能夠促進跨團體的知識轉移、就是會妨礙跨團體的知識轉移。如果能有正確的傳播基礎架構，就能讓團隊變得更加有創意、更懂得互相合作；錯誤的基礎架構則會抑制創意、阻礙合作。

大家都熟悉的想法、早已根深柢固的偏見，都屬於簡單傳播，好懂又容易傳開。只要沒人管，就會一路傳出去。在集中式的網路中，社群明星就能輕鬆達成簡單傳播。

但想要有真正的創新，就需要把人「保護」起來，避免接收到那些希望強化維持現狀的影響。為了打破舊思想、發現新的共同點，所需的傳播基礎架構就必須能夠保持多元性，並能夠刺激新知識的發現。

推動改變的活動如果是以資訊為基礎，常常是失敗收場。像是NASA的氣候趨勢圖那樣。網路就像稜鏡，能改變色彩、扭曲形狀，影響人類所見所信。透過網路，可能會加強偏見、鞏固現狀，又或者是推動新想法而顛覆現狀。

在網路的邊緣，存在著未開發的知識。如果能有正確的傳播基礎架構，就能把這些知識帶給所有人，並且在過程中減少整個群體無意識的偏見。

你該如何使用這些策略？

使用這七種推動改變改變的策略之前，需要先改變思維：把你注意的目標從「傳播新資訊」改為「推廣新規範」。過去之所以會忽略這項區別，是因為幾百年來大家都認為，只要讓人們取得正確的資訊，剩下的都能迎刃而解，但想達成社會改變，還需要再把社群網路考慮進去。

在集中式的網路裡，如果某些想法與傳統信念符合且能夠強化現有的偏見，就很容易傳播。而如果想要得到創新，希望挑戰偏見、改進思維，則是需要從傳播基礎架構下手，一方面保護創新者不要受到太多抗衡力量，另一方面也要提供寬橋來讓創新想法得以傳播。

平等式的網路能夠將社會改變傳播開來。但更重要的是，這能讓新的想法與概念從整個社群的任何地方湧現、傳遞給所有人，而不會受到位於網路中心的強大社群明星所阻擋。

想用網路策略來推動改變的時候，重點在於納入來自邊緣的聲音。這樣一來，不但能讓政治討論更健全、更公平，也能讓各種足以救命的創新傳向過去無法抵達的地方，不再有劣幣驅逐良幣的狀況。

運用這七種促成改變改變的策略，就能夠汲取隱藏在社群「外圍」的隱性知識，讓人更瞭解自己所面對的問題，也更知道有哪些解決方案有效用。

正如歐巴馬所說：「在今天的文化，如果不刻意這樣做，就有可能會落居人後。不論政治或商業上都是如此。」

致謝

要寫出一本書，絕不是一人可成，而是需要眾人在背後的努力。很榮幸能有這個機會，感謝許許多多在背後協助的功臣。感謝我所有的同事與讀者對各章所提出的重要意見，包括 Lori Beaman、Cristina Bicchieri、Paul DiMaggio、Deen Freelon、Mark Granovetter、Douglas Heckathorn、Thomas House、Rosabeth Moss Kanter、Elihu Katz、Elaine Khoong、Jon Kleinberg、Hans-Peter Kohler、Sune Lehmann、Aharon Levy、David Martin、Karl-Dieter Opp、Jennifer Pan、Johannes Rode、Urmimala Sarkar、Oliver Sheldon、Peter Simkins、Brian Skyrms、Zachary Steinert-Threlkeld、Johannes Stroebel、Paul Tough、Brian Uzzi、Arnout van de Rijt、Brooke Foucault Welles、Peyton Young，以及 Jingwen Zhang。書中大部分內容的研究經費來自美國國家科學基金會、美國國家衛生研究院、羅伯特·伍德·詹森基金會（Robert Wood Johnson Foundation）與詹姆士·麥克唐納基金會（James S. McDonnell Foundation）。也要感謝我出色的團隊，包括編輯 Tracy Behar、經紀人 Alison MacKeen 與 Celeste Fine，以及樺榭出版集團（Hachette Book Group）和 Park

& Fine Literary and Media 的出色人員，讓本書得以成真。還要感謝我優秀的研究生，包括 Devon Brackbill、Joshua Becker 與 Douglas Guilbeault，我有幸與他們合作本書提到的幾項專題，以及感謝整個網路動力學研究團隊（Network Dynamics Group）的所有成員，這些人熱情相信網路科學、相信網路科學能夠應用於社會改變，讓我一直有動力繼續各種全新而迷人的探尋。最後，最要感謝的就是我的太太蘇珊娜，她啟發了這本書。

｜註解與參考書目｜

第 1 章

關於意見領袖的研究，有幾項重要的奠基之作，包括：Paul Lazarsfeld et al., *The People's Choice* (New York: Duell, Sloan and Pearce, 1944); Elihu Katz and Paul Lazarsfeld, *Personal Influence* (New York: Free Press, 1955); and Elihu Katz, "The Two-Step Flow of Communication: An Up-to-Date Report on an Hypothesis," *Public Opinion Quarterly* 21 (1957): 61-78. 後續相關研究的推廣，一大功臣為：Malcolm Gladwell, *The Tipping Point: How Little Things Can Make a Big Difference* (Boston: Little, Brown, 2000).

Katz 與 Lazarsfeld 原本所謂的「opinion leader」（意見領袖）並非指歐普拉這種名人（歐普拉歸類為媒體業者），而是大家自己的私交（像是姑嫂、大學同學等等），這些所謂的意見領袖很能緊抓媒體脈動，也會幫助大家跟上流行。至於現代對於「influencer」（名人、影響者、網紅）的定義是「意見領袖」的延伸，講的是連結數量高（例如在社群媒體上），而不一定是真的與個人有私交。相關概念的歷史演進，詳見：Damon Centola, "Influencers, Backfire Effects and the Power of the Periphery," in *Personal Networks: Classic Readings and New Directions in Ego-Centric Analysis,* edited by Mario L. Small, Brea L. Perry, Bernice Pescosolido, and Edward Smith (Cambridge: Cambridge University Press, 2021).

目前對於社會影響力的評估，重點放在網路的「集中度」（centrality，又譯「中心性」），定義請見：Mark Newman, *Networks: An Introduction* (London: Oxford University Press, 2010). 對於如何找出在社交網路裡最有影響力的個人，最流行的方法有以下幾種：

「分支中心性」（degree centrality，也就是連結數最多的個體）、「中介中心性」（betweenness centrality，從網路某部分前往另一部分時，大多數路徑都必須經過的個體），以及「特徵向量中心性」（eigenvector centrality，其鄰居的連結數多的個體）。如果想運用這些方式，找出在社會傳播時具有影響力的網路位置，關於其局限的近期相關研究包括：Eytan Bakshy et al., "Social Influence and the Diffusion of User-Created Content," in *Proceedings of the 10th ACM Conference on Electronic Commerce* (New York Association of Computing Machinery, 2009), 325-334; Glenn Lawyer, "Understanding the Influence of All Nodes in a Network," *Scientific Reports* 5 (2015): 1-9; Xioachen Wang et al., "Anomalous Structure and Dynamics in News Diffusion among Heterogeneous Individuals," *Nature Human Behaviour* 3 (2019): 709-718；以及我所討論 Wang et al. 的作品：Damon Centola, "Influential Networks," *Nature Human BehaviourS* (2019): 664-665.

在 Douglas Guilbeault and Damon Centola, "Topological Measures for Maximizing the Spread of Complex Contagions" (working paper; Annenberg School for Communication, University of Pennsylvania, Philadelphia, 2020) 這篇文章中，我們提出「複雜中心性」（complex centrality）這項指標，提供正式的研究方法，能在網路邊緣找出並鎖定能夠最有效達成社會傳播的特定網路位置。也有一些早期實證研究，顯示網路邊緣位置對於傳播社會活動的重要性，例如 Karl-Dieter Opp 對於一九八九年柏林圍牆抗議的重點研究，包括：Steven Finkel et al., "Personal Influence, Collective Rationality, and Mass Political Action," *American Political Science Review* 83, no. 3 (1989): 885-903; Karl-Dieter Opp and Christiane Gern, "Dissident Groups, Personal Networks, and Spontaneous Cooperation: The East German Revolution of 1989," *American Sociological Review* 58, no. 5 (1993): 659-680；以及 Douglas McAdam 對於一九六四年「自由之夏」（Freedom Summer）的開創性研究：*Freedom Summer* (Oxford: Oxford University Press, 1988); 以 及 Douglas McAdam, "Recruitment to High-Risk Activism: The Case of Freedom Summer," *American Journal of Sociology* 92, no. 1 (1986): 64-90.

關於網路邊緣位置如何影響線上社群活動的成長，近期的研究包括：Zachary Steinert-Threlkeld, "Spontaneous Collective Action: Peripheral Mobilization during the Arab Spring," *American Political Science Review* 111 (2017): 379-403; Killian Cark, "Unexpected Brokers of Mobilization," *Comparative Politics* 46, no. 4 (July 2014): 379397; Sandra Gonzalez-Bailon et al., "Broadcasters and Hidden Influential in Online Protest Diffusion," *American Behavioral Scientist hi,* no. 7 (2013): 943-965; Pablo Barbera et al., "The Critical Periphery in the Growth of Social Protests," *PLoS ONE* 10 (2015): e0143611. 至於更近期、討論網路邊緣位置如何推動組織改革的研究，參見：Rosabeth Moss Kanter, *Think Outside the Building: How Advanced Leaders Can Change the World One Smart Innovation at a Time* (New York: Public Affairs, 2020).

第 2 章

黑死病疫情的網路動力學請參見：Seth Marvel et al., "The Small-World Effect Is a Modern Phenomenon," *CoRRabs/1310.2636* (2013)，本章關於黑死病的描述資訊均源自於此。至於現代一般疾病傳播的動力學，一項清楚的描述請見：N. T. J. Bailey, *The Mathematical Theory of Infectious Diseases and Its Applications,* 2nd ed. (London: Griffin, 1975). 諸多關於社群網路與病毒傳播的文獻資料，經過精彩濃縮，收錄於關於網路科學的合集當中，即為：Mark Newman et al., *The Structure and Dynamics of Networks* (Princeton, NJ: Princeton University Press, 2006). 關於社群網路當中傳染性疾病的傳播，有三篇文章特別實用，即： Ray Solomonoff and Anatol Rapoport, "Connectivity of Random Nets," *Bulletin of Mathematical Biophysics* 13 (1951): 107117; Fredrik Liljeros et al., "The Web of Human Sexual Contacts,"

Nature 411, no. 6840 (2001): 907-908; and J. H. Jones and M. S. Handcock, "Social Networks (Communication Arising): Sexual Contacts and Epidemic Thresholds," *Nature* 423, no. 6940 (2003): 605-606. 關於交通網路如何影響傳染性疾病的動力，幾項卓越的研究請見：Vittoria Colizza et al., "The Role of the Airline Transportation Network in the Prediction and Predictability of Global Epidemics," *Proceedings of the National Academy of Sciences* 103, 7 (2006): 2015-2020; P. Bajardi et al., "Human Mobility Networks, Travel Restrictions, and the Global Spread of 2009 H1N1 Pandemic," *PLoS ONE* 6, 1 (2011): el6591，此文為本章關於 H1N1 描述的資料來源。關於 H1N1 的傳播動力學，請見：Kamran Khan et al., "Spread of a Novel Influenza A (H1N1) Virus via Global Airline Transportation," *New England Journal of Medicine* 361 (2009): 212-214. 關於新冠肺炎傳播的最新資料，請見：https://coronavirusjhu.edu.

Mark Granovetter 對於社群網路的經典研究（至今仍然值得參考），請見："The Strength of Weak Ties," *American Journal of Sociology* 78, no. 6 (1973): 1360-1380. 原始的「六度分隔」研究，請見：Stanley Milgram, "The Small World Problem," *Psychology Today* 1 (1967): 61-67. 值得注意的是，英文的「六度分隔」一詞其實並非出自 Milgram，而是出自 John Guare 的得獎劇作 *Six Degrees of Separation* (New York: Random House, 1990). Milgram 的原始研究，後續在理論與實證上都有了長足的進一步發展，參見：Jeffrey Travers and Stanley Milgram, "An Experimental Study of the Small World Problem," *Sociometry* 32, no. 4 (1969): 425-443; Harrison White, "Search Parameters for the Small World Problem," *Social Forces* 49 (1970): 259-264; Judith Kleinfeld, "Could It Be a Big World after All? The 'Six Degrees of Separation' Myth," *Society,* 2002; Peter Dodds et al., "An Experimental Study of Search in Global Social Networks," *Science* 301, no. 5634 (2003): 827-829; Duncan Watts and Steven H. Strogatz, "Collective Dynamics of 'Small-World' Networks," *Nature* 393, no. 6684 (1998): 440-442; Jon Kleinberg, "Navigation in a Small World," *Nature* 406, no. 6798 (2000): 845. 關於本項文獻的概述，參見：Chapter 2, "Understanding Diffusion," in Damon Centola, *How Behavior Spreads* (Princeton, NJ: Princeton University Press, 2018).

關於推特傳播的精彩分析請見：Jameson L. Toole et al., "Modeling the Adoption of Innovations in the Presence of Geographic and Media Influences," *PLoS ONE* 7, no. 1 (2012): e29528. 臉書的「藍圈」地圖相關資訊，參見：Michael Bailey et al., "Social Connectedness: Measurement, Determinants, and Effects," *Journal of Economic Perspectives* 32, no. 3 (2018): 259-280，亦可於 https://www.nytimes.com/interactive/2018/09/19/upshot/facebook-county-friendships.html 取得文章。

第 3 章

劣幣意外驅逐良幣的情形，相關精彩分析請見：Brian Arthur, "Competing Technologies, Increasing Returns, and Lock-In by Historical Events," *Economic Journal* 99, no. 394 (1989): 116-131; Brian Arthur, "Positive Feedbacks in the Economy," *Scientific American* 262, no. 2 (1990): 92-99; Robin Cowan, "Nuclear Power Reactors: A Study in Technological Lock-In," *The Journal of Economic History* 50, no. 3 (1990): 541-567; David Evans and Richard Schmalensee, "Failure to Launch: Critical Mass in Platform Businesses," *Review of Network Economics* 9, no. 4 (2010). 本研究近期經過延伸修正，參見：Arnoutvan de Rijt, "Self-Correcting Dynamics in Social Influence Processes," *American Journal of Sociology* 124, no. 5 (2019): 1468-1495，其中顯示即使制度上並未限制自由選擇，單純因為社群網路互相增強的影響，就會造成市場效率不佳。

本章的「黏著度」一詞，指的是各種能讓創新更容易得到採用的特性。關於相關主題，一項讀來津津有味的討論請見：Jonah

Berger, *Contagious: Why Things Catch On* (NewYork: Simon *8c* Schuster, 2013)，其中進一步論述了 Chip Heath and Dan Heath 的精彩著作 *Made to Stick: Why Some Ideas Survive and Others Die* (New York: Random House, 2007). 關於谷歌眼鏡與Google+失敗的相關報導，參見：Thomas Eisenmann, "Google Glass," *Harvard Business School Teaching Case 814-116,* June 2014; Thompson Teo et al., "Google Glass: Development, Marketing, and User Acceptance," *National University of Singapore and Richard Ivey School of Business Foundation Teaching Case W15592,* December 21, 2015; Nick Bilton, "Why Glass Broke," *New York Times,* February 4, 2015; Sarah Perez, "Looking Back at Google+," *Techcrunch,* October 8, 2015; Seth Fiegerman, "Inside the Failure of Google+, a Very Expensive Attempt to Unseat Facebook," *Maskable,* August 2, 2015; Chris Welch, "Google Begins Shutting Down Its Failed Google+ Social Network," *The Verge,* April 2, 2019; and the quoted article, Mat Honan, "I, Glasshole: My Year With Google Glass," *Wired,* December 30, 2013.「葡萄柚效應」最早的出處是：David Bailey et al., "Interaction of Citrus Juices with Felodipine and Nifedipine," *The Lancet* 337, no. 8736 (1991): 268-269，後續讓更多人知道的則是：Nicholas Bakalar, "Experts Reveal the Secret Powers of Grapefruit Juice," *New York Times,* March 21, 2006.

一九六〇年代的人口轉型，以及發展中國家需要推廣節育的挑戰，都記錄在各個政府與非政府組織的報告當中，包括：Warren C. Robinson and John A. Ross, eds., *The Global Family Planning Revolution* (Washington, DC: The International Bank for Reconstruction and Development/The World Bank, 2007); *Trends in Contraceptive Use Worldwide 2015* (New York: United Nations Department of Economic and Social Affairs); National Research Council, *Diffusion Processes and Fertility Transition: Selected Perspectives,* Committee on Population, John B. Casterline, ed. Division of Behavioral and Social Sciences and Education

(Washington, DC: National Academy Press, 2001). 關於社群網路如何影響節育措施的推廣，相關實用研究請見：Everett M. Rogers and D. Lawrence Kincaid, *Communication Networks: Toward a New Paradigm for Research* (New York: Free Press, 1981); Hans-Peter Kohler et al., "The Density of Social Networks and Family Planning Decisions: Evidence from South Nyanza District, Kenya," *Demography* 38 (2001): 43-58（其中強調了鄉村與都市網路結構如何影響節育的決定）; D. Lawrence Kincaid, "From Innovation to Social Norm: Bounded Normative Influence," *Journal of Health Communication,* 2004: 37-57; Barbara Entwisle et al., "Community and Contraceptive Choice in Rural Thailand: A Case Study of Nang Rong," *Demography* 33 (1996): 1-11; Rhoune Ochako et al., "Barriers to Modern Contraceptive Methods Uptake among Young Women in Kenya: a Qualitative Study," *BMC Public Health* 15,118 (2015).

NIAID 所支持的 VOICE 研究是一系列設計巧妙的暴露前預防性投藥（pre-exposure prophylaxis, PrEP）隨機對照試驗，試驗地點在撒哈拉以南非洲，其中除了辛巴威，還包括南非與烏干達。細節請參見：Marrazzo et al., "Tenofovir-Based Pre-Exposure Prophylaxis for HIV Infection among African Women," *New England Journal of Medicine* 372, no. 6 (February 5, 2015): 509-518. 有一部本研究的摘要影片也值得參考，參見：https://www.nejm.org/do/10.1056/NEJMdo005014/full/

第 4 章

我對於複雜傳播的早期研究，曾受到幾項關於網路與社會運動的經典研究啟發，包括：Peter Hedstrom, "Contagious Collectivities: On the Spatial Diffusion of Swedish Trade Unions, 1890-1940," *American Journal of Sociology* 99, no. 5 (1994): 1157-1179; Dennis Chong, *Collective Action and the Civil Rights Movement* (Chicago: University of Chicago Press, 1987); Douglas McAdam and Ronnelle Paulsen, "Specifying the Relationship between Social Ties and Activism," *American Journal of Sociology* 99, no. 3 (1993): 640-667; Michael Chwe, *Rational Ritual: Culture, Coordination, and Common Knowledge* (Princeton, NJ: Princeton University Press, 2001); Roger V. Gould, "Multiple Networks and Mobilization in the Paris Commune, 1871," *American Sociological Review* 56, no. 6 (1991): 716-729; Dingxin Zhao, "Ecologies of Social Movements: Student Mobilization during the 1989 Prodemocracy Movement in Beijing," *American Journal of Sociology* 103, no. 6 (1998): 1493-1529; Robert Axelrod, *The Evolution of Cooperation,* rev. ed. (New York: Basic Books, 1984). 而我關於複雜傳播的研究，後續進一步得到早期關於社群網路及健康的研究所啟發，相關研究選錄於：Lisa Berkman and Ichiro Kawachi, *Social Epidemiology* (Oxford: Oxford University Press, 2000)，同時也受到早期關於技術擴散（technology diffusion）的空間動力學研究影響，包括：Torsten Hagerstrand, *Innovation Diffusion as a Spatial Process* (Chicago: University of Chicago Press, 1968); and William H. Whyte, "The Web of Word of Mouth," *Fortune* 50, no. 5 (1954): 140-143；以及早期關於網路行為的研究，參見：Lars Backstrom et al., "Group Formation in Large Social Networks: Membership, Growth, and Evolution," *Proceedings of the 12th ACM SIGKDD International Conference on Knowledge Discovery and Data Mining* (New York: Association of Computing Machinery, 2006): 44-54.

我最早對於複雜傳染的理論研究，包括有：Damon Centola et al., "Cascade Dynamics of Multiplex Propagation," *Physica A* 374 (2007): 449-456; Damon Centola and Michael Macy, "Complex Contagions and the Weakness of Long Ties," *American Journal of Sociology* 113, no. 3 (2007): 702-734; Damon Centola, "Failure in Complex Social Networks," *Journal of Mathematical Sociology* 33, no. 1 (2008): 64-68. 而以上研究的進一步闡述請見：Damon Centola, "The Social Origins of Networks and Diffusion," *American Journal of Sociology* 120, no. 5 (2015): 1295-

1338; Damon Centola, *How Behavior Spreads*', and Douglas Guilbeault et al., "Complex Contagions: A Decade in Review," in *Complex Spreading Phenomena in Social Systems,* Yong Yeol Ahn and Sune Lehmann, eds. (New York: Springer Nature, 2018). *Complex Spreading Phenomena* 書中收錄了多則關於複雜傳播的有趣研究。

本章所用的網路結構圖改編自 Paul Baran 關於分散式運算（distributed computing）的經典研究，最早發表於：Paul Baran, "On Distributed Communications Networks," RAND Corporation papers, document P-2626 (1962). 關於第一次世界大戰期間「夥伴營」的實用記述，參見：Peter Simkins, *Kitchener's Army: The Raising of the New Armies, 19141916* (New York: Manchester University Press, distributed by St. Martin's Press, 1988); and Peter Simkins, "The Four Armies, 19141918," in *The Oxford Illustrated History of the British Army,* David Chandler and Ian Beckett, eds. (Oxford: Oxford University Press, 1994): 241-262. 關於 Patients Like Me 平台之中的同儕影響，相關描述可參見：Jeana Frost and Michael Massagli, "Social Uses of Personal Health Information within PatientsLikeMe, an Online Patient Community: What Can Happen When Patients Have Access to One Another's Data," *Journal of Medical Internet Research* 10, no. 3 (2008): el5.

我對於創新如何傳播的實驗性研究，最初發表於：Damon Centola, "The Spread of Behavior in an Online Social Network Experiment," *Science* 329, no. 5996 (2010): 1194-1197. 關於如何建構這項實驗、如何使用「社會學實驗室」的方法作為通用的科學研究工具，相關解釋請見：Damon Centola, *How Behavior Spreads,* Chapter 4 ("A Social Experiment on the Internet") and in the epilogue ("Experimental Sociology"). 制定這種研究方法的過程中，我十分重視自己的社會實驗應該要符合倫理道德的高標準，希望所有參與者都知道自己正在參與一項由大學提供經費的研究，而我會收集關於他們行為的資料。與此同時，我也希望他們能有「自然」的社會體驗，我才能真正觀察到同儕如何影響他們所做的選擇。當時，「創造自然的社會體驗」與「向參與者完整揭露這項科學研究」這兩項目標看起來似乎會互相衝突，但最後卻沒有發生這種狀況。我完整揭露自己這項關於創新如何傳播的研究，並未降低大家參與的興趣，反而助長了參與的熱情。參與者認為，如果是由知名大學提供經費給一項關於健康與社群網路的研究，應該會得出一些有用的結果。事實也確實如此。研究結束後，許多參與者寫電子郵件給我，感謝我將這個健康人脈連結網路的網站提供給大眾，也提到這個網站多麼有用，令我喜出望外。這助長了我的研究向前邁出重要的一步，瞭解科學研究不只能提供新知，甚至還能有助於公益。

如果讀者有興趣瞭解如何將這套實驗法應用於公衛研究與政策，相關細節請參見：Damon Centola, "Social Media and the Science of Health Behavior," *Circulation* 127, no. 21 (2013): 2135-2144; Jingwen Zhang et al., "Support or Competition? How Online Social Networks Increase Physical Activity: A Randomized Controlled Trial," *Preventive Medicine Reports* 4 (2016): 453-458; Jingwen Zhang and Damon Centola, "Social Networks and Health: New Developments in Diffusion, Online and Offline," *Annual Review of Sociology* 45 (1): 91-109; and in Damon Centola, *How Behavior Spreads,* Chapter 9 ("Creating Social Contexts for Behavior Change"). 如果是研究者想瞭解許多新的實證研究法如何應用於網路科學，一項實用的研究法參考資料請參見：Matthew Salganik, *Bit by Bit: Social Research in the Digital Age* (Princeton, NJ: Princeton University Press, 2017).

第 5 章

一項關於 #SupportBigBird 事件的優秀研究請見：Yu-Ru Lin et al., "#Bigbirds Never Die: Understanding Social Dynamics of Emergent Hashtags," *Seventh International Conference on Weblogs and Social Me-*

dia (2013). 關於政治性主題標籤的傳播，研究請見：Daniel Romero et al., "Differences in the Mechanics of Information Diffusion across Topics: Idioms, Political Hashtags, and Complex Contagion on Twitter," *Proceedings of the 20th International Conference on World Wide Web* (New York: Association of Computing Machinery, 2011): 695-704. 關於臉書等號圖樣運動的研究，請見：Bogdan State and Lada Adamic, "The Diffusion of Support in an Online Social Movement: Evidence from the Adoption of Equal-Sign Profile Pictures," *Proceedings of the 18th ACM Conference on Computer Supported Cooperative Work & Social Computing* (New York: Association of Computing Machinery, 2015): 1741-1750. 另一項相關的研究，主題是投票行為如何透過線上強連結而傳播，請見：Robert Bond et al., "A 61-Million-Person Experiment in Social Influence and Political Mobilization," *Nature* 489, no. 7415 (2012): 295-298. 冰桶挑戰與相關迷因的研究，請見：Daniel Sprague and Thomas House, "Evidence for Complex Contagion Models of Social Contagion from Observational Data," *PLoS ONE* 12, no. 7 (2017): e0180802；以程式機器人做公益的研究，請見：Bjarke Mønsted et al., "Evidence of Complex Contagion of Information in Social Media: An Experiment Using Twitter Bots," *PLoS ONE* 12, no. 9 (2017): e0184148. 關於複雜傳播的實證研究，全面的收錄可參見：Douglas Guilbeault et al., *Complex Contagions: A Decade in Review.*

有幾篇精彩的文章，討論了社群媒體程式機器人與「酸民」的社會增強如何影響了虛假資訊與「假新聞」的傳播。在政治領域的幾篇重要新研究包括：Kathleen Hall Jamieson, *Cyberwar: How Russian Hackers and Trolls Helped Elect a President: What We Don't, Can't, and Do Know* (New York: Oxford University Press, 2018); Alessandro Bessi and Emilio Ferrara, "Social Bots Distort the 2016 US Presidential Election Online Discussion," *First Monday* 21, no. 11 (2016): 7; Norah Abokhodair et al., "Dissecting a Social Botnet: Growth, Content and Influence in

Twitter," *CSCW* (2015): 839-851. 而在健康領域，幾篇重要著作則包括：Ellsworth Campbell and Marcel Salathe, "Complex Social Contagion Makes Networks More Vulnerable to Disease Outbreaks," *Scientific Reports* 3 (2013): 1-6; David Broniatowski et al., "Weaponized Health Communication: Twitter Bots and Russian Trolls Amplify the Vaccine Debate," *American Journal of Public Health* 108, no. 10 (2018): 1378-1384；以及我個人近期對這項主題的政策報告：Damon Centola, "The Complex Contagion of Doubt in the Anti-Vaccine Movement," *2019 Annual Report of the Sabin-Aspen Vaccine Science & Policy Group* (2020).

第 6 章

關於知識轉移如何跨越組織界線，幾項重要研究包括：Deborah Ancona and David Caldwell, "Bridging the Boundary: External Activity and Performance in Organizational Teams," *Administrative Science Quarterly* 37 (1992): 634-665; Morten T. Hansen, "The Search-Transfer Problem: The Role of Weak Ties in Sharing Knowledge across Organization Subunits," *Administrative Science Quarterly* 44, no. 1 (1999): 82-111; Gautam Ahuja, "Collaboration Networks, Structural Holes, and Innovation: A Longitudinal Study," *Administrative Science Quarterly* 45 (2000): 425-55. 關於中間人在組織網路所扮演的角色，相關分析參見：Ronald Burt, *Structural Holes: The Social Structure of Competition* (Cambridge, MA: Harvard University Press, 1992); Chapter 7, "Diffusing Change in Organizations," in Damon Centola, *How Behavior Spreads.*

關於人類基因體計畫，簡短但實用的歷史介紹請參見：Henry Lambright, "Managing 'Big Science': A Case Study of the Human Genome Project" (Washington, DC: PricewaterhouseCoopers Endowment for the Business of Government, 2002) and in Charles R. Cantor, "Orchestrating the Human Genome Project," *Science* New Series 248, no. 4951 (April 6, 1990): 49-51. 關於人類基因體計畫與開放式創新的關係，請參見：

Walter Powell and Stine Grodal, "Networks of Innovators," *The Oxford Handbook of Innovation* (2005), 56-85. 關於人類基因體計畫的各個參與機構之間日常如何協作，政府的公開資料庫可謂寶庫：https://web.ornl.gov/sci/techresources/Human_Genome/index.shtml.

關於開放式創新的歷史介紹，參見：AnnaLee Saxenian, *Regional Advantage: Culture and Competition in Silicon Valley and Route 128* (Cambridge, MA: Harvard University Press, 1994); Eric Von Hippel, "Cooperation between Rivals: Informal Know-How Trading," *Research Policy* 16 (1987): 291-302; John Hagedoorn, "Inter-Firm R&D Partnerships: An Overview of Major Trends and Patterns since 1960," *Research Policy* 31 (2002): 477-492. 關於社群網路與開放式創新的優秀研究有： Christopher Freeman, "Networks of Innovators: A Synthesis of Research Issues," *Research Policy* 20 (1991): 499-514; Walter Powell et al., "Interorganizational Collaboration and the Locus of Innovation: Networks of Learning in Biotechnology," *Administrative Science Quarterly* 41, no. 1 (1996): 116-145. 跨越組織界線完成協調配合的過程，其實充滿種種困難，例如參見：Paul DiMaggio and Walter W. Powell, "The Iron Cage Revisited: Institutional Isomorphism and Collective Rationality in Organizational Fields," *American Sociological Review* 48 (1983): 147-160; and Mark Granovetter, "Economic Action and Social Structure: The Problem of Embeddedness," *American Journal of Sociology* 91 (1985): 481-510.

關於自發性的 #myNYPD 運動，分析請見：Sarah Jackson and Brooke Foucault Welles, "Hijacking #myNYPD: Social Media Dissent and Networked Counterpublics," *Journal of Communication* 65 (2015): 932-952；推特引文亦取自本研究。關於推特網路在弗格森抗議事件過程中的發展，完整報導請見：Deen Freelon et al., *Beyond the Hashtags: #Ferguson, #Blacklivesmatter, and the Online Struggle for Offline Justice* (Washington, DC: Center for Media *8c* Social Impact, American University), 2016. 弗格森抗議事件的推特引文取自：Sarah Jackson and Brooke Foucault Welles, "#Ferguson Is Everywhere: Initiators in Emerging Counterpublic Networks," *Information, Communication, and Society* 19, no. 3 (2015): 397-418，文中精闢分析了鎮民當時的體驗，以及他們與媒體一路以來的互動。後續延伸研究包括：Munmun De Choudhury et al., "Social Media Participation in an Activist Movement for Racial Equality," *Proceedings of the Tenth International AAAI Conference on Web and Social Media (ICWSM 2016),* and Sarah Jackson et al., *#HashtagActivism: Race and Gender in America's Network Counterpublics* (Cambridge, MA: MIT Press, 2019). 民意調查顯示對 BLM 運動的支持水漲船高之情形，參見：Nate Cohn and Kevin Quealy, "How Public Opinion Has Moved on Black Lives Matter," *New York Times,* June 10, 2020.

第 7 章

我在麻省理工學院關於相似度與社會影響力的實驗性研究，發表於：Damon Centola, "An Experimental Study of Homophily in the Adoption of Health Behavior," *Science* 334, no. 6060 (2011): 1269-1272. 社會學者所謂的「同質偏好」（homophily）有多重意義，常常會引起困惑。這個詞的意思，一方面指的是人類喜歡與相似的人形成社會連結，一方面也可能指的是人類與相似的人連結的程度高得不成比例（不一定是出於偏好，也有可能是因為像組織分類 [organizational sorting] 之類的因素）；這個詞還可以進一步細分成地位同質性（status homophily，因為所屬情境與特性相似而形成的社會連結）與價值同質性（value homophily，因為信念與態度相似而形成的社會連結），因而可能造成更多困惑。正由於「同質」一詞帶有太多意義，也就造成使用時的語義有所重疊、概念上形成混淆；詳情請參見：Miller McPherson et al., "Birds of a Feather: Homophily in Social Networks," *Annual Review of Sociology* 27

(2001): 415-444; Paul Lazarsfeld and Robert K. Merton, "Friendship as a Social Process: A Substantive and Methodological Analysis," in *Freedom and Control in Modern Society* 18, no. 1 (1954): 18-66; and Damon Centola and Arnout van de Rijt, "Choosing Your Network: Social Preferences in an Online Health Community," *Social Science & Medicine* 125 (January 2015): 19-31. 為求本章行文清晰，我改用「相似」（similarity）來取代「同質」一詞，並且分開討論地位或信念會如何影響各種社會影響力。相似性對社會影響力所造成的影響，分成三項攸關性原則加以討論。

關於原則 1，一項精彩的研究指出病患會因為醫師本人具有不同特質，而對醫師所提出的建議有不同反應，參見：Lauren Howe and Benoit Monin, "Healthier than Thou? 'Practicing What You Preach' Backfires by Increasing Anticipated D evaluation," *Journal of Personality and Social Psychology* 112, no. 5 (May 2017): 735. 關於組織創新（包括「毒藥丸」與「金降落傘」[golden parachute] 等做法）如何傳播，一項優秀的研究請參見：Gerald F. Davis and Henrich R. Greve, "Corporate Elite Networks and Governance Changes in the 1980s," *American Journal of Sociology* 103, no. 1 (July 1997): 1-37.Davis 與 Greve 在文中的用詞是「認知正當性」（cognitive legitimacy），而我則以「可信度」（credibility）一詞，指稱企業董事需要先相信某項創新做法夠安全、夠有效。另外一項與原則 1 有關的研究，請見：Lazarsfeld and Merton, *Friendship as a Social Process.*

至於原則 2，黑克松與布羅德黑德運用人際網路請針筒用藥者參與 HIV 預防計畫的方式請參見：Douglas Heckathorn, "Development of a Theory of Collective Action: From the Emergence of Norms to AIDS Prevention and the Analysis of Social Structure," *New Directions in Contemporary Sociological Theory,* Joseph Berger and Morris Zelditchjr., eds. (New York: Rowman and Littlefield, 2002); and Douglas Heckathorn and Judith Rosenstein, "Group Solidarity as the Product of Collective Action:

Creation of Solidarity in a Population of Injection Drug Users," *Advances in Group Processes,* vol. 19 (Emerald Group Publishing Limited, 2002), 37-66. 關於相似性如何影響團結的傳播，一項經典的研究請見：Muzar Sherif et al., *Intergroup Conflict and Cooperation: The Robbers Cave Experiment* (Norman, OK: The University Book Exchange, 1961). 後續在貝魯特進行的追蹤研究請參見：Lutfy Diab, "A Study of Intragroup and Intergroup Relations among Experimentally Produced Small Groups," *Genetic Psychology Monographs* 82, no. 1 (1970): 49-82， 進一步細節則請見：David Berreby, *Us and Them: The Science of Identity* (Chicago: University of Chicago Press, 2008). 關於橋接團體（又稱「門戶團體」[gateway group]），一系列新的研究請參見：Aharon Levy et al., "Ingroups, Outgroups, and the Gateway Groups Between: The Potential of Dual Identities to Improve Intergroup Relations," *Journal of Experimental Social Psychology* 70 (2017): 260-271; Aharon Levy et al., "Intergroup Emotions and Gateway Groups: Introducing Multiple Social Identities into the Study of Emotions in Conflict," *Social and Personality Psychology Compass 11,* no. 6 (2017): 1-15.

關於原則 3，講到多樣的社會增強來源能夠如何建立正當性，相關研究包括：Bogdan State and Lada Adamic, *The Diffusion of Support in an Online Social Movement',* Vincent Traag, "Complex Contagion of Campaign Donations," *PLoS One 11,* no. 4 (2016): e0153539; Johan Ugander et al., "Structural Diversity in Social Contagion," *Proceedings of the National Academy of Sciences* 109, no. 16 (2012): 5962-5966.

第 8 章

關於社會規範運作方式、以及社會規範被打破時會有什麼情況的早期研究，可以參考關於「破壞性實驗」（breaching experiments）的描述，參見：Harold Garfinkel, *Studies inEthno- methodology* (Polity Press, 1991); Stanley Milgram et al., "Response to Intrusion in Waiting *lines,*" *Journal of Personality and Social Psychology* 51, no. 4 (1986): 683-689；以及相關研究參見：Erving Goff- man, *Relations in Public: Microstudies of the Public Order* (New York: Basic Books, 1971).「H日」的影像圖片可參見：https://rarehistoricalphotos.com/dagen-h-sweden-1967/.

關於大家如何從預期握手改為預期以擊拳的方式打招呼，參見：Amber Mac, "Meeting Etiquette 101: Fist Bumps, Going Topless, and Picking Up Tabs," *Fast Company,* March, 14, 2014; Pagan Kennedy, "Who Made the Fist Bump?," *New York Times,* October 26, 2012; Simon Usborne, "Will the Fistbump Replace the Handshake?," *Independent,* July 29, 2014. 與克里斯・帕吉特的訪談，參見：Eric Markowitz, "The Fist Bump Is Invading Fortune 500 Boardrooms," *Business Insider,* July 31, 2014. 當代第一個以協調配合遊戲的語言來表達社會協調問題的哲學研究之作，請見：David Lewis, *Convention: A Philosophical Study* (Oxford, UK: Wiley-Blackwell, 1969).

社會學所區分的「指令式規範」（injunctive norm）、「描述性規範」（descriptive norm）與「慣例」（convention），在本章都以較通用的「規範」（norm）來代稱。某些重要理論研究會將「規範」一詞專門保留用來討論合作均衡（cooperation equilibria）的情形，其中需要有社會增強才能維持利社會行為（prosocial behavior），例子可參見：Cristina Bicchieri, *The Grammar of Society: The Nature and Dynamics of Social Norms* (Cambridge: Cambridge University Press, 2006). 然而，我在這裡討論的實證案例是協調配合遊戲，一旦無法協調成功則有嚴重的後果。在這種時候，講的是人類會期待他人做出某種行為，並且相信他人也會期待自己有同樣的作為（像是面對企業高層客戶，打招呼時要表現適當禮節）。協調配合遊戲如果隱含著對禮儀或地位的相關要求，就會形成規範，甚至不會擔心是否違反利社會行為。這一點會在第 9 章進一步討論，談到在組織情境下，有些少數族群的代表其實受到各種規範限制，徒具象徵意義。關於協調配合遊戲的延伸閱讀，豐富的資源可參見：Thomas Schelling, *The Strategy of Conflict* (Cambridge, MA: Harvard University Press, 1960); Martin J. Osborne and Ariel Rubinstein, *A Course in Game Theory* (Cambridge, MA: MIT Press, 1994). 著名的划船比喻出自：David Hume, *A Treatise of Human Nature* (London, 1739-40), ed. L. A. Selby-Brigge, revised 3rd edn., ed. P. H. Nidditch (Oxford: Clarendon Press, 1976): 490. 亞瑟·米勒對《熔爐》的說法出自：Arthur Miller, "Why I Wrote *'The Crucible,'* " *The New Yorker,* October, 13, 1996；在我對獵巫的研究中，更深入探討了相關觀察，參見：Damon Centola et al., "The Emperor's Dilemma: A Computational Model of Self-Enforcing Norms," *American Journal of Sociology* 110, no. 4 (2005): 1009-1040.

對於科學「革命」的重要研究，參見：Thomas S. Kuhn, *The Structure of Scientific Revolutions* (Chicago: University of Chicago Press, 1970) and Thomas S. Kuhn, *The Copemican Revolution* (Cambridge, MA: Harvard University Press, 1957). 關於哥白尼帶來典範轉移的重要著作請見：Nicolaus Copernicus, *On the Revolutions of the Heavenly Spheres* (Nuremberg, 1543), trans. and commentary by Edward Rosen (Baltimore: Johns Hopkins University Press, 1992). 孔恩最初對於科學典範的評論，帶出科學實務上了社會、心理及歷史觀點的樣貌。他後續又將這個想法發展成對於科學實務更明確的概念，參見：Thomas Kuhn, "Second Thoughts on Paradigms," in *The Structure of Scientific Theories,* F. Suppe, ed. (Urbana: University of Illinois Press): 459-482，文中他將含糊的「典範」（paradigm）一詞換成更社會化的「學科基質」（disciplinary matrix）。科學的演化快慢不一：像是從牛頓力學「典範轉移」到廣義相對論，過程相對迅速，但相較之下，從廣義相對論再轉移到量子力學就顯得相對緩慢（參見本章普朗克的引言）。關於孔恩對典範、典範轉移的概念，各家有著不同的詮釋，相關分析參見：T. J. Pinch, "Kuhn—The Conservative and Radical Interpretations: Are Some Mertonians 'Kuhnians' and Some Kuhnians 'Mertonians'?," *Social Studies of Science 27,* no. 3 (1997): 465-482.

維根斯坦的第二篇論文發表於：Ludwig Wittgenstein, with G. E. M. Anscombe, ed. and trans., *Philosophical Investigations* (Oxford, UK: Blackwell, 1953, rev. 1997). 文中對於語言遊戲與協調配合的問題有著精闢解說。維根斯坦所提出的悖論為，雖然有各種不同的規則都能描述我們過去的行為，但我們究竟是怎麼學會遵循其中某一套規則、「走同一條路向前進」？關於維根斯坦的詮釋，有一本甚至有「克里普克斯坦」（Kripkenstein）之稱的重要著作，就是：Saul Kripke, *Wittgenstein on Rules and Private Language* (Cambridge, MA: Harvard University Press, 1982).

講到從邏輯探索走向語用學，並不只有維根斯坦一人。早從一九二〇年代，在劍橋大學就已經開始流行以語用觀點來看語言本質；例子參見：Frank Ramsey, "Facts and Propositions," *Proceedings of the Aristotelian Society* (supp. vol.) 7 (1927): 153-170. 然而，維根斯坦所提「意義即用法」（meaning as use）的概念，仍然既是創新、也是革命。在二十世紀末對哲學教授進行的調查，請參見：Douglas P. Lackey, "What Are the Modern Classics? The Baruch Poll of Great Philosophy in the Twentieth Century," *The Philosophical Forum* 4 (December 1999).

第 9 章

引爆點理論一開始是用來討論住宅區種族隔離的狀況，參見：Morton M. Grodzins, "Metropolitan Segregation," *Scientific American* 197 (1957): 33-47. 這個概念後來擴充納入集體行為的「臨界值」動力，參見：Thomas Schelling, *Micromotives and Macrobehavior* (New York: W. W. Norton, 1978); Mark Granovetter, "Threshold Models of Collective Behavior," *American Journal of Sociology* 83, no. 6 (1978): 1420-1443.

在肯特關於臨界值的經典研究（包括：Rosabeth Moss Kanter, *Men and Women of the Corporation* [New York: Basic Books, 1977] 與 Rosabeth Moss Kanter, "Some Effects of Proportions on Group Life: Skewed Sex Ratios and Responses to Token Women," *American Journal of Sociology* 82, no. 5 [1977]: 965-990），她將引爆點的概念帶進了社會學上關於性別與組織的文獻當中。這項研究後來又進一步延伸到性別與政治研究，參見：Drude Dahlerup, "From a Small to a Large Minority: Women in Scandinavian Politics," *Scandinavian Political Studies* 11, no. 4 (1988): 275-297. 至於將臨界值理論應用到高等教育的改革，參見：Stacey Jones, "Dynamic Social Norms and the Unexpected Transformation of Women's Higher Education, 1965-1975," *Social Science History* 33 (2009): 3. 雖然在肯特的最初研究之後，英文「critical mass」（臨界值）一詞大量出現在後續的研究中，但肯特與 Dahlerup 又分別使用了「tilted groups」（傾斜群體）與「critical act」（關鍵行動）來表達。目前學界仍有相當爭議，不確定是否應將引爆點的概念應用到性別研究，也不確定在顛覆社會規範的時候，特定因素（像是活動分子是否團結）是否會對臨界值有所影響，相關討論參見：Sarah Childs and Mona Lena Krook, "Critical Mass Theory and Women's Political Representation," *Political Studies* 56 (2008): 725-736; Drude Dahlerup, "The Story of the Theory of Critical Mass," *Politics and Gender %* no. 4 (2006): 511-522. 在第 10 章討論社會引爆策略的時候，也會談到其中部分因素。

我們關於引爆點的實驗性研究，請參見：Damon Centola et al., "Experimental Evidence for Tipping Points in Social Convention," *Science* 360 (6393), 2018: 1116-1119. 對於要觸發引爆點的臨界值為何，我們找出了兩項關鍵參數：記憶與族群規模。這些發現又使得我早期關於引爆點的理論研究有所延伸，參見：Damon Centola, "Homophily, Networks, and Critical Mass: Solving the Start-Up Problem in Large Group Collective Action," *Rationality and Society* 25, no. 1 (2013):

3-40; Damon Centola, "A Simple Model of Stability in Critical Mass Dynamics," *Journal of Statistical Physics* 151 (2013): 238-253；另外這也延伸了我們過去在協調配合動力與社會規範方面的實驗性研究，參見：Damon Centola and Andrea Baronchelli, "The Spontaneous Emergence of Conventions: An Experimental Study of Cultural Evolution," *Proceedings of the National Academy of Sciences* 112, no. 7 (2015): 1989-1994. 關於演化遊戲理論對協調配合動力的討論，一項精彩的早期研究請參見：Peyton Young, "The Evolution of Convention," *Econometrica* 61 (1993): 57-84; Glenn Ellison, "Learning, Local Interaction, and Coordination," *Econometrica* 61, (1993): 1047-1071. 關於均衡篩選（equilibrium selection）的經典經濟研究，參見：John Harsanyi and Reinhard Selten, *A General Theory of Equilibrium Selection in Games* (Cambridge, MA: MIT Press, 1988).

關於「意想不到」的革命，各項研究取自：Timur Kuran, "The Inevitability of Future Revolutionary Surprises," *American Journal of Sociology* 100, no. 6 (1995): 1528-1551; Timur Kuran, *Private Truths, Public Lies: The Social Consequences of Preference Falsification* (Cambridge, MA: Harvard University Press, 1995). 至於其他意想不到的組織改革，相關觀察請參見：Rosabeth Moss Kanter, *The Change Masters: Innovation for Productivity in the American Corporation* (New York: Simon 8c Schuster, 1983). 對中國五毛黨的卓越研究，參見：Gary King et al., "How the Chinese Government Fabricates Social Media Posts for Strategic Distraction, Not Engaged Argument," *American Political Science Review* 111 (2017): 484-501; Gary King et al., "How Censorship in China Allows Government Criticism but Silences Collective Expression," *American Political Science Review* 107, no.2 (May 2013): 1-18. 艾未未的訪談請參見：Ai Weiwei, "China's Paid Trolls: Meet the 50-Cent Party," *New Statesman,* October 17, 2012.

第 10 章

關於內省錯覺的有趣研究，出自：Emily Pronin et al., "Alone in a Crowd of Sheep: Asymmetric Perceptions of Conformity and Their Roots in an Introspection Illusion," *Journal of Personality and Social Psychology* 92, no. 4 (2007): 585-595，而應用在氣候變遷干預措施的情形，請參見：Jessica Nolan et al., "Normative Social Influence Is Underdetected," *Personality and Social Psychology Bulletin* 34 (2008): 913923. 至於內省錯覺應用到經濟決策方面的研究，則可參見：Daniel Kahneman, *Thinking, Fast and Slow* (New York: Farrar, Straus 8c Giroux, 2011).

以「種子策略」推動社會傳播的文獻已愈來愈多，重要著作包括：David Kempe et al., "Maximizing the Spread of Influence through a Social Network," *Theory of Computing* 11 (2015): 105-147; Yip- ping Chen et al., "Finding a Better Immunization Strategy," *Phys. Rev. Lett.* 101 (2008): 058701; Chanhyun Kang et al., "Diffusion Centrality in Social Networks," in *2012 IEEE/ACM International Conference on Advances in Social Networks Analysis and Mining* (2012): 558-564. 這種以滾雪球方式撒下種子的策略，可參見：chapter 6, "Diffusing Innovations that Face Opposition," in Damon Centola, *How Behavior Spreads,*，至於透過「複雜中心性」為指標而成為正式研究方法，請見：Douglas Guilbeault and Damon Centola, "Topological Measures for Maximizing the Spread of Complex Contagions"，文中提供通用的方式，能找出某個社群網路當中最能傳遞社會傳播的位置。

關於馬拉威實驗的詳細描述，可參見：Lori Beaman et al., "Can Network Theory-Based Targeting Increase Technology Adoption?," *NBER Working Paper No. 24912* (2018); and Lori Beaman et al., "Making Networks Work for Policy: Evidence from Agricultural Technology Adoption in Malawi," *Impact Evaluation Report 43* (New Delhi: International Initiative for Impact Evaluation, 2016). 關於雜交玉米的經典研究，同

時協助了現代創新擴散這個研究領域奠下基礎，請參見：Bryce Ryan and Neal Gross, "The Diffusion of Hybrid Seed Corn in Two Iowa Communities," *Rural Sociology* 8 (March 1943): 15；所有相關引文均出自此研究。如果想瞭解這個傳播流程更清楚的網路分析，參見：Peyton Young, "The Dynamics of Social Innovation," *Proceedings of the National Academy of Sciences* 108, no. 4 (2011): 2128521291.

現在有愈來愈多論文討論家用太陽能板傳播過程的街坊效應，包括：Bryan Bollinger and Kenneth Gillingham, "Peer Effects in the Diffusion of Solar Photovoltaic Panels," *Marketing Science* 31, no. 6 (2012), 900-912; Varun Rai and Scott Robinson, "Effective Information Channels for Reducing Costs of Environmentally-Friendly Technologies: Evidence from Residential PV Markets," *Environmental Research Letters* 8, no. 1 (2013): 014044; Marcello Graziano and Kenneth Gillingham, "Spatial Patterns of Solar Photovoltaic System Adoption: The Influence of Neighbors and the Built Environment," *Journal of Economic Geography* 15, no. 4 (2015): 815-839; Johannes Rode and Alexander Weber, "Does Localized Imitation Drive Technology Adoption? A Case Study on Rooftop Photovoltaic Systems in Germany," *Journal of Environmental Economics and Management* 78 (2016): 38-48; Hans Christoph Curtius et al., "Shotgun or Snowball Approach? Accelerating the Diffusion of Rooftop Solar Photovoltaics through Peer Effects and Social Norms," *Energy Policy* 118 (2018): 596-602; Samdruk Dharshing, "Household Dynamics of Technology Adoption: A Spatial Econometric Analysis of Residential Solar Photovoltaic (PV) Systems in Germany," *Energy Research & SocialScience2S* (2017), 113— 124. 在德國，千屋計畫的漂亮成功讓他們後續再推出十萬屋計畫（一九九九至二〇一四年），利用已經開始運作的臨界值動力，又加上新的誘因，希望在全德國帶起一波傾覆傳統能源社會規範的風潮。本章的太陽能板數據，就點出了從一九九二到二〇一四年間，每人平均太陽能發電量（wpc）的增

加情況。相關地圖動畫可參見：https://en.wikipedia.org/wiki/Solar_energy_in_the_European_Union.

第 11 章

以網路研究方式來瞭解百老匯音樂劇產業的創意與創新，請參見：Brian Uzzi and Jarrett Spiro, "Collaboration and Creativity: The Small World Problem," *American Journal of Sociology* 111, no. 2 (2005); and Brian Uzzi, "A Social Network's Changing Statistical Properties and the Quality of Human Innovation," *Journal of Physics A: Mathematical and Theoretical Al,* no. 22 (2008): 224023. 相關的網路研究概念也應用於研究高科技工程與管理公司，參見：James March, "Exploration and Exploitation in Organizational Learning," *Organizational Science* 2, no. 1 (1991): 71-87; David Lazer and Allan Friedman, "The Network Structure of Exploration and Exploitation," *Administrative Science Quarterly* 52, no. 4 (2007): 667-694; Ray Reagans et al., "How to Make the Team: Social Networks vs. Demography as Criteria for Designing Effective Teams," *Administrative Science Quarterly* 49, no. 1 (2004): 101-133. 至於將類似的網路研究概念應用於研究科學發現的狀況，則請參見：Roger Guimera et al., "Team Assembly Mechanisms Determine Collaboration Network Structure and Team Performance," *Science* 308 (2005): 697-702; Lingfei Wu et al., "Large Teams Develop and Small Teams Disrupt Science and Technology," *Nature 566* (2019): 378-382. 在科學發現的領域如何達到在創意與協調配合之間的平衡、維持生產力的相關觀察，請見：Thomas Kuhn, "The Essential Tension: Tradition and Innovation in Scientific Research," in *The Third (1959) University of Utah Research Conference on the Identification of Scientific Talent,* C. Taylor, ed. (Salt Lake City: University of Utah Press, 1959), 162-174.

關於 Netflix Prize 百萬獎金大賽的資訊，參見：https://www.netflixprize.com/。更加廣泛，關於整個資料科學與資料科學競賽的資源，請見：https://www.kdd.org/。關於安納伯格資料科學大賽的細節，參見：Devon Brackbill and Damon Centola, "Impact of Network Structure on Collective Learning: An Experimental Study in a Data Science Competition," PlosOne (2020). 至於點出了社群網路在創新過程當中所扮演的歷史角色，卓越的文化與經濟研究則請見：Jared Diamond, *Guns, Germs, and Steel: The Fates of Human Societies* (New York: Norton, 2005); Thomas Piketty, *Capital in the Twenty-First Century* (Cambridge, MA: The Belknap Press of Harvard University Press, 2014).

第 12 章

關於框架效應如何影響對 NASA 氣候變遷資料的詮釋（透過美國國家冰雪資料中心 [National Snow and Ice Data Center] 的報告），請見：Kathleen Hall Jamieson and Bruce Hardy, "Leveraging Scientific Credibility about Arctic Sea Ice Trends in a Polarized Political Environment," *Proceedings of the National Academy of Sciences* 111 (2014): 13598-13605; Douglas Guilbeault et al., "Social Learning and Partisan Bias in the Interpretation of Climate Trends," *Proceedings of the National Academy of Sciences* 115, no. 39 (2018): 9714-9719. 關於動機性推理的經典研究，取自：Leon Festinger, *A Theory of Cognitive Dissonance* (Stanford, CA: Stanford University Press, 1957). 關於「現狀偏見」的相關研究，參見：William Samuelson and Richard Zeckhauser, "Status Quo Bias in Decision Making," *Journal of Risk and Uncertainty* 1 (1988): 7-59.

我和我的學生還使用了集中式與平等式網路，另外再做了幾次關於網路偏見與集體智能的研究，包括：Joshua Becker et al., "Network Dynamics of Social Influence in the Wisdom of Crowds," *Proceedings of the National Academy of Sciences* 114, no. 26 (2017): E5070-E5076; Douglas Guilbeault and Damon Centola, "Networked Collective Intelligence Improves Dissemination of Scientific Information Regarding Smoking Risks," *PLoS ONE* 15, no. 2 (2020): e0227813; Joshua Becker et al.,

"The Wisdom of Partisan Crowds," *Proceedings of the National Academy of Sciences* 116, no. 22 (2019): 10717-10722. 關於非裔美籍女性不相信主流醫療保健（特別是由於一九五〇與一九六〇年代受到的非自願絕育計畫所影響），相關研究請見：Rebecca Kluchin, *Fit to Be Tied: Sterilization and Reproductive Rights in America, 1950-1980* (New Brunswick, NJ: Rutgers University Press, 2009). 關於這段歷史對於弱勢族群接受預防醫療措施的影響，參見：found in B. R. Kennedy et al., "African Americans and Their Distrust of the Health-Care System: Healthcare for Diverse Populations," *J Cult Divers* 14, no. 2 (2007): 56-60; E. B. Blankenship et al., "Sentiment, Contents, and Retweets: A Study of Two Vaccine- Related Twitter Datasets," *Perm*/22 (2018): 17-138.

關於疫苗安全性不實資訊的傳播動力學，相關討論參見：Damon Centola, *The Complex Contagion of Doubt in the Anti-Vaccine Movement,* and Damon Centola, *Influencers, Backfire Effects, and the Power of the Periphery.* 新冠肺炎疫苗接種計畫的一項主要政策挑戰，就在於假資訊能夠輕鬆量身打造、鎖定各個不同社群的特定偏見，但正確資訊卻做不到這一點。這樣一來，假資訊對上正確資訊時，就會因為各自的簡單傳播／複雜傳播動力學有所不同，可能造成動力不對稱的問題；如果正確資訊較為創新、又或者難以理解，情況就更是如此。參見：Neil Johnson et al., "The Online Competition between Pro- and Anti-Vaccination Views," *Nature* (2020): 230-233.

關於福斯曼研究與諾貝爾獎的記述，可參見：Renate Forssmann-Falck, "Werner Forssmann: A Fioneer of Cardiology," *American Journal of Cardiology* 79 (1997): 651660; H. W. Heiss, "Werner Forssmann: A German Problem with the Nobel Prize," *Clinical Cardiology* 15 (1992): 547-549. 有幾項優秀的研究，指出社群網路如何影響醫師的處方判斷，包括：James Coleman et al., "The Diffusion of an Innovation among Physicians," *Sociometry* 20 (1957): 253-270; Craig Pollack et al., "The Impact of Social Contagion on Physician Adoption of 354 Advanced

Imaging Tests in Breast Cancer," *Journal of the National Cancer Institute* 109, no. 8 (2017): djx330; Nancy Keating et al., "Association of Physician Peer Influence with Subsequent Physician Adoption and Use of Bevacizumab," *JAMA Network Open* 3, no. 1 (2020): el918586；我對 Keating et al. 的評論則見於：Damon Centola, "Physician Networks and the Complex Contagion of Clinical Treatment," *JAMA Network Open* 3, no. 1 (2020): el918585. 我們運用平等式網路來處理隱性偏見的研究是：Damon Centola et al., "Experimental Evidence for the Reduction of Implicit Race and Gender Bias in Clinical Networks" (working paper; Annenberg School for Communication, University of Pennsylvania, Philadelphia, 2020).

目前有愈來愈多重要的研究探討醫療決策上隱性的種族與性別偏見，包括：Kevin Schulman et al., "The Effect of Race and Sex on Physicians' Recommendations for Cardiac Catheterization," *New England Journal of Medicine* 340, no. 8 (1999): 618-626; William Hall et al., "Implicit Racial/Ethnic Bias among Health Care Professionals and Its Influence on Health Care Outcomes: A Systematic Review," *American Journal of Public Health* 105, no. 12 (2015): e60-e76; Elizabeth Chapman et al., "Physicians and Implicit Bias: How Doctors May Unwittingly Perpetuate Health Care Disparities," *Journal of General Internal Medicine* 28 (2013): 1504-1510.

關於奧克蘭運動家隊在二〇〇二年球季的亮眼表現，精彩的描述請參見：Michael Lewis, *Moneyball: The Art of Winning an Unfair Game* (New York: W. W. Norton, 2004).

big 0377

引領瘋潮：七大策略，讓新觀念、新行為、新產品都能創造大流行

作　　者—戴蒙・森托拉（Damon Centola）
譯　　者—林俊宏
主　　編—陳家仁
企　　劃—藍秋惠
協力編輯—張黛瑄
封面設計—許晉維
版面設計—賴麗月
內頁排版—林鳳鳳

總 編 輯—胡金倫
董 事 長—趙政岷
出 版 者—時報文化出版企業股份有限公司
108019 台北市和平西路三段 240 號 4 樓
發行專線—（02）2306-6842
讀者服務專線— 0800-231-705、（02）2304-7103
讀者服務傳真—（02）2302-7844
郵撥— 19344724 時報文化出版公司
信箱— 10899 臺北華江橋郵政第 99 信箱
時報悅讀網— http://www.readingtimes.com.tw
法律顧問—理律法律事務所 陳長文律師、李念祖律師
印　　刷—勁達印刷有限公司
初版一刷— 2022 年 2 月 18 日
定　　價—新台幣 480 元
（缺頁或破損的書，請寄回更換）

時報文化出版公司成立於一九七五年，並於一九九九年股票上櫃公開發行，
於二〇〇八年脫離中時集團非屬旺中，以「尊重智慧與創意的文化事業」為信念。

ISBN 978-957-13-9868-6
Printed in Taiwan

引領瘋潮：七大策略,讓新觀念、新行為、新產品都能創造大流行/戴蒙.森托拉(Damon Centola)著；林俊宏譯. -- 初版. -- 臺北市：時報文化出版企業股份有限公司, 2022.02
400面；14.8x21公分. -- (big；377)
譯自：Change : how to make big things happen
ISBN 978-957-13-9868-6(平裝)

1.行為科學 2.傳播社會學 3.網路傳播

501.9　　110021622